权利的形而上学

黄裕生　著

商務印書館
创于1897　The Commercial Press

图书在版编目(CIP)数据

权利的形而上学／黄裕生著. — 北京：商务印书馆，2019（2024.7重印）
ISBN 978-7-100-17267-7

Ⅰ. ①权…　Ⅱ. ①黄…　Ⅲ. ①政治哲学一研究　Ⅳ. ①D0-02

中国版本图书馆CIP数据核字（2019）第060527号

权利的形而上学

黄裕生　著

商　务　印　书　馆　出　版
（北京王府井大街36号　邮政编码 100710）
商　务　印　书　馆　发　行
北京虎彩文化传播有限公司印刷
ISBN 978-7-100-17267-7

2019年6月第1版　开本 880×1230　1/32
2024年7月第2次印刷　印张 11 1/2

定价：68.00元

序　言

人的存在向来是且永远是一种敞开的存在，一种未完成的存在。因此，人类的生活世界从来都不是一个封闭而固定不变的世界，人类的世代生活也从来不是代代重复的生活。人类总是通过提高、深化对世界和自身的认识来实现不断的自我突破、自我解放，实现摆脱一个时代而迈向另一个时代。

如果我们对人类历史作一个大致的划分，那么它可被分为古代社会与现代社会。不管是古代社会还是现代社会，都与人类的自我认识、自我反思及其确立起来的原则密切相关。人类社会的真正改变不是由生活内容的改变标示出来的，而是由构成一个社会的秩序基础的那些原则发生了改变标示出来的。但是，社会秩序奠定其上的所有那些原则都是通过人类的伟大思想确立起来的。在这个意义上，人类社会的真正改变是由思想的改变引导的，并且是由思想确立的原则塑造的。

从根本上说，古代社会之为古代社会，就在于它是奠定在由古代思想确立的五大原则之上：（1）目的论原则；（2）善高于一切的原则；（3）责任与服从优先的原则；（4）统治的合法性来自人之外的超越者的原则；（5）集体优先于个人的原则。这些原则最后都是通过兑换成责任原则而得到贯彻与落实。所以，古代社会首先是以责任原则去规定人与人之间的关系，并借此构建人间秩序的社会。

如果说人类通过近代自然科学的全面刷新为自己构建出了一个全新的“宇宙图景”，那么我们可以说，人类正是通过近代的“启蒙思想”对人类自身的全新认识而确立起了一个时代的新原则。通过对人类自由的深度自觉与系统论证，“启蒙思想”发现了人类个体存在的绝对性，从而确立起了从人类个体出发理解和建构人间关系的合法性，颠覆了古代思想（如苏格拉底—柏拉图哲学）以国家或集体作为规定人间关系的出发点的正当性，由此开启了一个全新国家观与全新政治实践运动的时代，也即通过追求与维护人类个体成员的权利来改善或重建人类共同体的时代，人类从此开启了告别古代社会，踏上通往新社会的历程。这样的新时代被称为“权利的时代”，这种新社会被称为“现代性社会”。

实际上，我们可以看到，近代哲学在实践领域确立起来的核心原则就是权利原则，对权利原则的论证构成了近代哲学在实践领域里的一个核心工作。不过，这个论证工作经历了两个历史阶段，一个是从自然状态与自然法出发论证人类成员个体的普遍自由权，一个是从自由法，也即从基于自由意志的道德法出发论证这种普遍自由权。

每个人类成员个体都拥有一样（平等）的权利（自由权），

这是近代哲学家确信的一条基本原则。但是，哲学不能满足于信念，所以，必须对这一原则作出论证。以洛克为代表的英格兰启蒙哲学家首先从自然法与自然状态出发论证人的普遍自由权：在受自然法支配的自然状态下，每个人都可以（有权利）按自己的意志支配与处理自己的人身与财产，而不必听从任何他人的意志。这一论证思路甚至一直延伸到卢梭。由于这种普遍自由权是人类个体在出于本性（自然）而生活于其中的自然状态里就拥有的，因而被视为来自自然的一种自然权利，在汉语里被称为天赋权利。

但是，这个论证思路存在着三方面困难。首先，这个自然状态实际上只是理论上的设定，并不能确定其历史真实性。对此洛克给出的解释是，在现实中现有国家的主权者之间就处在"自然状态"，从这一经验事实可以推知人类最初很可能就处在这种自然状态。但是，这使自然状态的设定建立在现有的经验基础上，而现有经验既不保障未经验的未来与现有经验一致而是可靠的，也不保障未经验的过去一定与现有经验一致而是可靠的。在这个意义上，自然状态的设定是不可靠的，从不可靠的预设推出的结论也是不可靠的。当然，人们可以辩解说，自然状态纯粹就是一个理论设定，只要理论预设本身是合理的，并且能对事实作出解释，那么，这个设定就可以被接受，并且从这一设定引导出来的结论也可以被接受。问题是，不管是洛克还是霍布斯，他们在理论上对自己给出的自然状态所作的说明都经不起质疑，至少仍会引起各种他们难以回应的质疑。就霍布斯来说，他给出的自然状态是一种战争状态，由于这种状态对所有人都是危险的，所以人们的理性开始发挥作用而引导着他们走向契约与守约。但是，霍布斯未能告诉我们，人们的理性为什么在最初不起作用，非要经历残酷而血腥的争斗之后才出场。难道我们的理性要经过战争的洗礼才苏醒？也许洛克正是看到这一点，所以他给出的初始状态恰恰是和平而自由的状态。这种自由而和平的状态实际上是基于一系列相互性关系之上才是可能的，洛克自己也很敏锐地洞见到了其中很重要的一种相互性关系，那就是个体之间拥有的“一切权力和管辖权都是相互的”（all the Power and Jurisdiction is reciprocal）。但是，洛克从来没有认真思考过，这些相互性关系是如何可能的。特别是人的相互性关系与其他事物之间的相互性关系的根本区别在哪里，以使人们之间能形成和平而自由的关系？只要未能回答这些问题，洛克有关和平而自由的自然状态的设定就是仍可质疑的。

第二，至于自然法本身在理论上也一样难以澄清，特别是自然法本身的来源及其根据，自然法的具体内容或条款有哪些，以及自然法如何具有普遍约束力等问题在自然法理论里一直未能得到真正解决而充满分歧。虽然洛克对自然法作过专门的讨论，但是他在自然法理论上的突破与其说是对上面这些问题的解决，不如说是完成了对自然法理解的转向：不再仅仅从约束的角度也即义务的角度去理解自然法，而是首先从权利的维度去理解自然法。因此，自然法不仅规定了人的义务，而且首先规定（赋予）了人的权利。洛克据此开辟了全新的自然法理论——以自然法确立权利原则，以权利原则阐释自然法。但是，自然法本身又来自哪里呢？洛克与很多自然法学者一样最终把自然法的来源归于上帝。对于非基督教文化世界来说，这意味着从自然法来论证人的普遍权利是无效的，至少无法在理论上得到认同。

第三，霍布斯与洛克都自觉地把自然法与理性联系了起来，自然法或者是经由理性被认识，或者就来自理性，因此自然法甚至就被视为理性法。这无疑把自然法的普遍性与可靠性的根基带到了一个关节点上。但是，他们与欧洲大陆的笛卡儿一样，对理性的理解依然滞留在希腊人规定的层面上，也即把理性理解为一种以给出概念与演算概念为其最高能力的理性。这样理解的理性相当于康德意义上的知性（der Verstand）或理智。但是，如果构成我们身上最高能力的理性仅仅是这个意义上的理性，那么我们的理性真正能给出的命题与有理由给出的命题只是理论性的普遍命题，而无法给出也没有理由给出实践性的普遍命题。换言之，这样的理性只能对事实世界作出普遍性的规定，而不能在价值领域给出普遍性的规范，也即给不出规定应当与不应当的普遍命题，因而给不出普遍的实践法则。而作为伦理（价值）规范的所有自然法都涉及应当不应当，都属于实践法则。实际上，在知性意义上的理性所能给出的一切法则本质上都是功能性法则，简单说，都是关于自然事实的因果性法则。所有这类因果性法则在人们的生活中所发挥的真正作用不是且也不可能是构成人们行为规范的根据，而是也只能是成为达成最优技艺方案的根据。因此，所有基于自然事实的因果性法则最多只是技艺实践的法则，确切说是可以被运用于技艺性实践而成为技术性规范的根据。而就技艺实践的最优方案总是相对于获得最好效果或最大好处来说的而言，所有因果性法则能给技艺性实践提供的规范实质上都是功利性规则。这意味着，当霍布斯、洛克诉诸他们所理解的理性来解释自然法时，他们实际上在不知不觉中把自然法引向了功利主义方向。在他们的理性观视野下，自然法实质上是也只能是一系列功利性规范。但是，如果连自然法终究也只是功利主义原则，那么我们人类根本上也就不需要自然法，因为人们只需澄清功利与效应就可以准确确立功利主义式的行为规范。更重要的是，实际上被功利主义化理解的自然法将不可能为人的普遍权利辩护。因为如果自然法都只是功利性原则，那么也就意味着功利与效应将成为人们行为正当性的唯一理由或根据。如此一来，也就没有什么正当性本身，因而没有什么允许不允许的真正界限。而没有允许与不允许的绝对界限，也就意味着没有一个他人不可入侵、不可压缩而每个人自己却可以（允许）在其中进行自我决定、自我支配其行动的自由空间——这样的自由空间也就是普遍权利，当然也没有必须接受约束（不允许）的义务。

所以，英国启蒙哲学家从自然法论证人的权利这一努力在理论上留下了诸多困难。虽然他们（特别是洛克）的政治理论在政治实践中产生了伟大的影响，对重新塑造、改善人类政治共同体发挥了持续而无可替代的作用，但这并不能抹去这些理论存在的困难。虽然欧洲大陆在政治实践上行动迟缓，且充满曲折迂回，甚至付出了惨重代价，但是，不列颠哲学家们留下的难题却是由欧洲大陆哲学家们来克服的。

在说明欧陆思想家如何克服这些难题之前，我想先附带指出，近年有不少学者（特别是一些自称“保守主义”者）以欧洲大陆（主要指德法）在建立现代民主政治的过程中出现的迟缓、反复乃至付出特殊代价这些历史事实为由，很轻率地漠视甚至否定欧洲大陆的政治理论的特有贡献。他们完全没考虑到德法两国长期作为欧洲政治中心、宗教中心与经济中心这一历史因素在其政治变革、政治实践过程中所起的复杂作用，而把欧洲大陆在走向现代政治社会过程中没能像英国那样顺畅与幸运简单归咎于德法思想家们的政治理论，并无知地对这些政治理论加以贬斥。他们根本没有想到，单靠英国启蒙思想家那些相对单薄得多且包含诸多理论困难的政治理论无法引领欧洲大陆与世界走向新时代的政治实践。他们跟着伯克喋喋不休地百般讥笑法国人为了“抽象的人权”而把路易十六送上断头台的暴虐与血腥，也像模像样地与伯克一起装作忘了欧洲第一个被送上断头台的国王是英王查理一世。也许在他们眼里就像在伯克眼里一样，英国人比法国人早了144年把自己的国王送上断头台并不血腥，因为英人只是为了自己“传统就有了的权利”，而不是为了法国人头脑中“抽象的权利”！依据这些装模作样的“保守主义者”的逻辑，如果法国人祖先本来就没有英国人祖先享有的那些“权利”，那么法国人也就没有理由去争取要享有与英国人一样的权利；至于像中国、印度这些东方国家，祖先都是奴仆的，就永远当奴仆才是正当的，如果非要为了什么抽象的普遍人权而求革新、闹革命，那是患了妄想症。历史上高贵的，才有理由维护高贵；历史上卑贱的，那就永远保持卑贱吧！实际上，这就是一些掉书袋式“保守主义者”不自觉的潜台词。他们还经常念叨着“历史的自然演进”，却很少认真深究：何谓“历史”？什么“自然”？谁在演进？往哪里演进？对这些问题的解答需要以讨论诸如自然与自由、自由与时间、自在与自觉之间的内在关系为前提，而后面这些问题并不在他们的视野之内。因为正是被他们想当然地加以拒斥的欧陆哲学家们才深入地探究了这些更根本的问题。

我们之所以在这里特意提到这些，是因为近年来泛滥着各种自我标榜的“保守主义者”，他们或借保守历史、文化、传统之名，或借反思现代性困境之需而力倡自然至上，完全忽视了自由与权利在政治世界的优先性，甚至拒斥自由与权利本身，从而自觉不自觉掩盖或转移了政治世界所面临的真实问题，模糊了改善这个世界的方向。但是，我们要认真一问：对于人类来说，首先要保守什么？首先要保守的是你的自由，是人之为人的自由，而不是什么传统，什么文化，什么自然正当。自由是最正当的自然，自由是最深刻的文化，自由是最宝贵的传统。没有自由，自然的正当就是独裁；没有自由，文化就是堕落；没有自由，传统就是野蛮。如果说有什么保守主义值得保守，那也是保守自由以及基于自由的那些原则的那种保守主义。

不过，这个话题我们要暂且按下，在本书上篇将会有对“保守主义”的进一步讨论。现在我们要回到原来的话题。

在克服英国政治哲学留下的难题的努力中，卢梭与康德是两个关键性人物。虽然卢梭尚未摆脱从自然状态与自然法来论说人的自由与权利的做法，但是通过其“普遍意志”（“公意”）

概念，他却是把法则与意志直接联系起来的第一个哲学家。卢梭对“普遍意志”概念的发现，使意志成了万法之源。这为康德从自由意志“演绎出”包含着义务法与权利法于自身的道德法则这一伟大工作准备了一个关键的理论环节。在卢梭工作的基础上，康德发现，当且仅当意志是自由的，真正无条件的绝对法则，也即作为绝对命令的道德法则才是可能的。这样的自由意志因此也才不仅是一切正当法则之源，而且是最高理性本身，也就是他所说的“纯粹实践理性”。于是，理性不仅包含着知性，而且包含着自由意志。这意味着，理性不仅能够通过给出概念与命题而给出知识，而且能够通过给出法则而给出行动。理性的最高能力不在于它能给出知识，而在于它单凭它自己就能给出行动。在西方思想史上，对理性的理解在康德这里完成了一次真正的突破。这个突破既可以看作是在希腊人规定的理性概念之上增加了新的内容而丰富了这一概念，也可以看作是以来自犹太—基督教的核心要义来改造这个希腊概念而提升了这一概念。

虽然这个突破一直未能得到后人的充分理解与消化，但它的重要性是毋庸置疑的，正是基于这一突破，在康德这里，理性不是通过知性而是通过自由意志给出行为法则，也即绝对的伦理性规范。这种作为理性的自由意志，或者说作为自由意志的理性，一方面是普遍的，另一方面又被赋予每个有限的感性存在者，也即被赋予我们每个人。谁赋予我们每个人？不知道，也没必要知道。人们既可以猜测地认为是上帝赋予，也可以认为是大自然或天赋予，或者其他超于我们之外或之上的某种存在者赋予。这里，重要的只是需明确一点，即在我们身上存在着自由意志这种理性。这也就是证明存在着自由意志的工作。康德在《实践理性批判》这一著作里最主要的一个工作就是证明“存在着作为自由意志的纯粹实践理性”（Es gibt die reine praktische Vernunft）。不过，这里我们不打算展示康德的这一证明工作，我们只把他证明的结果作为我们继续讨论的出发点。

既然我们每个人都拥有自由意志这种最高理性能力，那么也就意味着我们每个人在本性上都有能力按自己的意志决定自己的一切，因为自由意志之为自由意志乃在于它完全能够从自己出发决定行动并因而是行动的终极因。显而易见，虽然我们每个人因有自由意志而能够完全从自己的意志出发决定自己的行动，但是我们并非可以为所欲为，否则作为理性存在者的我们之间就会不可避免地陷入相互冲突之中。那么，这个行为的界限在哪里呢？康德通过一番推演，从自由意志给出了这样一个绝对界限：每个人都应当这样行动，当你行动的理由（准则）成为所有人的行动理由时，不会陷入相互矛盾之中。这个行为的绝对界限也就是绝对的道德律令。简单说，这个绝对律令也可以这样表达：每个人都应当按其可普遍化而不自相矛盾的行为准则行事。

从这个基于自由意志的道德律令出发，康德在其《道德形而上学》里进一步推演出他的权利法则：既然每个人按其可普遍化的行为准则行事就是正当的，那么，只要人们按可普遍化的行为准则行事，在这个界限内，他就可以做一切他想做的事情。于是，这意味着，基于自由，每个人都拥有这样一个行为空间：每个人都应当被允许按他自己的意志行动，只要他按可普遍化的行为准则行事。被谁允许呢？被所有其他人允许。这里所谓“应当被允许”也就是有正当理由要求被所有他人承认、尊重与维护。这样的行为空间也就是每个人因自由意志而拥有的权利总体。所有那些普遍的自由权都被包含在这个行动空间里。这里，康德从自由意志（纯粹实践理性）推演出绝对的道德法则，再从道德法则引导出权利空间。在这个意义上，我们可以说，在康德这里不再需要从自然法与自然状态来论证人类个体的普遍权利，而是转而从人类个体身上的自由意志也即纯粹理性本身出发论证这种普遍权利，完成了论证权利的重要转向。从此，权利原则既有实证的事实依据，更有超验的可靠论证。

本书分为上、中、下三篇。对自由的理解、对权利的论证，以及基于对自由的理解而引发对国家基础的重新审视、对近年流行的各种“保守主义理论”的质疑和反思等，构成了本书的上篇也即“理论篇”的主要内容。对权利的分析与论证，我沿用了康德哲学的超验论证方法，并接受了他的证论思路。因为迄今为止，我仍认为康德对权利给出的论证是最好、最可靠的论证。如果人们真正理解并消化他的论证，那么政治哲学领域出现的一系列似是而非的观念、主张与问题也就会消失，并能更有针对性地面对真实问题。在上篇这部分里，有所突破的工作首先是对契约论国家观进行了修正，指出真正的契约活动只有在以一系列相互性原则为基础的伦理社会里才是可能的，因此，伦理社会构成了国家的真正基础。国家也因此负有伦理使命，而不是什么无价值质性的机构。国家的这种伦理使命又使国家面临着寻找宗教与甄别宗教的任务。国家本身的正当性无需宗教，在这个意义上国家无需国教，但是国家为了承担起伦理使命则需要寻求理性宗教的帮助。这一修正国家学说的工作建立在对自由有了新的思考基础之上。自由在这里不仅被理解为自由意志，同时也被理解为一种可以不断打开可能性的整体存在。由此才引出了有关相互性关系与相互性原则的发现。

中篇（“历史篇”）的工作是在上篇提供的理论视野下进行的。在这一篇里，将以讨论近代四个最重要政治哲学家的主要作品来展示近代哲学如何从自然状态与自然法转而从自由与自由法去论证权利原则的历史进程。对契约论及其所隐含的分权原则特别是主权在民原则需要通过什么样的理论环节才能被确立下来等问题的讨论，也是中篇的重要内容。

下篇也即“现实篇”是在“理论篇”确立的分析框架下处理我们时代所面临的一些世界性问题。自从哲学开始对普遍权利展开论证，权利原则就像一道时隐时现的彩虹飘荡在世界每个角落的上空，在每个会抬头眺望的民族及其个体的心灵深处唤起了一种全新的渴望与梦想。但是，这种梦想在有些地方变成了现实，而在有的地方却一直飘摇在半空中，甚至变成了梦魇。这是为什么？对这个问题的讨论是“现实篇”的一个主题。

“民族国家理论”自近代以来在世界范围内产生了多重影响，在改变世界秩序的过程中，也给世界带来了巨大灾难，这种灾难在今天仍在延续。民族国家理论之所以具有如此之大的力量，一个很重要的原因是它被有意无意地与人权原则（个体的普遍权利原则）进行逻辑勾连。但是，通过深入与细致的学理分析，我们发现，权利原则与民族国家理论之间并无内在的逻辑关系，相反，权利原则甚至是一条解构民族国家理论的原则。这些讨论是“现实篇”另一个主要工作。在全球化时代的今天，文化多元、价值观多元已成为摆在人们眼前的事实，而多元原则则被尊奉为一条处理多元现实的正当原则。但是，这是否意味着任何一种文化都可以成为多元文化中的一元？是否任何价值观都可以成为多元价值观中的一元？换个角度问，多元原则本身如何是正当的？多元原则本身是否是有界限的？如果所有文化、所有价值观都可以成为多元中的一元，那么这岂不意味着一切文化、一切价值观都是相对的，因而多元原则本身也是相对的？如果不是如此，那么多元原则的界限在哪里？它的正当性根据（理由）是什么？这是全球化的世界在今天不得不面对的迫切问题。对这些问题的讨论构成“现实篇”的重要内容。

虽然分成三篇，但全书贯穿着共同的主题，那就是自由与权利。在不同的篇章里，会出现对自由与权利进行不同角度、不同层面、不同语境的讨论和阐述。不过，所有这些讨论或阐述都不是历史学式的，也不是任何其他经验科学（比如社会学或人类学）式的，而是基于康德哲学确立的形而上学阐明（die metaphysische Eroerterung）的方式与超验阐明（die transcendentale Eroerterung)的方式进行的：从经验出发去回溯、追寻并阐明使经验成为可能的先验条件（die Bedingunen a priori），再从这些先验条件推演出普遍原则。以这种方式展开探究的工作归属第一哲学的工作，也即属于真正“形而上学”的工作。所以，我们把以这种方式探讨权利这一核心主题的这本书命名为“权利的形而上学”。

实际上，在这里，我们试图通过确立一种“权利形而上学”来申明两点。首先是要重申古典思想的一个伟大教导，那就是：权力需要一个超越于权力本身的尺度。政治实践领域固然是一个经验性领域，需要面对与处理各种具体情境里的问题，需要识别、考量各种历史、文化、习俗的差异，特别需要权衡各种现实利益的复杂纠葛等等，因此需要依靠各种经验知识与娴熟的实践技巧。但是，这绝不意味着这个领域就仅仅是一个只与经验事实打交道的技术领域，没有也不应该有普遍性的价值原则贯穿其中。苟如此，则政治世界就是一个没有是非、没有善恶的领域，而单纯就是一个永远只为寻求力量平衡的领域，因而一切政治治理都只是基于力量的权宜之计。而这意味着，政治实践领域这个关涉到每个人安危的公共领域实质上就是一个丛林世界，在这里，力量就是尺度，强力就是一切。但是，我们伟大的古典思想早已否定这一点，并在理论上与实践上开启了驯服权力的千年努力。特别是当卢梭在理论上完成对“强力本身具有正当性”的否定，在根本上也就意味着人类完成了在理论上把自己的政治世界从一切强力中解放出来，也即从丛林世界里解放出来。因为卢梭的这一否定工作实际也就是否定了权力或强力本身可以成为正当性的尺度。因此，权力必须接受自身之外的尺度的约束。那么，从强力中解放出来的政治世界应当以什么样的原则为尺度？显然，只能是这样的原则，即所有政治共同体都要以之为尺度而接受其约束的原则。而这样的原则不仅要超越权力本身，而且要超越所有处境性的差异而是普遍的。显然，寻找、论证与确立这类原则的工作并不是通过单纯的经验研究所能完成的。

与此相关，我们要申明的第二点是，对政治实践领域及其原则本身进行各种诸如人类学的、社会学的、历史学的经验性研究是非常必要的，因为这可以帮助人们对这个领域获得更多维的认识，以便使人们能够从更多方面去理解、审视我们的公共生活，然而，却不能因此而把对政治实践领域的研究仅仅归结为这些经验研究，而看不到对这一领域的形而上学探究的必要性与不可替代性。也许由于对近代政治哲学从英法到德国的进展线索不够了解，或者不愿了解，也许还由于不擅长于纯粹哲学的思考，近年来越来越多的研究者纷纷热衷于把社会学、人类学引入对政治实践领域的研究，并满足于这类研究，甚至试图以这类经验研究取代乃至否定对这一领域的形而上学探究与反思。更有甚者把现代政治社会归结为不列颠人基于所谓的“普通法传统”自然演化出来的。结果是什么呢？结果就是在政治世界这个最需要普遍价值原则（如普遍公正）的领域却陷入了历史相对主义、文化特殊主义或者无限度的多元主义。其中一个重要体现就是，在理论论述当中完全混淆了先验的自由权本身与经验的自由度，从而把权利在不同国家、不同族群、不同个体身上的实现展现出的差异性视为权利本身的差异性，进而或者否定权利本身的普遍性与绝对性，或者否定权利本身来源的超越性。人们一旦放弃了对政治世界的形而上学反思，那么包括自由（权利）原则在内的一切价值原则都可以被消解在民族、传统、文化、历史等等经验性因素的差异性之中。于是，政治共同体里面临的真实问题被掩盖了，政治世界的改善方向更加迷茫了。实际上，形而上学维度在有关政治世界的研究领域一旦缺席，那么对这一世界的一切研究，不管看起来多么丰富、多么客观、多么新颖，实质上都是无脑、无关切的研究。简单说，这里要申明的一点是，在对政治世界的研究中应当保有形而上学探究的维度，否则，这个领域在理论上会被解构为碎片化的各种知识而丧失主导性原则，在实践上则会导致丧失改善政治共同体的方向。

以上是对这本书的思路与主题的一个简要交代，也可以看作这本书的一个导引，权且以之为序。

目　录

下 现实篇 权利时代与全球化

上

理论篇

权利原则与现代国家

第一章　我们需要一种权利形而上学

权利原则是近代以来最基础也最核心的政治哲学原则，它不仅构成了近代以来几乎所有政治运动的隐秘方向，而且构成了近代开始的所有政治改善的最高尺度。那么，政治哲学如何才能确立起这样的权利原则？这首先需要论证“每个人都有一样的权利（自由权）”，但是，如果诉诸经验研究或社会共识，那么这一工作便无法完成。

为此，我们需要一种能够超出经验去寻找构成经验之所以可能的在先条件的形而上学来探究权利问题，以便确立起这样一种权利理念：虽然人们既没有在历史事实中发现一种普遍自由权，也没有在现实经验中享受到这种普遍自由权，甚至连在心灵里都从未闪过有关这种普遍权利的念头，但是，我们却可以在理论上发现并论证，作为人这种存在者存在，我们每个人自身便拥有与所有其他人一样的自由权。通过权利形而上学确立起这种权利理念，实质上也就是通过这种权利形而上学达成对普遍自由权的一种**自觉**。**而唯有**基于这种自觉，人们也才会且必然会启动实践上的要求：**实现历史上与现实中没有的东西**。

简单说，为了真正确立并自觉权利原则，我们需要一种权利形而上学。

第一节 共识与正当性根据

不过，我们暂且从最可能的经验出发。我们先设想一种可能场境：一个外邦人到了一个陌生的国度，他的服饰举止、言谈习惯对于这个陌生国度的人们来说，无疑也同样是陌生的，他们甚至对他的国家——如果有的话——一无所知，以致他好像是从某个神秘的地方突然冒出来似的。但是，面对这个外邦人，不管人们有多么惊讶，他们无论如何也不会像害怕诸如虎豹豺狼之类的捕食动物那样，仓皇逃遁，或者相反，像食肉野兽那样猛扑上去猎食这个外邦人。因为人们首先会把他当同类来对待。既然把他当同类，那么，接下来该如何对待他呢？该把他驱逐出境，还是让他留下来？简单说，他享有什么样的权利？

这是费希特在《自然法权基础》一书中设置的一个场境和由此引出的问题。其实，每个人对于他人都是一个陌生的外邦人，而他人对于每个人也是一个陌生的国度。所以，那个外邦人能有的权利，也就是每个人应有的权利。费希特称之为每个人作为“世界公民”天生就有的权利。这就是：每个人都必得被允许与他人建立某种合法关系的要求与努力；或者说，每个人都有权要求与他人建立某种合法的关系。这种“世界公民”的权利也就是一个人享有的原初的人权之一，它先于一切法律契约，并使一切法律契约成为可能，因而是每个人可能获得的其他各种权利的根据。

问题是，每个人为什么都具有这样的权利？他从什么地方获得这种权利？是从宪法吗？但是，这样的权利先于包括宪法在内的一切法律契约。的确，在一个共同体里，人们的一切契约性权利都可以被视为来自宪法，但宪法又来自什么地方？或者更确切问，宪法的根据又是什么呢？人们凭什么制定这样的宪法而不是制定那样的宪法？根据某个阶层或全体公民的最大利益吗？可是，根据什么来判断这个阶层或全体公民的最大利益？从经验领域，比如从常识或所谓共识，不可能回答这些追问。因为常识可能是错误的，共识有可能是野蛮的。这意味着，必须从经验领域之外，即从形而上学或第一哲学所处理的超验领域去寻找人类一切权利以及宪法本身的最后根据。如果说政治学就是关于公民权利的制度安排的科学，那么，政治学最后必须以形而上学或第一哲学为基础。否则，一切政治学就只不过是一套应景的权宜之计。由康德开创的整个德国超验哲学传统，对于政治学和法学而言，如果说有什么特别贡献的话，那就是它开辟了一种为政治学和法学寻找形而上学论证，从而为它们奠定可靠基础的可能性道路。

有学者会认为，政治学并不需要寻求形而上学（哲学）的基础，而只需以当代人类在政治实践领域达成的共识为根据；形而上学是多元的，而作为制度安排之根据的政治共识则只有一个。因此，形而上学对于政治学及其理念在现实中的落实来说都是一个多余的东西。[①] 这一观点实际上也代表了相当一些研究政治学特别是研究英国政治学的学者的观点。但是，这种观点是很成问题的，因为它将使政治学沦为没有根基的科学。

的确，人类在各方面都会达成各种共识，最广泛的共识也就成为所谓主流意识。在政治领域同样如此，在这一领域，根据主流意（共）识来进行制度安排的国家被称为主流国家，由这样的国家组成的社会被称为主流社会。但是，一个国家制度的正当性与合法性难道就来自一种政治上的主流共识？或者说来自一种主流的政治理念？这岂不意味着一个国家只要会赶国际政治的时髦就能担保自己的正当性？但是，一个曾经非常现实的问题是：在我们这个星球上，正好有两种把这个世界上的人类分成两个旗鼓相当的阵营的政治共识或叫政治理念，我们这些陷于正当性纷争的当事人如何来判定自己所接受的制度安排是正当的，而另一个阵营的人们生活于其中的制度是不正当的？即便有一种政治理念成为大多数人和大多数国家的一种共识，这种政治理念也不可能单凭这一点就可以为以它为根据的制度安排提供出正当性理由。在当今世界的某些角落，把形而上学排除在自己视野之外的政治学必须面对的一个现实而迫切的问题是：对于那些迄今仍拒绝接受被主流社会当作共识的政治理念的国家及其领袖们，人们该怎么办？难道政治学家们只能对他们说："这是当今人类在政治领域形成的共识，你们必须

① 我很尊重与敬佩的徐友渔教授是持这种观点的代表性学者，在中国社会科学院哲学研究所共事期间，我与他就政治理论是否需要形而上学问题有过多次讨论。他的批评后来发表在《政治哲学与形而上学》（《云南大学学报》2008 年第 1 期）一文里。

接受，否则你们就是异类，就是不文明，就没有正当性”？可是，这些异类们却同样可以振振有词地回应道：什么人类共识！那至多只是“你们”的共识，而不是你们与我们之间的共识，更不是“我们”的共识；在我们（哪怕是少数）没有认同与接受的情况下，你们有什么权利声称你们的共识就是人类的共识？而我们的共识就是野蛮的、不文明的？

显然，我们不可能、也没有理由单凭一种政治理念成了大多数人的共识就来要求人们去认同和接受这种政治理念。因为一种政治理念的正当性与它是否成为人们的共识无关。一种具有正当性根据的政治理念的确具有成为共识的必然性，因为它符合人的本性，首先是符合人的理性的展开和发展。但是，我们却不能由一种政治理念成了共识就推断它具有正当性，因而人们必须认同和接受它的制度安排。对于所有政治学来说，一个无法回避的根本问题是：它所主张的制度安排的最后根据或最高原则是什么？政治学本身可以止于自己的最高原则而不加追问，但是它不能没有对自己的最高原则的意识。否则，它就无异于建筑师在凭空构想雄伟迷人的建筑物而忘了考虑其地基是否牢靠。而政治学要意识到自己的最高原则，它就不能不寻求形而上学的支持。因为政治学的最高原则本身的正当性与绝对性不可能在经验领域得到说明，而只能通过形而上学的追问来确立。

第二节 形而上学与权利的先验根据

这里，我们要对“形而上学”这一概念作出界定。当我们使用这一概念时，我们首先是指这样一门科学：它并不是要像其他科学那样要去面对和追问各种经验现象，而是要超出经验现象之外去追问一切经验现象之所以可能的前提。简单说，这里的形而上学乃是这样一种理论活动，它要从经验出发去寻找使经验成为可能的先验条件。

我们遭遇到的经验现象界，不管是自然现象还是历史现象，都是我们作为理性存在者生活出来的世界，或者说，是在我们这种理性存在者的生活与行动中展开出来的世界，因而我们生活于其中的经验现象界是有前提的。对这种前提的追问既是对现象界的根据的追问，也是对人类本身的行动理由与生活原则的追问。而这正是我们这里所说的“形而上学”的全部工作。由于这种追问所确立起来的最高原则既是整个经验现象界之所以可能是这样而不是别样的最后根据，也是人类本身的一切行动之正当性的最后根据，因此，这种原则也被当作第一原则。在这个意义上，追问与确立那种第一原则的形而上学也被称为第一哲学或纯粹哲学。除非人们认为人类生活于其中的世界是一个无前提的世界，它之于我们就如它之于一面镜子，因而我们无需去追问我们生活于其中的世界的根据，否则形而上学就是不可或缺的；同样，除非人们否认人是自由的，也就是说人的一切行动就像蚂蚁的行动一样，都是由本能与当下各种场境因素一起决定的，因而人的一切行动或者是偶然的或者是不得不如此的，并没有什么正当不正当的问题，当然也就没有必要去追问人的行动的正当性根据，否则形而上学就是不可避免的。但是，我们知道，对人的自由的确认构成了近现代实践哲学的一个基本前提：如果没有自由，或者确切说，如果人没有自由意志，那么，也就不存在正当不正当、应当不应当的问题。

政治学说要解决的基本问题就是国家的制度安排，而这个问题又取决于立国的基本原则，即根据什么最高原则来进行制度安排，以便建立一个正当的国家。就近代以来的政治学说而言，国家的制度安排问题涉及两个基本方面，即国家权力与公民权利。对于近代政治学理论来说，一个国家的正当性不仅与国家权力的来源问题相关，而且更与国家权力同公民权利的关系相关：一个正当的国家——即便它不能够是最好的，至少也能够是最不坏的——不仅它的一切权力都必须是来自于组成这个共同体的全体公民让渡和委托出去的权利，而且这个来自于公民委托的权力除了必须担当起维护与保障每个公民没有让渡出去的权利外，还不能反过来损害乃至剥夺每个公民不可让渡的权利。近代政治学有关国家权力的分权理论，其根本目的就在于探讨如何防止来自公民委托的国家权力反过来损害公民的权利。在这个意义上，对于近代政治学来说，国家的制度安排问题在根本上就是如何保障与维护属于每个公民个人的绝对权利。因此，我们也可以说，个人的权利法则，即个人不可让渡的权利神圣不可侵犯，实际上构成了近代主流政治学的一条立国原则。不管是主张民主政体还是共和政体，个人的权利法则都是人们所主张的政体的唯一合法性源泉。

于是，我们又回到了开头提出的问题：个人的这种权利来自什么地方？为什么每个人作为公民个体都拥有同样不可侵犯、同样必须得到尊重与维护的绝对权利呢？这种公民个体在绝对权利上的平等的根据是什么？唯一的答案只能是：每个个人的绝对权利就来自他是自由的理性存在者。因他是自由的，因此他赋有这样一种权利属性：他必须被允许根据他自己的意志生活、行动。否则，就是对他的自由存在的否定。由于每个人天生就是一个自由的理性存在者，因而他天生就拥有这种权利属性。这一权利属性是每个人的一切自然的权利即那些先于法律契约关系的权利与一切获得的权利即通过法律契约得到的权利的全部根据。也就是说，一个人享有的任何权利，不管是自然的权利，还是获得的权利，都只有从他天生拥有的这一权利属性那里得到最后说明。

如果不允许一个人按他自己的意志生活、行动，那么也就意味着中止了他作为一个人的一切权利。或者说，如果一个人被禁止按他自己的意志选择自己的生活、行动，那么，他自然也就失去了上面所说的那些自然的和获得的一切权利，而这也就意味着他失去了作为一个人的权利。因为即便他还有所谓“生存权”，即他还被允许存在着，但是，在“不允许他按自己的意志生活、行动”这一前提下，他既没有了作为世界公民的权利，也失去了诸如言论一出版自由、结社自由、信仰自由、迁徙自由等等权利，那么，他此时的生命存在与家畜的生命存在有什么区别呢？如果一种人权观把“生存权”当作最基本的人权，那么，与其说这是一种“人权观”，不如说它是一种“畜权观”。因为在根本上它是在把人当家畜来看待。实际上，所谓的“生存权”本身就内在于每个人的权利属性：既然每个人必得被允许根据他自己的意志生活、行动，那么，理所当然必须允许他存在着。把人的“生存权”从他那绝对的权利属性里抽离出来，从而把“生存权”从他那些绝对的自然权利和获得性权利中抽离出来，意味着把人降格为牢笼里的动物。

卢梭曾满怀激情地说：我宁愿在暴风雨中享自由，而不愿意在牢笼里图安逸。在激情背后，卢梭真正要说的是：自由是人之为人的前提和标志；维护人的自由存在，从而维护人因其自由而拥有的一切权利，就是维护人作为一个人的天赋身份。剥夺人因自由而具有的一系列权利，使其只剩下所谓“生存权”，也就意味着只允许人生活于牢笼里——某种人们不愿接受的制度安排。在这种牢笼里，每个人实际上都被剥夺了人之为人的天赋身份；即便“人们”能吃得白白胖胖，甚至因被禁锢得麻木不仁而对牢笼里的安逸生活心满意足，也并没有改变他们非人的身份。简单说，他们不是被当作自由的、有其不可剥夺的权利与尊严的人本身，而是被当作只要供给食物使其生存便可随意驱策的一般动物。

所以，我要再一次强调说，是自由，而且是理性的自由，使人成为人：它不仅使人具有绝对的尊严，而且使每个人拥有那些绝对的、不可剥夺的自然的权利和获得性的权利。自由是每个人拥有的一切权利的先验根据。

同样，由于每个人都是自由的理性存在者，因此，每个人都具有同样的权利属性，因而每个人都拥有来源于这一权利属性的同样多的绝对权利。所以，也是自由使每个人在绝对权利上拥有完全平等的地位。不管你富可敌国，还是身无分文，也不管你是一国之尊，还是一介平民，在拥有那些来自自由的绝对权利上，你与每一个普通公民都是一样的。没有一个人有理由声称自己能够比别人拥有更多这类绝对权利，也没有任何人有理由认可自己比别人拥有较少这类权利——如果他的确比别人拥有较少这类权利，那么这表明，他受到了不公正的待遇，他有权要求造成这种不公正待遇的人立即纠正。就每个人是自由的而言，每个人都有义务去要求和维护自己享有与他人同样的那些绝对权利。否则，他就是自动放弃作为一个人的资格和身份。

这里我想进一步说明的是，从人的自由那里获得的一切权利都包含着义务或责任于自身。因为人的自由是一种理性的自由。也就是说，人是自由的，是因为他是一个拥有自由理性的存在者，或者更确切说，他是一种被自由理性所拥有的存在者。正是这种自由的理性使他不仅能够完全听从自己的理性作出行动决断，从而把自己当作行动的主体来理解和对待，而且能够认识到他人是自己的同类，从而把他人也当作其行动主体来理解和对待。[①] 而认识到他人是自己的同类因而也是行动的主体，意味着每个被自由理性所拥有的人既有“必须被允许根据自己

① 至于人如何因其理性而能够把他人当作自己的同类，这正是费希特在其《自然法权基础》一书中要回答的一个形而上学问题。

的意志生活、行动”这种权利属性，也必须承认和尊重自己的所有同类也拥有同样的权利属性。也就是说，作为自由的理性存在者，每个人都必须承认，他的自由理性是一种普遍的行动能力，也就是说，是他的同类都具有的一种行动能力。这意味着，出自其自由理性的任何一种行动也都是所有同类个体能够做出的行动。因此，如果自由理性存在者能够认识到他人是自己的同类，那么，他在根据自己的意志行动时，必须这样行动：当他的同类们根据自己的意志采取同样的行动时并不会导致对他的行动的反对。简单说，每个自由理性存在者必须这样行动，即当他的行动普遍化为所有人的行动时不自相矛盾。

因此，虽然每个人因其自由而拥有“必须被允许根据自己的意志生活、行动”这种绝对的权利属性，但是，这并非意味着允许他为所欲为。这一权利属性一方面表明，每个人有理由按自己的意志生活、行动，另一方面表明，他有理由这样做是被允许的。被谁允许呢？首先是被作为同类的其他自由体允许。但是，显而易见，同类自由体只有在这种前提下才会承诺对他的那种允许，即他出自其自由的行动并不与他们同样出自其自由的行动相矛盾。实际上，这也就是说，当他出自其自由的行动普遍化成为所有人的行动时不能自相矛盾。我这里之所以用“必须被允许根据自己的意志生活、行动”这一命题来表达每个人具有的那种绝对的权利属性，就是为了准确地表达出这种权利属性同时内在地包含着一种绝对的义务，即每个人必须这样行动：当这种行动普遍化之后不自相矛盾。就实质说来，这种绝对义务也就是对他人出自自由的那些绝对权利（不管是自然的还是获得的）的承认与尊重。作为自由的理性存在者，每个人拥有的绝对权利是也只能是并不防碍他人拥有同样的绝对权利的那种权利。换言之，每个人拥有的那种绝对权利都内在地包含着承认与尊重他人拥有同样绝对权利的义务。在这个意义上，我们也可说，作为近现代政治学立国之本的个人权利法则同时也是一种义务法则。

如果说，个人的权利法则之所以有理由构成立国之最高原则，是因为个人的那些自然的权利和获得的权利具有绝对性而不可剥夺、不可让渡；而个人的这些权利之所以具有绝对性则是因为它们来自于每个人都是自由的理性存在者，那么，我们要进一步追问的是：为什么人的理性是自由的？如何理解人的理性是自由的？作为以制度安排为其要务的政治学本身可以不追究这一问题，而止步于把“理性是自由的”作为一个预设接受下来。这是一个在经验领域无法加以证明的形而上学预设。但如果不能或者不对这个预设作出非经验的形而上学论证，那么，以这个预设为前提的政治学提供出来的制度安排理论的可靠性就是值得怀疑的。除非人们生活在这样一种文化传统背景当中，即在这种文化传统中，“人是理性的且因而是自由的”已然被当作一种确实可靠的信念或常识，否则就不能阻止人们去质疑以之为前提的政治学理论的可靠性。

如果说英国的启蒙政治学传统与欧洲大陆特别是德国的政治学传统有什么不同的话，那么这种不同并不在于它们有没有和要不要形而上学基础，它们毫无例外地都预设了一个共同的形而上学前提，即人是理性存在者且因而是自由的。它们的不同实际上只在于，前者把这一形而上学前提作为自明而可靠的信念或常识存而不论，而把注意力更多地放在制度安排问题上；但是，后者则并不简单地把它与前者共同预设的形而上学前提当作自明的常识，而是首先要对这一形而上学前提作出学理上的探究与系统的论证。也就是说，后者要把“人是理性存在者且因而是自由的”这一前提在学理上确立起来，使之成为有理有据的普遍原则，而不只是来自基督教文化背景的一种信念或常识。对于政治学所预设的这种形而上学前提的论证与探究，就构成了形而上学本身，而在德国思想里，则被称为“超验哲学”。这是康德开创的一个伟大传统。他对理性本身的分析批判不仅为一切可能的知识奠定了基础，而且更重要的是以超验的方式论证和确立了人的自由的绝对性，使“人是自由的”成了一条不可置疑的绝对而普遍的原则。

显而易见，如果没有形而上学，或者更具体地说，如果没有超验哲学提供的论证，那么，“人是理性存在者且因而是自由的”这种观念首先在很大程度上就会被当作只是一种来自基督教文化的信念，因而政治理论以之为前提确立起来的权利原则以及相关的制度安排理论，就无法避免被人们（特别是生活于非基督教文化背景中的人们）当作一种可以不认同、不接受的理论假设的可能性。这意味着，英国启蒙哲学传统对形而上学前提的关注的不足，会大大弱化它的普遍性色彩，使人们有“理由”拒绝它提供的一系列政治理念。正是在这里，显示出了德国超验哲学传统的意义来。它对构成政治学基础的那些形而上学预设的全面而系统的学理论证，使政治学建立在一种学理上可以证明的普遍原则上，从而使任何人都没有理由拒绝建立在这些原则上的政治学理论，除非他能在学理上否定它的基础原则。否则，他就不得不接受这种政治学理论的普遍性，而不管文化传统有多么不同。

所以，我想说，任何政治学理论，如果它要具有普遍性，它就必须建立在某种形而上学之上。如果说个人的权利法则构成了近现代政治学的立国原则，那么，我们就需要一种权利形而上学，以便使任何人都没有理由拒绝建立在这种权利法则之上的一系列政治学理念与制度安排，如果他想讲理的话。在这个意义上，我还想说，康德、费希特确立的超验哲学对于政治学是不可或缺的，特别是对于在个人权利的绝对性仍没有得到真正自觉与尊重的地方的人们来说，它甚至具有更根本的意义。因为这种超验哲学（die transzendentale Philosophie）把形而上学建立在这样一种超验的还原活动（而不是经验的还原活动，所有经验还原最终都会坠入物理主义还原）基础上，即从经验出发回溯与反思使经验之所以可能的先验条件（die Bedingungen a priori）。这样的形而上学确立起来的原则或原理在理论上才是普遍的，在生活上才是自觉的，因而在实践上才是可靠的。

第二章　从自由到权利

——对现代性社会原则体系的阐明

上一章我们讨论了为什么我们需要一种权利形而上学，并且也初步讨论了权利如何来自人的自由存在。接下来，我们首先要讨论自由本身这个最基础的问题，然后在这个基础上，我们要从自由出发来更充分地阐明权利原则以及与权利原则一起构成现代性社会秩序基础的其他基本原则。

实际上，如果人们想为自己为什么能够抗拒一切奴役作出辩护，如果人们要为自己为什么拥有与包括统治者在内的所有他人一样的普遍权利和一样的人格尊严给出理由，如果人们要为自己为什么能够享有人身安全与财产保障提供根据，那么，不管人们生活在什么地方，归属什么样的文化传统，都必须完成对自由的追问与自觉。否则，所有这些愿望都只能落空。因为人们之所以有理由拒绝奴役，或者反过来说，人们之所以没有理由奴役他人，进一步说，每个人之所以拥有与他人一样的权利和尊严，并享有人身与财产的安全，这些全在于每个人类个体都是自由的。那么，如何理解人的自由？人为什么是自由的？本章就来探讨这些问题。

第一节 任性与自由

在流俗的说法中，人们往往把自由理解为为所欲为，想干什么就干什么，所以，只要有例证表明在现实中没有人能想做什么就做什么，就认定人根本就没有自由。但是，人们一旦这样理解自由，说明他们还没有理解真正的自由，实际上等于否定了自由本身。因为这样理解的自由实际上等于任性，等于非自由。而人的任性，不管是意愿上还是行为上，在根本上都是受外在的环境和事物的刺激、影响乃至决定。人们看到喜欢的东西就想获得它，看到美好的东西就想占有它，遇到新颖的东西就想探究它，或者仅仅因为心里突然萌生起一个观念就想去实现它等等，都属于任性。我们生活中的大量行为举止属于这类任性，所有这些任性也都与我们的意志一欲望相关。不过，只是与我们的低级意志一欲望相关，也就是只与朝向外在事物而受外在事物影响、刺激的那部分意志一欲望相关，而与独立于一切外在事物的高级意志一欲望无关。在这个意义上，人的所有任性都不是真正出自人自己的独立意志本身，而是受人自身之外的事物影响或决定，因而可以作因果必然性的说明。简单说，所有的任性实际上都受因果必然性的支配。所以，当人们把任性当自由时，也就等于把一种因果必然性当自由。但是，真正的自由恰恰就在于突破因果必然性，突破外在的决定。

如果我们把因果必然性理解为有 A 必有 B，也即说 A 的存在只通向一种可能性，那就是 B 的存在，那么，这种因果必然性也就意味着“非如此不可”的唯一性。在这里，从A到B之间是封闭的，而不是开放的、未确定的。而自由之为自由，就在于它能够突破这种非如此不可的唯一性与封闭性。

这种自由也就是“能够不愿意（抗拒）一切服从”与“能够不愿意（拒绝）一切诱惑物”的自由意志。自由意志之为自由意志就在于它能够完全只从意志自身出发去决定行动的最终动机并直接给出行动，而置一切外在原因、外在条件于不顾，因而它能突破自然的因果必然性。简单说，自由意志也就是一种能够独立于自然的因果必然性的决定而直接给出行动的能力。

所以，如果说人是自由的，或者说人有自由，那么这首先意味着，人不仅仅生活于自然的因果必然性里，而且存在于自由里。因此，如果人是自由的，那么对于人来说，他的存在永远面临其他可能性，而不会有只有一种可能性的处境，也就是说，他没有“非如此不可”的存在处境，除非他被强力完全控制。

那么，人究竟有没有这样的自由？这里，我们要借助于反证法给出的一个证明来理解和确认“人为什么是自由的”。

我们知道，共同体或社会是保障人类个体能过人的生活的前提；只要每个人要过人的生活，他就必定要生活在某种共同体里。但是，这只是事情的一个方面，更为重要的是另一方面，也就是，任何一种共同体或社会都是基于某种成文或不成文的行为准则，首先就是基于包含着相互性要求、相互性期待、相互性应许的一系列基本的伦理—道德原则；没有这些最基本的相互性伦理原则，任何秩序与共同体都不可能建立起来。人类共同体之为人的共同体，人类社会之为人的社会，就在于其成员之间是处在相互性的关系中，生活在相互要求、相互期待与相互承诺和信守的关系中；如果离开那些相互性的伦理道德原则，那么任何人类共同体或者马上瓦解而不复存在，或者沦为动物般的群体。因此，我们无法想象人类能生活在没有相互性的原则与秩序的共同体里。

现在，一个无法否定的事实是，人类的确就生活在各种社会共同体里，这意味着，人类的确是生活在各种相互性的伦理道德原则之中，因此，伦理道德原则对每个人都是有效的，至少被视为应当对每个人是有效的。否则，任何社会共同体既不可能被建立，也不可能被维持。

但是，所有伦理道德原则不是劝令，就是禁令，它们或者是以"你应当……"的形式出现，或者是以"你不允许……"的形式表达。

现在我们设想，人不是自由的，人没有自由意志；或者换个角度说，人不能成为自己行动的最后的决定因，他没有能力只根据自己的意志去决定自己的行为与生活，因此，他的所有行动或生活最终都是由他的意志之外的事物决定的，或者说是由他自身之外的事物通过他的意志决定的，所以他的所有行动和生活是受因果必然性支配的，而不是自主的。

但是，如果人的行动与生活完全受因果必然性支配，那么，向任何人颁布任何劝令或禁令都是毫无意义的。因为对于一个不能只从自己的意志出发独立自主地决定自己的行动与生活的人来说，向他颁布"你应当……"或"你不允许……"这类行为法则，是没有意义的。这正如向一切受本能支配的动物命令“应当做什么”与“不允许做什么”没有意义一样。

这意味着，如果人不是自由的，那么，一切伦理一道德原则对任何人都是无效的，也不能被视为应当对任何一个人有效。但是，如果伦理道德原则是无效的，那也就意味着，人类不可能生活在任何社会共同体里。

但是，现在事实是，人类是生活在各种社会共同体里。这表明了另一个事实，那就是，伦理道德原则对于人类个体是有效的，或者说，人类个体是能够无视一切外在事物而遵守与捍卫一些基本的行为原则的，否则人类就不可能生活在任何共同体之中。而伦理道德原则对人类个体的有效性表明，人是自由的，人有自由意志。

实际上，正因为人是自由的，每个人才拥有两种否定性力量：一种是能够拒绝一切外在的强制性要求；另一种是能够抗拒一切诱惑。自由的这两种否定性力量，使我们每个人有一种积极的、肯定性力量，那就是能够突破一切因果必然性关系，独立于一切外在的强制性因素，而只从我们自身的纯粹理性即自由意志本身出发，给我们自己颁布那些普遍的道德法则，并坚守这些法则。

这在根本上意味着，人类个体的自由存在是我们人类的一切伦理道德法则的基础：正因为每个人类个体有自由意志而是自由的，人类才会有道德法则，道德法则也才被要求应当对所有人都是有效的，并且对每个人也才的确是有效的。同时，伦理道德法则的存在与有效性，则反过来证明人类个体有自由意志而存在于自由之中，因而“人是自由的”这一点是绝对的，不可怀疑的。

这里要附带提示的一点是，在西方哲学史上，从把理性或理智视为人的本质到把自由或自由意志视为人的本质，经历了两千多年的努力。当康德把自由意志视为“纯粹实践理性”而高于“理论理性”时，一方面表明他突破了希腊哲学以来对“理性”的理解，扩大了“理性”概念的内涵，把理性提高到了自由意志（纯粹实践理性）来理解；另一方面表明他以自己高度综合的哲学沟通、融合了希腊思想与希伯来精神。而就整个人类思想史来说，康德和整个“启蒙运动”对人的自由存在的深入讨论与系统论证，标志着人类对自身及其本质的认识提高到了一个全新的水平。正是从人类对自身的这种全新认识出发，人们确立起了构成现代性社会基础的一系列基本原则。

第二节 权利原则的论证

上面关于自由的论证，实际上隐含着另一个论证：自由使人的生活成为人的生活，因为正是自由使人生活于人所特有的伦理—道德世界里，也就是生活在相互性关系里。这意味着，作为自由存在者，我们人类个体之间首先需要相互承认与相互尊重彼此的自由存在，否则我们将相互否定、相互异化而无法过人的生活。

那么，如何相互承认与尊重各自的自由呢？就自由意味着每个人能够（有能力）按自己的意志决定自己的行动而言，“相互承认与相互尊重各自的自由”也就等于要求每个人在按自己的意志决定自己的行动的同时，也要允许他人按自己的意志决定自己的行动。也就是说，当你在行使与维护自己的自由时，应当尊重与维护所有他人与你自己一样的自由。

这意味着，只有当我们每个人在按自己的意志行动时，做到不与“他人按其意志行事”相矛盾，我们才能真正相互承认与尊重各自的自由。

那么，我们如何才能做到“在行使自己的自由时也允许他人自由”？显然只在遵循这样一条原则的前提下才能够，那就是：

当你用以规定你的行动意志的理由（动机）成为所有人规定其行动意志的理由时，无人会与你相互反对。或者说，当你的行为准则（动机）成为所有人的行为准则时，不会陷入相互冲突。

根据这条原则，要相互尊重与维护各自的自由，人们就只能这样行动：你的行动（生活）准则普遍化为所有人的行动（生活）准则时，大家能相安无事，而不致陷入混乱与冲突。这意味着，为了相互尊重与维护各自的自由，每个人在自己的行动与生活中都要遵守一种普遍的准则。这等于说，基于自由，我们需要相互承认与相互尊重各自的自由；而为了相互尊重与相互维护各自的自由，我们需要遵守一种普遍的准则而行动。康德把这种普遍准则概括为一条“纯粹实践理性的基（根）本法则”：

你要这样行动，使你的意志的准则任何时候都能够同时作为一个普遍立法的原则。①

这是一条基于自由且为了自由的“基本法则”，因而是在自由者之间能够且应当确立的一条关系法则。这一法则也被康德视为一个出自自由意志（纯粹实践理性）的绝对命令。所以，人有自由意志而是自由的，并非意味着人可以为所欲为，相反，自由意志恰恰给自由者颁布了普遍法则，以保障和维护自由者之间的自由。

这条绝对的道德命令一方面规定了每个人对他人的一个绝对责任（义务）：每个人在决定自己行动的理由时，要以不否定他人也可以出于同样的理由而行动为界限，否则，就不应如此行动。所以，它是一条绝对的责任法则。

另一方面，它应许了每个人的一个行动空间：它要求允许每个人按自己的意志行一切可普遍化的行动。也就是说，绝对命令在规定了每个人拥有一种绝对责任的同时，也规定了每个人拥有这样一种绝对的行动空间：每个人都应当被允许按他自己的意志行动、生活，只要他不妨碍别人依同样的准则行动；换一个角度说，只要你的行动不妨碍别人出于与你同样理由的行动，那么你就应当被所有人允许做你愿意做的一切事情，别人不得妨碍或损害。

这个行动空间就是一个人的权利空间；一个人的权利就是

① Immanuel Kant, *Kritik der praktischen Vernunft*, *Werkausgabe*, Band VII, Herausgegeben von Wilhelm Weischedel, Frankfurt am Main, 1974, S. 140. 中译本参见康德：《实践理性批判》，邓晓芒译，北京：人民出版社，2003 年，第 39 页。

一个人的行动空间。就绝对命令划定了每个人的行动空间而言，它就是一条绝对的权利法则。由于所有人的权利空间都是由同一个绝对命令划定的，因此，每个人的权利空间是一样大的，所以每个人的权利是普遍的，也是平等的。

由于这个行动空间是每个人依据绝对的道德法而应当被允许、被承认的，所以每个人拥有的这种权利是一种道德的权利。这一方面是说，人类个体的权利是基于他的道德身份获得的，另一方面则是说这种权利是每个人维护其道德身份、过自主的道德生活的前提。所以，相互尊重与维护平等权利，首先是一个道德上的问题：是否尊重、允许他人过自主的道德生活。

从权利法与道德命令的关系，我们还可以发现，我们的权利既以绝对的道德命令为根据，同时也以这一命令为界限。就权利是以绝对的道德律令为根据而言，权利本身乃是一种道德权利，因而权利本身就是善的；而就权利以道德命令为界限而言，人没有所谓作恶的权利，或者说，犯法（道德法）不是人的权利。所以，这里不存在需要设置一个高于权利的善来引导或限制权利的问题。一些“美德伦理学家”认为没有善的理念或善的人性的驾驭，权利就会成为脱缰野马而肆意为恶的观点，显然在理论上既没有弄清权利空间与道德法则的关系，也没有理解道德法则与善恶的关系。古希腊的美德伦理学的困境表明，如果不首先确立起普遍的道德法则，那么，对什么是善与恶的问题永远难以真正回答。而如果没有对自由的自觉与认识，就不可能在自觉的层面上确立起普遍的道德法则。在这个意义上，真正构成伦理学乃至整个实践哲学领域的原级问题是自由问题而不是善恶问题。

从上面的讨论中可以进一步发现，基于自由，人们能够且应当确立起这样一些绝对法则：

第一条绝对法则（绝对责任的法则）：每个人在行使自己的自由时，都应当承认并尊重他人同样的自由。

第二条绝对法则（绝对权利的法则）：每个人都应当被允许按他自己的意志去行动、生活，只要他承认并尊重他人同样的行动。

同时，基于自由，我们还可以发现第三条绝对法则，也即每个人的目的性存在法则。既然每个人都是自由的，因而能够且应当相互承认与相互尊重各自的自由，那么，每个人在把自己当作目的本身的同时，也应当把他人当作其目的本身，而不应当把他人仅仅当作工具来对待。因为如果把他人仅仅当作工具，那么必然要把某种外在于他人的目的强加给他人，并强制他人完全服从这种外在于他的目的。而这等于完全否定了这个人的自由本身。因此，基于人的自由，也便有了如下法则：

第三条绝对法则：每个人都应当把自己和他人都当作目的本身，而不允许把任何人仅仅当作工具来对待。

就每个人的这种目的性存在就是每个人的核心尊严所在而言，目的性法则也就是绝对的尊严法则。

第三节 现代社会的基本原则

这三条绝对法则是基于自由确立起来的人间关系法则，也可以说是启蒙思想以自由为基础确立起来的基本法则。正是从这些基本法则进一步引申出了现代性社会的一系列基本原则：

一、个体本位原则

由于作为自由存在者，每个人类个体的存在就是目的本身，而不是他人或任何集体的单纯工具，因此，个体的存在本身就具有绝对的价值而具有绝对性。所以，个体的目的性存在是理解、确立与他人的关系，包括与一切共同体的关系的出发点，而不是相反；任何共同体都不能以集体利益或集体目标为理由凌驾于个人之上而奴役个体。

二、个体优先于共同体的原则

这并不是说人类首先生活在共同体之外，而是说只有作为自由的个体存在者才会生活出共同体。因为一切共同体之所以是一个“社会单位”，而不是动物般的群体，乃是因为它们都是由存在于相互性关系中的个体组成的，而如果个体没有使他能够突破本能的封闭而相互敞开的自由，就不可能确立起相互性关系。

三、权利优先于服从的原则

由于每个人因自由而拥有一个绝对的权利空间，这个权利空间是每个人维持其道德身份、过自主生活的前提，所以，每个人对他人与集体的任何服从都要以自己的权利不被损害、不被侵犯为前提。否则，就意味着他放弃了自己的道德主体身份，放弃了过有自主性的生活。因此，也意味着放弃对自己负责，而这是不应当的，也是不允许的。换个角度说，任何个人或集体在要求他人服从时，要以不得损害、侵犯他人不可让渡的权利为前提，否则，就意味着要求他人放弃过“人的生活”，因此，他人有理由拒绝服从。

四、主权在民的原则

与古代国家观相反，共同体的统治权及其正当性不来自人之外的任何超越者，而是来自共同体内所有成员的权利让渡与授权委托。人们之所以组建出国家这种共同体，是为了一个根本目的，这个目的包括了三方面基本内容：第一，更好地维护和保障所有成员个体的安全与自由；第二，更好地维护与发展公共福利；第三，更好地促进共同体的全面改善与提升，为所有成员个体的发展与完善提供更好的条件。为此，人们才在组建国家时向它让渡出了部分权利（比如维护个体安全与公共福祉的权利），并授予它相应的权力。因此，国家的主权一方面是神圣的，因为它来自其成员个体那些可让渡、可代理却不可否定、不可侵犯的权利让渡，因此，侵犯一个国家的主权就等于侵犯其成员个体不可侵犯的权利；另一方面国家的主权不是绝对的，它不能凌驾于其成员个体那些不可让渡的权利之上，因为国家的根本目的就是维护与保障其成员个体的这些绝对的权利，以及基于这些权利而应当拥有的利益。

除了上面四大原则外，还有一个不被人重视却至关重要的原则，那就是：

五、强力本身不具有正当性原则

“强力即正当”实际上盛行于古代世界，甚至被奉为秘笈。这种观念甚至在近代政治思想里还留下痕迹。卢梭对政治理论的一个重要贡献，就是打破了这种强力正当观，否定了强力能构成权利及其根据，从而在根本上否定了任何强力本身具有正当性。虽然所有国家契约论都隐含着主权在民这一原则，但是，这一原则之所以在卢梭《社会契约论》里才真正被明确提出来，就在于卢梭完成了理论上的一个重要环节，那就是对强力正当性的否定。

强力本身之所以不具有正当性，就在于它不能转化为任何权利。根据前面的讨论可以知道，这是因为一切权利都是权利主体的一种关系属性，也即这个权利主体进入与其他行动主体的关系时，他应当被允许、被承认有一个行动空间。而一个行动主体之所以应当被其他行动主体允许、承认有一个行动空间，只在于这个行动主体是一个自主自由的存在者。对于一个没有自由的存在者来说，它只有自然的生活，只有受制于必然性的封闭性生活，而没有一个需要被应许与被承认的开放的行动空间。只有自由存在者之间才能够、也才需要相互应许与相互承认一个一样的行动空间，否则自由者之间必定陷入相互否定而无法保持为能共在的自由者。这种在自由者的相互应许与相互承认中确立起来的行动空间就是每个自由者应有的权利。

但是，任何强力（力量）既不构成一个人的自由本身，也不改变一个人的自由本身，它并不给自由增加任何东西。它虽然增强了一个人的行动能力，拓展了一个人的活动范围，但是，它并不扩大一个人相对于他人而被应许和被承认的行动空间。任何一个个人或集体不管拥有多大的强力，他或它都不能以自己所拥有的强力本身为理由要求他人允许、承认他或它可以扩大自己的行动空间，也即扩大自己的权利。因为对自己在与他人的相互应许与相互承认中确立的行动空间的扩大，其直接结果就是对他人被应许与被承认的行动空间的挤压与侵犯。因此，他人有理由加以反抗并讨回被挤占的权利。

如果说强力可以扩大一个人相对其他人而言应当被允许和被承认的行动空间，因而也就是说强力可以转为权利，那么，也就意味着，当一个人或一些人拥有足够强大的力量时，他或他们可以擅自扩大被允许和被承认的行动空间，而这必然损害他人的行动空间，但是，他人的这种行动空间是被这个强力者自己原来应许和承认的。因此，如果强力可以转化为权利而具有正当性，那么也就意味着，强力让人可以打破相互的应许与承认，因而让人可以挤压甚至完全占领他人的行动空间。这意味着，只要有足够的强力就可以把他人置于自己的完全控制之下。

但是，如此一来，恰恰表明强力本身不具有任何正当性。因为如果A凭足够的强力就可以控制B，那么，当B一旦拥有足够的强力，他也同样可以控制A。因此，当B被A以强力控制时，B并没有服从A的义务，他没反抗，并不是他基于义务而服从A，而只是出于害怕A的强力而暂时放弃反抗；B一旦获得了足够的强力，他就可以逃离A，或者反抗A，甚至反过来控制A。

但是，一个人们没有义务服从的强力也就不具有正当性或任何权利。这等于说，强力本身没有任何正当性，它也不能转化为任何权利。因此，如果说某一强力有正当性，那么它一定是从自身之外获得这种正当性。因此，任何强力本身不管看起来多么辉煌，它都不能自动成为有权要求人们服从的权力。不管是以个体方式存在，还是以集体方式存在，也不管是来自枪杆子里，还是来自经济或政治领域，任何强力或力量本身都不能以自己的伟大来证明自己的合法性。

总之，基于自由的三大绝对法则以及从中引申出来的五大原则，构成了现代社会的基本原则。现代社会的整个秩序基础都是建立在这些法则与原则之上的。

所以，古代社会与现代社会之别，不是空洞的物理时间之别，也不是科技因素多少之异，甚至也不是生活内容的分际，而是建构共同体的基点和原则的分别。而新基点与新原则的确立则是以人类对自身的认识达到一个新的高度与深度为前提。在这个意义上，古代社会与现代社会之别，终归是人类自我认识阶段、自我认识水平之别。

今天，在不少地方，不少人都会有一个遭遇，那就是不仅难以与父辈言政治，与同辈也多难以言政治。表面上看似乎是因为政见不一，观点分歧，而实质不是。难以相言的实质是人们在达到的自我认识的深度上、在构建社会的原则版本上处在不同的历史阶段，所以，他们之间的分歧是不同“时代”的分野，而不只是简单的观点不同。具体说，一边是已确立起了现代社会原则而进入了现代国家观念，对于这一边的人来说，个人与社会先于国家，所以个人普遍的权利、尊严与幸福首先需要得到保障和尊重，否则就是国家失职乃至失去合法性。另一边则是仍怀抱着古代社会原则而滞留在古代国家观念里，对于这一边的人来说，集体、国家先于个人与社会，所以国家利益、国家强大比个人幸福、权利、尊严更重要、更优先，所以，国家可以以任何名义，比如以国家利益、民族未来或全人类的福祉等等为名义，要求成员个体奉献出自己的一切，包括自由、财产与生命；而若个人、家庭的幸福有所改善，则是国家的莫大恩赐，理当感恩戴德。

在今天的世界里，仍然在不少地区与国家里，只有一部分人确立起了现代社会原则而真正持有现代国家理念，而大多数人都还持后一种国家观。在这些地方，国民之间的分裂并不只是利益上的冲突，而首先是两套原则之间的对立，是两个时代之间的冲突。如果说利益之间的分歧可以通过在某种理性框架下的博弈来化解，那么那种时代之间的冲突，则只有通过启蒙来解决。开启现代性的启蒙思想运动的一个根本工作就是，通过追问与确立人类个体的自由和权利，最终确立起现代国家理念，重新厘定个人与国家之间的关系，从而把人类带进了一个新时代。在这个意义上，人类仍需大启蒙，特别是在那些一直挣扎、徘徊在现代性社会边缘的地方。

第三章　国家的伦理基础及其界限

——对契约论与整体论的修正

上面我们讨论了权利原则如何从自由这一先验前提被确立下来。在近代政治理论里，这一原则实际上是被置入一种“历史一政治哲学”里得到阐明的，从而成为立国原则。所谓“历史一政治哲学”是指这种政治哲学把历史作为理解、思考人类政治社会的一个基本维度，通过思考历史来理解与规定人类政治社会的来源、现状与未来，规定政治社会的实然与应然。从霍布斯和卢梭到黑格尔和马克思那里，都可以非常清晰地看到政治哲学的这种历史维度。近代政治制度的设计与改善在很大程度上基于这样一种“历史一政治哲学”。这一章我们将对基于这种“历史一政治哲学”给出的国家观进行考察，并将用基于我们对自由的理解而给出的相互性原则来修正近代的国家观。

第一节　自由主义国家观及其局限

如果我们对近代历史一政治哲学进行一个划分，那么，我们大致可以把它区分为两种“主义”，也就是人们通常所谓的

“自由主义”与“整体主义”。

不管是自由主义，还是整体主义，由于对人类的初始状态的理解都有根本的偏差，导致了它们在关于国家与个人之间的关系，以及关于国家的功能与使命等问题上出现了两种极端的主张。

就历史一政治哲学中的自由主义来说，它最根本的问题在于，它把人的初始状态设定为一种非社会性的自然状态[①]，在这种自然状态中，每个人都是以不需要他人的方式独立地生活着。所以，“孤单”（solitary）[②]是近代自由主义者对人在自然状态中的生活方式的基本刻画。它被用来表明，自然人是一种非社会性的存在，他不是以与他人共在的方式存在着，而是作为个体封闭于他人之外而生活着。自然人之间的关系只是一种外在的关系，只是一个个相似但相互分离的肉身之间的偶然关系。

自然人的这种孤单不只是在于他的离群索居，而且更在于他的封闭性。

换言之，自然人不能敞开自己：他似乎不是不愿意，而是无法向他人敞开自己，也无法向任何他者敞开自己。因此，他们不仅没有相互帮助与协作的需要，更没有相互理解、相互关爱、相互承认、相互尊重的需要和可能。因为所有这一切相互性的共在都要以能敞开自己而相互呈现自己为前提。

---

① 在这个问题上，洛克是个异数，他的自然状态是非人为的，却又是“社会的”，参见本书中篇有关洛克的讨论。

② 参见卢梭：《论人类不平等的起源与基础》，李平沤译，《卢梭全集》第4卷，北京：商务印书馆，2012年，第240页。

所以，自由主义所理解的自然人本质上是一个自我封闭的、孤单的个人，他们之间没有相互性的共在。所以，这种个人实际上是一种没有窗户而不与外界交流的“单子”，也就是人们通常说的“原子式的个人”。不过，我更愿意把他称为沙子式的个人。

这种没有相互性共在的个人由于不依赖于他人而独立于他人，因而在自由主义看来，这种孤单的个人天生是自由的。社会以及包括国家在内的一切社会性共同体都是由这些沙子式的自由个体通过契约组建的。所以，在自由主义的历史一政治哲学里，自由的个人在历史上和逻辑上都先于社会与国家，自然的自由先于且优于社会的自由，就像在卢梭那里，那种沙子般的自然自由永远是社会自由的样板和原型。

因此，没有相互性共在的个人的自由先于国家且高于国家。国家只是诸自由的个人通过缔结契约创造出来的一个社会共同体，人们只是在进入国家这种共同体后，才进入了诸如相互需要、相互协作、相互承诺、相互承认这些原本没有的相互性共在。离开了国家，人们之间就不存在这种相互性的共在。而人们之所以愿意进入国家这种相互性共在，没有别的原因，按洛克的经典表达，“人们组成（国家）这个社会仅仅是为了谋求、维护和增进公民们自己的利益”[①]。简单说就是为了更好地维护和增进人们自己的利益，而人们最基本也最核心的利益不是别的，

---

① 约翰·洛克：《论宗教宽容——致友人的一封信》，吴云贵译，北京：商务印书馆，1996 年，第 5 页。

就是更安全、可靠的自由生活。因此，一方面国家要能使国民更安全，另一方面则要最大限度地保障成员个体的自由。在自由主义看来，对于每个自由个体来说，安全问题首先就是生命与财产的安全。因此，国家的根本使命就是保障成员个体的生命与财产的安全，以此来最大限度地保障个体的自由。这一方面是说，国家通过承担起保障个体生命与财产的安全，来保障个体的自由；另一方面则是说，国家只有把自己的使命就限定在保障成员个体生命与财产之安全，才能最大限度地保障个体之自由。简单说，如果国家把自己的使命限定在保障个体生命与财产的安全上，那么国家就能最大限度地保障个体自由，也才能最大限度地保障个体自由。否则，国家就可能越界而侵扰个体的自由。唯当国家容许并保障成员个体最大的自由，个体才能最大限度地去维护和增进自己的利益。这意味着，国家除了保障个体生命与财产之安全外，其他一切都是自由个体自由的事。

于是，这样的国家，被视为或者说被要求为一个“价值中立”的“守夜人”：它在守护与保障成员个体生命与财产安全外，对于一切无损他人生命与财产的自由，都持一种中立的态度，而不管这种自由是一种堕落，还是一种崇高。这意味着，国家只与成员个体的利益的安全与增进相关，而无关人类伦理社会的维护与改善。在这里，国家不具有任何伦理使命与伦理担当，它在自己的事务里可以不承担伦理教化与价值引导的任务。所以，在这种国家里，成员个体可以只行使自己的自由，而无须寻求基于那些基本伦理原则的底线德性。只要他不触犯法律，在个人的自由空间里，一切都只是私人的事情。

这种国家还被要求或被刻画为小政府的国家。这个“小”首先指国家机构的代理人与雇佣的工作人员要尽可能少，因为这样才能尽可能减少国家运行的成本而减轻作为纳税人的个体成员的税负；国家机构工作人员越多，意味着其成员个体要为国家的日常运转支付更多的个人利益，这不符合人们组成国家乃是为维护与增进自己利益的原则。不过，这个“小”更重要的是指，国家的作为空间要尽可能缩小，除了守护个体的生命与财产安全外，它必须把自己的手尽可能从一切社会领域收回来，包括从伦理世界的教化与引导领域退身出来，任由成员个体自处。简单说，为了自由，国家对社会要尽可能少干涉，任自由个体去进行自由的博弈。

第二节　自由与自主的相互性原则

这种自由主义学说在中国一直有很持久的影响，但是，在实践中的影响却远远不及整体主义。这固然与中国历史和文化传统有关，但也与自由主义在理论上存在困境相关。可以说，近代历史政治哲学中的自由主义学说在理论上有一个根本困境，这就是：它一方面承认人天生是自由的，另一方面却又认为人天生是非社会性的。这实际上是自相矛盾的。而这一矛盾则是由它对自由的理解流于片面与肤浅导致的。它把人的自由主要理解为选择能力上与权利上的自由，最多也只是仅仅看到意志的自由，而没有首先看到人在存在上的自由。

当我们说人是自由的时，我们首先是指人向来就存在于自由中。这是什么意思呢？这是一个根本性的问题。人存在于自由中，一个根本意思就是人并不仅仅存在于自然赋予他的本能之中，或者说，人并不局限于自然赋予他的本能之中，相反，他向来就能突破本能、越出本能而生活与行动。具体而言，我们可以从三个维度来理解这种存在的自由。

这一方面是说，就本能存在是一种受因果必然性支配的存在而言，人能突破本能而存在，也就意味着，人能突破自然因果性而超越出因果必然性关系。换言之，人能够以不服从因果必然性规律的方式存在与生活。所以，人能抗拒住一切诱惑而出污不染，因而能有德性；也能上刀山下火海而在所不辞，因而能有忠义。

另一方面则是说，人不像只有本能的动物那样，只看到眼前的事物，只满足与停留于眼前的功能事物，而是能看到不在当下出场的事物，也就是说，能够打开与洞见到不在眼前作为现成事物出现的可能事物，这就是未来之物与过去之物。人因自由而能突破本能，因而能超出当下而打开尚未到来的将来与已经不在场的过去，也就是说，人因自由而能够打开作为将来与过去的可能性事物。在这个意义上，我们也可以说，人因自由而能打开过去与将来，所以，只是因为人是自由的，人才能打开一个同时包含着过去事物、现在事物与未来事物的整体时间，人因而才存在于时间中。

这种整体时间，实际上就是一种包含着一切可能性于自身之中的整体可能性。因为除了过去的可能性、现在的可能性与未来的可能性之外，不存在其他可能性。因此，人因自由而能打开整体时间，在根本上乃意味着人因自由而能打开一切可能性。人是能打开可能性的存在者：他不仅能打开自己的可能性，而且能通过把他者带进整体时间中而打开他者的可能性。在这个意义上，我们说，自由的第三个维度就是指，人因自由而存在于可能性之中：人不是现成的存在，不是完成了的存在，不是关闭了自身的存在，而是未完成的存在，是开放着的存在，他永远处在自我敞开的诸可能性之中。人不同于万物之处，不在于他有多高的智力，而在于他永远存在于可能性之中而是未完成的存在。因此，如果说人是自由的，那么，也就等于说，人是不断敞开自身可能性的未完成者。

如果说人有人的自身，那么每个人的这个自身不是别的，就是每个人的自由身。这个自由身不是自我封闭的原子或没有窗户的单子，而恰恰是一个自我敞开的自由存在者。因为作为自由存在者，他既能向未来打开自己的可能性，也能向过去与现在打开各种可能性，让自己置身于包含着一切可能性于自身的整体可能性之中。置身于这种没有遗漏的整体可能性的存在者，则必定是永远自我敞开着的未完成者。也只是这种自由存在者，才能把他者带进整体时间中而让他者敞开自身。一切存在者或者是随着打开整体时间本身而敞开自身，或者是随着被带进整体时间中而敞开自身。

如果说人是因自由而能自我敞开而敞开他者的未完成者，那么，这在根本上意味着，人压根就不可能是自我封闭的孤单者与离群索居者，相反，自由人必定是能够相互共在，且必定相互共在的存在者。简单说，自由人必定同时是一种社会性存在者。因为能敞开自身的存在者，也必定能与他人相遇，能跳出、突破自己的本能、欲望与偏见而能够设身处地地理解他人、看待他人，进而能够把他人当作与自己一样的自由存在者来承认与对待，因而能够感他人之所感，爱他人之所爱。

这种“能够把他人当作与自己一样的自由存在者来承认与对待”就是一种爱的能力，而“把他人当作与自己一样的自由存在者来承认与对待”就是一种普遍之爱。

在这个意义上，我们可以说，人的自由使人拥有爱的能力，自由的人是能够互爱的人。因此，作为自由个体，人与人之间首先存在于互爱的共在关系中，也就是相互承认并尊重对方为一个与自己一样的自由存在者，从而把对方当作另一个自己来对待的伦理关系中。这种因自由而能够互爱的伦理关系是一切其他伦理关系（包括最直接的父子、夫妇之间的关系）与契约关系的基础。

如果我们对这种爱的伦理关系详加考察，那么可以发现，作为自由存在者的人最初生活于其中的伦理世界实际上奠基于一系列自主的相互性关系原则之上：

（1）相互承认的原则，即相互承认对方为与自己一样的自由存在者。

（2）相互尊重的原则，即在相互承认的基础上，相互尊重对方作为自由的存在者。

（3）相互保障的原则，在相互承认与相互尊重基础上，相互保障对方作为自由的存在者，这意味着，不仅相互保障对方的生命安全，而且相互保障对方的自由行动空间。这种自由的行动空间就是每一个体成员的自由权利。

（4）相互约束的义务原则，在相互承认、相互尊重与互相保障对方为自由存在者的同时，也隐含着相互要求每个人不得无视、否定他人生命及其可普遍化的自由行动空间，接受这一要求的约束，乃是每个人的义务。

（5）归罪原则，既然都相互承认、尊重并保障对方为自由的存在者，那么，也就意味着确认每个人都是自己行为的最后原因——自由因，因而任何导致损害或否定他人之生命及其可普遍化的自由行动空间的行为，在行为者最初的决断性动机上都是可以避免的，因而这种行为的发生在动机上是有罪的，并且这种罪可以也只能归给行为者本人。

（6）责任原则，在每个人都确认自己就是自己行为的自由因时，也就意味着每个人不得把自己的行为的最后动因推到别人身上而放弃承担自己行为的后果，也就是说，每个人都必须承担起自己行为的后果，首先就是承担起自己行为的归罪后果也即相应的惩罚，这是每个人作为自由者的责任。

这些原则作为内在于人类个体间的共在原则，在人类最初的伦理生活共同体里发挥着基础性作用而永远构成了人类共同体的基本秩序。尽管这些原则并不一定为初民所明确自觉到，甚至也并不一定同时被完全而始终地遵循，但是，人类共同体要保持为人类的共同体，从一开始就必定是基于这些出自人的自由存在的原则，至少必须是基于这些原则中的某些原则。我们可以确信，人类生活的第一个场所即族群与家庭就是基于这些原则的伦理共同体；同时我们也确信，人类历史的改善就体现在共同体不断更自觉、更明确地遵循这些原则。

这里我们要马上指出的是，人与人之间也必定存在忌恨与战争，而并非只有仁爱与友好。但是，不管是忌恨还是战争，都首先已经把对方当作与自己一样的同类来理解和看待。也就是说，人们必须首先发现一个与自己一样的他人：能够设身处地地理解他与自己一样有自己的意志、尊严、利益，能理解他与自己一样会有喜怒哀乐、爱恨情仇，以及会有痛苦与幸福，同时还能理解这个人与自己一样也能理解他人的这一切，人们才会因自己在利益或尊严方面受损害而恨这个他人，并与之争斗。相反，如果一个人不能够或者没有把他人当作与自己一样有自由意志的自由存在者来理解与对待，那么他甚至不会恨他人而寻求复仇，因为这意味着在他眼里，他人与动物或石头一样，没有自己的意志、尊严、利益，所以，与这种他人的碰撞、冲突，就如与一只动物或一块石头发生冲撞一样，都不是他人故意的，都与他人的动机无关。所以，如果与他人有冲突，那么这种冲突并不是一种有动机的人之间的争斗。在没有自己意志的地方，或者更确切说，在没有自由意志的地方，也就只有本能而没有自主的动机，因而无所谓为“自己的利益”而战。因为如果人只有本能，那么他也就不可能自主地把“自己的利益”当作自己的动机，并付诸行动。在这个意义上，在只有本能而没有自由意志的地方，甚至也就没有所谓“自己的利益”。所以，如果人们不把对方当作与自己一样拥有自由意志的存在者来理解与对待，那么人们甚至根本不会为利益而发生争斗或战争，而最多只会发生基于本能的冲突。而任何基于本能的冲突都会像卢梭所揭示的那样温和，而不会是人类意义上的战争。

所以，我们会非常惊讶地发现，人类的忌恨和战争就如人类的友爱和团结一样，都是以人类能够相互把对方当作与自己一样的自由存在者来理解与对待这一伦理共在与伦理原则为前提的。只不过，忌恨与战争是对这种伦理共在与伦理原则的背离和突破。但是，如果人们不能或没有首先生活于这种伦理共在与伦理原则当中，人们也就不会有突破或背离伦理世界而走向战争的行为发生。在这个意义上，我们要说，爱先于恨，友爱、和平先于敌对和战争。

第三节 对两种国家学说的修正

从上一节的讨论中，我们可以进一步认为，如果人是自由的，那么人就必定是社会性的存在，而不可能有前社会的或非社会的存在。所以，自由主义一方面认为人天生是自由的，另一方面却又认为这种自由之人最初生活在一种非社会的自然状态中，这在理论上与实际上都是不可能的。

把自由看作人之为人的根本，在这一点上，自由主义无疑是正确的。但是，只要人是自由的，那么他一开始就生活于一个伦理的社会共同体里。构成这个最初共同体基础的那些原则都是在人类个体的自由关系中展开出来的，是在自由者之间生长出来的，而不是他们约定的。在这个意义上，基于这些原则的伦理共同体不是人们通过契约创造出来的，而是人们“生存”

出来的。

这意味着，人们首先不是生活在约定的共同体，而是首先生活在伦理共同体。人们通常所说的国家才是与契约相关的共同体，不过，是基于伦理世界才通过契约创造出来的，而不是在混乱无序的战争状态通过契约创造出来的，也不是在愚昧无知的本能生活中通过契约创造出来的。

所以，国家是以伦理共同体为基础的，因此，国家不应只是价值中立的守夜人，它首先负有伦理使命，那就是更好地维护那些基本的伦理价值原则。国家首先需要维护与贯彻那些出自自由的价值原则。实际上，国家只有首先能维护这些基本的伦理价值原则，也才能真正维护与保障成员个体的自由权利和普遍尊严，因为所有那些基本的伦理价值原则都指向对个体自由与尊严的维护。因此，真正能维护个人自由的国家恰恰不是去伦理化的国家，不是价值中立的国家，反倒一定是伦理的国家，背负着价值原则的国家，才能真正维护与保障个体的自由和公正。在这种伦理国家里，那些基本的伦理原则是整个社会的基本正义原则，也是对成员个体之德性的底线要求。

从个体角度看，由于他并不存在沙子般的自然自由，他的自由总是展开在社会共同体里的自由，因此，自由个体向来都存在于社会共同体里，首先就存在于伦理共同体里。所以，不管是否进入了国家共同体，每个人的自由都负有伦理责任。也就是说，不管是在单纯的伦理共同体里，还是在基于伦理共同体的国家里，每个人的自由都被要求以遵循底线伦理而匹配底线德性为前提。因为这种基于基本伦理原则的底线德性，是使每个人的普遍自由能真正得到维护与尊重的前提。唯有当每个自由个体都具备这种底线德性，每个自由个体的普遍自由与普遍尊严才能得到真正的维护和尊重。所以，在基于伦理价值原则的国家里，每个人的自由都负有伦理义务，每个人都应当努力使自己的自由与底线德性相匹配。

这里，我们要特别指出的一点是，国家的首要使命在于维护和保障成员个体的自由与生命安全，在这一点上，我们与自由主义一致。但是，在这里，我们与自由主义的不同在于，我们认为国家并不仅仅是通过确立与维护契约来维护个体的自由与安全，而是首先通过维护基本的伦理价值原则来维护所有个体的自由、安全与公正，首先通过承担起伦理使命来履行维护个体之自由、安全与公正的使命；而成员个体的自由也并不是无价值原则的自由，而是要求有底线德性相匹配的自由，因为这种底线德性是个体的普遍自由本身所要求的。

因此，在这种有伦理价值原则的国家里，人们不可能进行没有前提的自由博弈，任何自由的竞争都是基于一些伦理价值原则之上，也被要求基于伦理价值原则之上。那些基本的伦理原则理应构成一切自由竞争的底线原则，因为人类间的竞争不是也不应当是简单的弱肉强食。人们不是也不应当裸露相争，至少应当披上伦理外衣上阵。因此，在这种伦理国家里，人们可以自由地创造财富，自由地占有财富，但是，人们对财富的拥有却同样负有基本的伦理义务，以便维护社会的基本公正与友爱。

不过，这样的国家并不需要长出一双伦理之手去干涉所有社会领域，它只需要承担起伦理的价值与精神，以使那些基本的伦理原则得到整个社会的维护与贯彻，并引导社会不断改善伦理世界。至于国家如何承担起这种伦理使命，将在本篇的下章进行讨论。

这样的伦理国家既与自由主义所理解的国家不同，也与整体主义或极端社群主义所理解的国家区别开来。

由于整体主义认为，社会性存在是人的本质，诸如“人是政治动物或城邦动物”，“人是社会动物”，“人的本质是社会关系的总和”等等，都包含着把社会性规定为人的本质的理解，这等于说，只有在社会共同体里，人才成其为人，因此，整体主义往往把社会共同体特别是国家看作高于个人，甚至把国家或共同体看作是个人的目的，而个人只是共同体的工具，因此无条件服从国家是每个个体的义务。这种国家的使命在于实现共同体的某种整体目的，比如共同幸福或最大多数人的幸福，甚至是人类的未来幸福。而如果这种国家与某种缺乏自由维度的“宇宙真理”或“历史真理”相结合，或者与某种宗教直接合一，那么，这种国家就可以以某种神圣真理或神圣目的的名义要求成员个体绝对服从，直至要求个人放弃一切财产乃至献上生命。

在这种整体主义国家观里，为了共同体的所谓整体目的，国家可以、也需要对整个社会的所有领域进行全面的直接干预：不仅在经济领域实行全面控制来干预整个社会的资源与财富的分配和流向，而且通过对教育、文化、新闻出版、思想传播等领域的全方位管制来控制所有人的精神世界，以期通过既控制人们的经济生活，又控制人们的灵魂与思想来把人们统一到国家的整体目的上。在这里，国家实际上被设想为全能的，它需要也能够掌控社会的所有领域。对于这种全能的国家来说，个人的自由并不重要，只有当个人自由与国家的整体目的或目标相互一致时，个人自由才是需要加以维护的，否则，个人自由就需要加以收缴或取消。

但是，这种整体主义忽略了一个根本点，那就是，人固然不是非社会性的存在，也就是说，人一开始就存在于社会共同体之中，只存在于相互性的共在中，但是，这绝非意味着，社会共同体先于自由而高于个人。因为，社会之为社会，而不是蚁群或狼群，不是动物群落，就在于真正的社会是在自由的个体之间生存出来的，是由自由的个体在相互敞开、相互承认、相互尊重与相互理解等这一系列相互性敞开中展开出来的。实际上，没有自由的个体与个体的自由，就不可能有真正的“社会”。在这个意义上，我们甚至要说，个体的自由在逻辑上先于社会共同体。虽然在时间上与现实中，个体自由总是展现在社会中，但是，如果没有个体的自由，因而没有相互性敞开与相互性共在，我们就无法想象会有人类社会及其面向未来的时代变革，会有人类共同体及其朝向希望的不断改善，而只能想象永远都限于本能而重复着代际生活的蚁群与猴族。

所以，我们倒是要说，是自由使人生活于有代际历史的社会共同体之中，而不是社会共同体使人拥有自由。社会是自由人才能展开出来的社会，共同体是自由人才能确立起来的共同体。因此，不是社会共同体先于个体自由，在逻辑上，个体的自由永远都先于社会共同体。国家作为一个基于伦理共同体而通过契约创造出来的公共机构，它更不可能先于甚或高于成员个体的自由。相反，由于它是基于伦理共同体，所以它的首要使命在于维护与保障个体的自由与安全。国家的首要目的就是维护与保障成员个体之自由。在这一点上，我们更赞同自由主义的历史政治哲学。

对于整体主义的全能国家观，我们想特别指出的是，人没有其他本质，只有一个本质，那就是自由。人的存在就是自由的存在。如果说万物的“本质”乃是可以由经验概念规定的现成属性，那么，人的自由本质不同于万物的本质就在于，人的这一本质就是无“本质”。首先因为“自由”这一概念不是一个得自观察的经验概念，而最多只是能由经验观察反证它存在的一个超验概念，所以，当我们说人的本质在于自由时，我们并不是用一个经验概念来把人的某种现成属性规定为他的本质；更重要的是，正是人的自由本质使人永远存在于未完成的可能性当中而摆脱了任何既定的现成属性，也就是说，自由使人没有现成性本质。因此，人的生活永远能够突破既定的轨道，不管这轨道是由本能规定的，还是由国家或其他共同体安排的。这意味着，相对于自由的成员个体，国家或任何一个共同体都不可能是全能的：实际上，它虽然在经济领域可以控制资源与财富的分配，但它却无法控制个体因自由而无限多样的欲望，因此，其强行控制的结果必定是：（1）整个社会的资源与财富因配置不合理且利用效率低下而造成巨大浪费；（2）因丰富多彩的欲求得不到尊重与满足而使整个经济社会失去活力，随之而来的是社会停滞与普遍的贫困。同时，人在思想与意志上永远都是自由的，国家虽然可以通过对教育、文化、新闻出版等领域的全面控制来努力支配成员个体的思想和意志，但是，个体的思想意志实际上永远都不可能被支配，强行的控制要么引来成员个体在思想上的无声反抗，要么导致成员个体心灵与人性上的扭曲，而被扭曲的人性迟早都会强烈要求复归本性。因此，就理论而言，被设想或被设计为全能的国家在现实中不可能持续存在下去。

通过上面这些讨论，我们确信，在自由主义与整体主义之间，存在着一条可能的第三条道路：一方面，我们承认个体自由先于社会共同体，但是，我们却并不认为，这种自由个体是非社会性的存在，相反，正是个体的自由使人必定存在于社会共同体之中，并且首先就存在于一个伦理社会之中，因此，基于这种伦理社会而确立起来的国家共同体首先负有伦理使命，而不可能是一个没有价值原则的机构。

另一方面，我们承认人类一开始就存在于社会之中，而不存在非社会性的自然状态，人不可能在社会之外自由存在，但是，我们却不能由此认为，社会共同体先于个体而高于自由。相反，由于社会之为社会，乃是因为它是由自由的个体展开出来的，是个体的普遍自由使人生活在社会之中。因此，我们没有理由认为社会共同体高于个体的普遍自由，比如，没有理由认为共同体的总体幸福或其他崇高的整体目标高于个体的普遍自由；个体的自由是国家共同体首先要加以维护与捍卫的，共同体的任何目标都不得以牺牲无辜的个体成员的普遍自由为代价。如何最大限度地维护与保障成员个体的普遍自由，永远是作为社会共同体的国家首先要面对的任务。

这种被我们视为承担着伦理使命的国家丝毫不会减少或侵扰成员个体的自由。因为它首先要更好地维护和保障的那些普遍伦理原则本身都是出自于自由且都指向对自由的确认与尊重；其次，这种基于伦理共同体的国家在如何不断改善伦理社会这一任务上，不是也无须通过控制教育、文化与新闻出版等领域来达成——任何这种控制的努力倒必定导致伦理道德的堕落，相反，它是在尊重与维护教育自由、文化多元这一前提下，借助于启蒙文化与理性宗教来履行这一伦理使命。因此，在这种国家里，需要通过文化启蒙来造就一种启蒙文化，同时，还需要有宽容的宗教，也就是能宽容其他一切能宽容其他宗教的宗教。一个把维护和保障成员个体之自由与安全作为自己的首要使命的国家必须借助于启蒙文化才有可能得以确立，也才可能得到维护。同时，这种国家只有借助于宽容的宗教，才能够帮助与引导成员个体维护伦理社会，并通过日进无疆的努力不断改善伦理社会，因为只有借助于那种能为人们打开另一个世界的道德前程、可能生活与绝对他者的理性宗教，才能给持续维护和不断改善这个世界的伦理社会提供不竭动力与坚定信心。

如果这种第三条道路是可能的，那么我相信，上面的讨论对于思考与探讨中国道路问题会有重要的启示，对于我们走出三千年未有之大变局会有根本性的帮助，而这一切的关键在于如何理解我们的自由。

第四章　国家与宗教
——国家的伦理使命与宗教需求

近代之前，国家或政权实体的最终合法性都诉诸超越人类本身的一个更高他者。尽管世界上的不同国家所诉诸的这种更高他者各不相同，但是，就这种更高他者都能以某种方式向人类表达其意志或旨意而言，它们都可以被称为“神”。在这个意义上，我们也可以说，近代之前的所有国家实际上都是基于某种宗教信仰及其“神学”，因而也都是某种神权国家。诸如“奉天承运”与“君权神授”这类政治话语实质上都是神权国家观的一种自觉的自我表达。不管在法律上是否规定或宣布过，国家从中寻求合法性的宗教实际上都构成了这一国家的“国教”，在这个意义上，近代之前的所有国家都有自己的“国教”。

在这种神权国家里，国家权力与作为国教的宗教信仰通常有三种关系模式：（1）宗教权威凌驾于国家权力之上，宗教领袖同时即是国家最高领导者，而宗教组织则构成国家组织的核心部门。（2）国家权力高于宗教权威，国家领导者即是宗教组织的领袖，而宗教组织或者构成国家组织的一部分，或者虽在国家组织之外却得到国家特殊的庇护与支持。（3）宗教权威与国家权力、宗教领袖与国家最高领导者虽然二元分离，但国家却需要从宗教那里获得合法性支持，而宗教则从国家那里获得特殊庇护，在这种关系模式里，宗教组织或者在国家组织之外，或者作为国家的外围组织，或者与国家组织有直接而紧密的关系；在这里，宗教权威与宗教领袖通常被虚置——都是不在场者：过去的经典与死去了的人。显然，不管是在哪种模式里，神权国家与宗教都直接相关。

但是，从近代开始，国家的合法性不再来自人之外的"神"，而是来自人本身，这就是作为国家公民的成员个体之权利的让渡。这意味着，国家主权不在神，而在其民。所以，国家开始远离神与宗教，政教分离甚至成了近代的一条立国原则。于是，出现了需要重新理解和确立国家与宗教的关系问题：虽然国家不再需要从宗教寻求自己的合法性，但是，这是否意味着国家完全不再需要宗教？如果国家仍需要宗教，在什么意义上需要？为此需要，国家又当如何对待宗教？如果国家不再需要宗教，是否意味着人类不再需要宗教？如果国家虽然不再需要宗教，但是人类却仍需要宗教，那么，国家应当如何对待和处理宗教事务？就宗教是人类有限个体不可避免的一种存在方式而言，即便国家本身不需要宗教，它也仍面临如何对待与处理宗教的问题。

第一节　国家的伦理使命

这里，我们要根据前面第三章有关国家伦理基础的讨论来展开对上面的问题的回答。

在那里，我们已经明白，只要确认人是自由的，那么，人类最初就既不可能处在独居的封闭状态，也不可能处在原子式个人间的战争状态，而只可能首先生活于伦理共同体里。那么这也就意味着，**如果国家的确是通过契约创造出来的，那么，它既不是在独居的、无社会性的个体之间通过契约产生出来的，也不可能由战争中的原子个人之间通过契约产生出来的，而是由生活在伦理共同体里的个体之间通过契约产生出来的。**

实际上，任何契约行为都不可能在契约活动中才相互承认对方为与自己一样的自由个体（有自由意志因而有能力守约的个体）而相互尊重与相互保障，相反，人们之所以会试图通过契约行为来确定相互间的责任、义务与行为空间，必定首先已经生活在一个能够相互理解、相互承认并相互尊重、相互保障的共同体里，否则，人们根本就不可能会想到缔结契约。只有生活在一个相互共在的伦理共同体里，人们才可能因为这个共同体存在诸多不便而想到通过契约来解决。在伦理共同体里，那些相互性共在的伦理原则是在人们的自由存在中不知不觉确立起来的未成文法，它们对人们的约束力是没有保障的，并且越来越大的共同体及其越来越复杂多样的特殊关系日益难以单凭这些未成文的普遍法来维护。于是，通过契约来明确化与具体化一系列法则，并使惩罚强制化，以确保确立起来的法则体系得到遵循，也就成了克服伦理共同体出现的问题的出路。这就是国家的产生。

这里要强调的是，契约确立的法则体系并不是要取代那些普遍的伦理原则，相反，所有的契约法都是、也应当是基于这些普遍的伦理原则。契约法不是对伦理法的否定，而是、也应当是伦理法在各种复杂关系中的具体运用与贯彻。任何违背普遍伦理原则的契约法本身都必定是违背或否定自由（理性）本身的恶法。同样，国家共同体并不会、也不可能完全替代伦理共同体，它只是以这个伦理共同体为基础，它的产生是要解决在伦理共同体内部或者在伦理共同体之间已经产生但单靠伦理共同体解决不了的问题。在所有这些问题中，最基本的一个问题就是，通过更好地维护与贯彻那些普遍的伦理原则而更好地维护伦理共同体，并进而不断改善这个伦理社会。

因此，我们可以发现，国家虽然是契约产生的，但是，契约是有前提的，那就是伦理共同体。

这意味着，国家是基于伦理共同体产生的。因此，国家负有伦理使命。国家的使命不仅仅在于维护与增进成员的利益，而且首先在于维护并不断改善伦理共同体：通过维护普遍的伦理价值原则来保障个体成员的自由以及因这种自由而拥有的尊严、权利与相应的公正，从而更好地维护伦理共同体，并且通过积极的努力来不断改善伦理共同体。

第二节 国家如何承担其伦理使命

一、国家承担伦理使命的两道防线

那么，国家如何能够真正承担起这种伦理使命？

我们可以从消极与积极两个角度来讨论这个问题。所谓消极角度，也就是如何防止或防范国家本身违背那些普遍的伦理价值原则的角度，而积极角度则是指如何促进国家成员与国家本身更自觉地遵循这些伦理原则，也就是如何促进人们不断地进行道德完善，从而不断地改善伦理社会。

就消极角度而言，国家首先在立法上必须保障为一种符合普遍伦理原则的普遍形式的普遍立法，也就是说，立法者不能把自己置于自己所立的法律之外。这种法无例外的普遍立法是防止国家及其成员违背普遍伦理原则的一个最低防线，因为所有那些维护人类个体互爱与共在的伦理原则本身都是出自个体自由的一种普遍的自我立法，因此，任何把自己置于法律之外的立法行为本身都是对这些伦理原则的背离与损害。任何一种置身法外的立法行为都是对普遍自我立法的否定。在这个意义上，允许法外立法的国家不仅意味着允许国家破坏普遍的伦理原则，甚至允许国家践踏这些伦理原则，而这在根本上等于这个国家可以蔑视伦理原则而放弃对伦理使命的担当。因此，保障国家立法为一普遍立法是防止国家本身背离普遍伦理原则的一道底线屏障。

防范国家背离普遍伦理原则的第二道防线就是对国家权力进行有效的限制（如何对国家权力进行有效限制？这是一个需要由政治学来回答的问题），以保障国家权力能够真正忠于个体成员在伦理共同体基础上通过契约表达并委托出去的公共意志。由于这个公共意志是在那些普遍的伦理原则基础上形成的，也只有在这个基础上才能够形成（因为设若没有那些相互性原则为前提，因而如果人们之间并不相互承认、相互保障与相互理解，那么人们根本不可能产生出共同的普遍意志），并且也是在这个基础上通过契约而被委托和让渡出去，因而这个公共意志本身必定是一种把普遍伦理原则当作自身内在原则来接受与认同的普遍意志。也就是说，这个公共意志本身必定是以普遍的伦理价值原则为原则的意志，因而它本身是一个有仁爱的意志。同时，由于这个公共意志构成国家一切权力之使用的正当性根据，因此，只有当国家权力忠于这个公共意志，国家权力的使用才既能保持自己的正当性，同时遵循普遍伦理原则。那么，如何保障国家权力忠于公共意志？

国家权力总是由接受多数人委托的少数人组成的集体来行使的，这个集体也就是权势阶层，因此，如何保障国家权力忠于公共意志的问题，根本上就是如何使这个权势集体忠于公共意志的问题。由于这个权势集体是由参与契约的成员个体组成的，因此他们身上有三重意志：他们作为一个集体向所有其他国家成员承诺要加以承担与代表的公共意志；他们作为一个集体区别于所有其他成员及所有其他集体而形成的专属这个集体的特殊意志；他们各自作为个体而拥有的个别意志。虽然权势集体在行使任何国家权力时，都应当忠于公共意志，但是，由于组成这个集体的成员都拥有三重意志，所以，他们在行使国家权力时并不必然忠于公共意志。相反，从人类几千年的政治实践来看，权势集体倒是经常背离公共意志，因为权势集体难以抗拒让国家权力服务于特殊意志与个别意志的诱惑。其结果必定就是腐败横行，公义退席，民业凋敝，最后走向国家解体，于是，社会陷入混乱，一番血腥争斗之后重建一个新的国家。

如果不能使权势集体忠于公共意志，那么人类永远都会陷于这种黑暗而血腥的权力循环之中无法自拔，遑论使国家承担起伦理使命而成为仁义的国家。

既然权势集体并不必然以忠于公共意志的方式行使权力，倒是经常背离公共意志而依照特殊意志与个别意志行使权力，那么，为了使对一切国家权力的行使都忠于公共意志，就必须对权势集体掌握的国家权力及其行使进行分解与限制。只有通过对权势集团掌握的国家权力及其使用进行分解，才能不仅使权势阶层有明确的权力分工（比如立法权、行政权与司法权等的分工），以使不同权力的功能与行使有明确的界限，从而收权力制约权力之功效，而且使权势阶层对任何一种权力的行使都不得不面对民众或代议机构的咨询与质疑。只有能达成这种效果，对被委托给了权势集体的国家权力的分解与限制才是真正有效的。而只有对国家权力的这种有效分解与限制，才能真正保障国家权力忠于公共意志，而不被特殊意志与个别意志所滥用，从而保障国家为一个仁爱的国家。

因此，就消极角度而言，国家必须筑起两道防线，才能保障自己承担起伦理使命。这两道防线就是保障国家立法为普遍立法，同时通过对国家权力进行有效的分解与限制来保障国家权力始终忠于公共意志而不被私人意志所滥用。不过，人类意识到这一点并在实践中做到这一点经历了一个漫长的历史过程。这种意识只有在启蒙文化中才能被明确而坚定地确立起来，并因而也才能被自觉地加以贯彻与实施。

二、启蒙文化与理性宗教：国家承担伦理使命的积极努力

但是，国家要真正承担起伦理使命，不能只限于保障国家权力不违背伦理原则这一消极的底线要求，同时还需要有积极的努力。通过这种努力，不仅帮助国民更自觉地维护伦理社会，而且引导国民通过永不停息地改善自己的道德境况来不断改善伦理社会。

但是，国家的这种积极性努力不是也无须通过控制教育、文化与新闻出版等领域的自由来进行——任何这种控制的努力倒必定导致伦理道德的堕落，因为对这些领域的控制必定直接压制乃至取消思想、言论之自由与人类发展的多元化，而根本上则必定否定作为人之本质的自由本身，而一切伦理法则本身与伦理道德生活的改善都取决于人的自由本身。我们无法想象在一个压制自由而违背人类自由本性的地方，竟会有比自由的国度更真诚、更仁爱的伦理社会。

所以，相反，为了积极承担起自己的伦理使命，国家倒必须首先充分尊重与维护教育、思想、文化的自由与多元；在这一前提下，也即在维护人的自由本性这一前提下，国家还需要借助于两大社会要素来完成它的伦理使命：启蒙文化与理性宗教。也就是说，从积极角度看，国家要承担起伦理使命，它一方面需要通过漫长的文化启蒙来造就一种启蒙文化：在这种启蒙文化里，人自身之为独立自主的自由存在得到了全新的发现与系统的确证，并因此不仅发现了人与世界既在因果关系也在自由关系中，而且发现人与人之间最基础也最核心的关系乃是

位格（Person）间的关系，他们组成的任何共同体是也应当是一个有普遍的友爱、公平、正义的共同体。与此同时，另一方面，国家还需要有宽容的理性宗教，也就是能宽容**其他一切能宽容其他宗教**的宗教。简单说，国家为了能积极地承担起自己的伦理使命，它需要借助于宗教。

不过，这里我们要首先指出的是，正如伦理道德法则的确立并不需要宗教一样，国家本身的产生也并不需要宗教。国家是人类为了实现此世的目的而产生的，也就是为了实现共同体成员此世更仁爱、更公正与更幸福的生活而通过契约创造出来的。这意味着，国家是基于人们着眼解决这个世界面临的问题而产生的。因此，国家只需考虑如何解决这个世界的现实问题，最多也只是需要考虑如何为人类在这个世界打开的一个类的共同未来做准备，而无需考虑人类在另一个世界打开的希望。国家也没有能力为人类筹划在另一个世界的前程，因为人们赋予国家共同体的权力从来就只限于解决在这个世界的问题。因此，国家只与这个世界相关，而与另一个世界无关。在这个意义上，国家本身的产生无需宗教，它本身也不可能成为宗教，当然，它也并不必然与宗教合一。

但是，国家为了承担起伦理使命——不仅更好地维护与贯彻那些普遍的伦理原则，以便更好地维护和保障人间的友爱与伦理秩序，而且推动和鼓励成员个体不断改善自己的德性，从而不断改善伦理社会，则需要宗教。国家的使命虽然着眼于这个世界，但是，为了这个世界的使命，国家却需要与另一个世界相关的宗教。因为国家要持续地对伦理社会加以维护与改善这一事业与对另一个世界的信仰密切相关。在这个意义上，国家与宗教仍有密切的内在关联：宗教是国家持久地维护与改善伦理共同体不可或缺的牵引力量。

这里首先要阐明的一个关键环节是，存在于伦理世界的每个自由个体实质上也都同时是一种宗教性存在者。

当人们在自由的相互性共在中展开出一个伦理世界的同时，每个自由者也必定为自己打开一个道德前程，那就是不断提升自己的德性，以使自己的生活与行为在动机上不断接近那些普遍伦理原则，直至完全自觉地以这些伦理原则为自己行动、生活的唯一规定根据——这也就是最高的德性。显然，这种最高德性在每个人的有生之年是难以达到的，因为只要有感性生活相伴随，人们就难以以普遍的伦理原则为自己的生活与行动的唯一规定根据。因此，当自由者打开了这一道德前程的同时，也意味着他为自己打开了此生之外的希望，为自己打开了在这个世界之外的另一个世界。在他打开的这个另一世界里，他可以合理地期待，德性与幸福是相匹配的，有最高的德性，就会有最完满的幸福与之相配；所以，如果他或任何一个人在有生之年的这个世界里，虽然有德却未能享有相应的福分，那么，他可以期待在那另一个世界里获得相应的补偿。如果说最高德性也即最高的善是人们在另一个世界打开的一个道德前程，那么德福相配，最高德性享有最完满幸福这种可能性，则是人们在另一个世界打开的一种可能生活。

既然这种可能生活是在伦理世界里的自由人能够合理地期待的，因而是自由者能够合理地打开的未来前程，那么，自由者当然也可以进一步合理地期待有一个超越于自己的绝对他者来保障这个被合理地期待的未来生活的实现。所以，确信有一个绝对他者在并完全信赖他，也就构成了自由者打开的未来生活的一个核心前提。

不管是作为最高德性的道德前程，还是德福相配的可能生活，以及担保这种可能生活的绝对他者，虽然与这个世界相关，却并不局限于这个世界，恰恰是超出了这个世界而延伸至另一个世界。所以，如果说自由者在伦理世界里打开了自己的道德前程、可能生活并因而确信有一个绝对他者在，那么这也就意味着，这种自由者既生活于这个世界，也生活于另一个世界，他同时生活在两个世界之中。这就是自由者存在的宗教性。

实际上，人的这种宗教性存在直接奠基于人的时间性存在，而最终则是基于人的自由存在。人因自由而能突破本能，因而他不仅能打开当下的事物，同时也能打开作为可能性存在的不在场之物，也即能打开过去之物与未来之物。在这个意义上，人因自由而存在于整体时间中。在这种整体时间里，当人们把自己的死亡也即这个世界的终结当作一个总会到来的事件来理解时，他同时会**不可遏制**地想去打开这个事件之后新的可能性世界。死亡或终结被人们作为一个事件来看待时，人们也必定会同时给出关于死后的可能性的理解。不管对死后的可能性世界如何理解，都不可能不确信，仍有一个世界在延续，仍有一个世界在。但是，如果人们承认自己生活于其中的这个世界是一个有伦理原则而充满价值色彩的伦理世界，因而是一个有公正、友爱同时却也有不公与罪恶的世界，那么，人们就不能合理地把那个死后的可能世界期待为一个冷漠而无价值原则因而无意义的世界。因为如果把死后世界期待为一个无价值原则的世界，那么，这种期待等于否定期待本身，这种期待等于无期待。相反，人们倒只能合理地把死后的可能世界期待为一个更好更善更仁爱的世界：在那里公正得到了完全的实现，一切冤屈都得到了伸张，一切应罚而未罚的恶行都得到了追惩；在那里，德福得到了精确的匹配，一切应获福报而未得的善举都得到了追偿；同时，在那里，作为最高之爱的宽恕迎候着每个忏悔的灵魂。对存在于整体时间中的人来说，预期这样一个价值世界才是合理合情的——既合乎理智，也合乎意志，因而才能安顿人心。

如果单从理智出发，那么，人们当然也可以把死后世界理解为一个无意义的、纯质料的世界，然而，这只是理论上众多可能世界中的一种可能世界，更确切说，它只是一种纯理论的可能世界。但是，存在于整体时间中的人并不仅仅以理智去打开世界，他首先是在作为整体存在的自由中（因而也在意志中）打开世界与时间。因此，对于人这种自由存在者来说，真实的世界从来就不可能是单纯理论的世界，也即不可能完全由概念来定义与演绎的世界。如果没有价值世界作为基础与前提，这种纯理论的概念世界是没有意义的，人们甚至根本就不会去打开与关注这样的世界。实际上，把当前世界与死后世界视为无价值色彩的、纯质料的世界，都是陷于单纯理智这种片面性心智的人们不自觉给出的一种理解与预期。而对于保持心智完整的人来说，打开和预期的世界都首先是一个价值世界。所以，对于作为自由存在者的人来说，他不仅不可避免地会去预期这个世界之外的另一个世界，而且会把这个世界作为一个更完美的价值世界来期待。

其实，无人甘心死后即结束一切。这种不甘心并不是因为这个世界太美好而期望它在别处得到延续，也不是因为这个世界太黑暗而期待它在别处得到清算，而是由于人能打开未来而生活于可能性之中，所以，人在意志上总是不可避免地要去预期死后的可能生活。尽管他可能在口头上乃至理智上接受死了就一了百了，但是，在意志上他永远都不可能接受这种虚无主义信念，因为无意义、无价值的世界本身不可能成为可信任、可寄托、可满足的东西。但是，人的未来并非只由理智来筹划，而是更由意志来预期。无意义、无价值的结局可以说服理智，却无法安慰意志，更无法满足意志。对于人的自由意志来说，只有包含正义、德性与幸福的至善才是它能止息而安身的地方。所以，人对死后寂无的不甘心并非一种经验的心理现象，而是基于时间性存在的一种先验期待。正如自由是人被抛入的一个天位一样，这种先验期待是人被抛入的一种存在方式，它构成了一切宗教的基础。

如果说人因自由而必定存在于伦理世界之中，那么我们现在则可以进一步说，人因自由而必定存在于两个世界、而必定有宗教。虽然具体的宗教形态是历史的，但是宗教信仰本身却不是某种过渡性的精神形态或意识阶段，更不是某种单纯的社会组织或控制工具，它首先是人内在的存在方式。所有以宗教现象出现的社会组织或意识形态，都只不过是宗教信仰这种存在方式在具体情境中的一种展现。在历史上诸民族中出现的各种宗教形态都是对人的宗教性存在的一种展现与保存。

从上面的讨论中，我们可以发现，虽然宗教在根本上是对另一个世界的预期与信赖，但是，这绝非意味着宗教对这个世界没有意义。相反，正因为宗教是这个世界的人对另一个世界的期待与信靠，所以它永远具有引导与改善这个世界的意义。我们可以毫不迟疑地说，对这个世界的伦理社会的更好维护与持续改善有赖于对在另一个世界的道德前程、可能生活与绝对他者的预期和信靠。因为对另一世界的这种期待和信靠为人们打开了看待、理解他们在这个世界的一切遭遇的另一种眼光，另一种视野，让人们能够以一种更高的善、更完满的幸福、更公义的生活来理解与看待自己在这个世界的得失、祸福，以免因生命的短暂、这个世界的不公不义而动摇乃至失去对坚守普遍的伦理道德原则的信心，从而动摇乃至失去维护与改善这个世界的伦理社会之信心。虽然此世之伦理社会的建立无需宗教，但是，对这个伦理社会的持续维护与不断改善则需要宗教。因为对另一个世界的期待与信赖是人们无条件地维护与永不停歇地改善这个伦理社会的唯一**充分而完整**的理由。

设想一个人并不期待与信赖另一个世界，因而他只生活于这个世界而只在这个世界拥有希望与机会，那么，他一旦错过这个世界里的机会，他也就永远没有了机会，一旦在这个世界里没有了希望，他也就只有绝望。这意味着，他的冤屈（如果有的话）可能永远没有机会得到伸张，他的德行可能永远没有希望得到福报，而他人的腐化堕落、为非作歹直至穷凶极恶却可能永远不会受到惩罚，反而凭借这些恶行而享尽人间福乐。如此一来，我们凭什么理由要求自己和他人无条件地坚守伦理道德法则？如果通过理智的明智权衡之后发现，我（或任何一个人）通过偷鸡摸狗或行贿受贿乃至巧取豪夺而在有生之年（也即这个世界）可以谋得巨额利益又可以不冒什么危险，那么，我有什么理由来坚决要求自己（和他人）要无条件抗拒这种巨大的诱惑？的确，单从纯粹理性即自由意志出发，它就会要求我应当无条件抗拒这种诱惑，因为我拥有的纯粹理性要求我以能普遍化的准则来规定我的一切行动，并且启示我这样行对所有人才是最好的。但是，问题在于，我和所有人都并不仅仅是理性存在者，我们同时还有感性与理智，有各色感性欲望，渴望着种种幸福，追逐着各种荣誉，权衡着不同利弊，而如果实现所有这一切的机会错过了就永远错过了，那我们凭什么理由只听从纯粹理性的要求而完全置其他要求于不顾？即使听从理性命令的确对所有人是最好的，那也只是在所有人都听从理性要求时才是这样，但是，在这个世界的现实中，我们无法看到所有人在所有处境下都完全只听从理性的要求或命令，倒是不时看到有人对理性命令置若罔闻而获得好处，所以，对于短暂的人生来说，听从理性命令倒未必就是最好的。因此，对于既有理性又有理智和感性且只生活于一个世界的人来说，纯粹理性本身虽然**能够（有能力）成为**规定人们坚守法则而抗拒一切诱惑的充分理由，却不能给出**说服只有一个世界的人们**去坚守法则而不以突破法则谋取此生一旦错过就再无机会的利益的充分理由。

实际上，只有当理性引导着人们越出这个世界而打开并投身于另一个世界，才能给出这种**充分而完整的说服理由**。而只有基于这种充分而完整的**说服理由**，人们才会更有信心并且也才更有可能坚守普遍法则而不断改善自身与共同体的伦理道德境况。这意味着，宗教信仰，也即对另一个世界的预期与信赖，才能提供这种充分而完整的说服理由，因而宗教对于国家履行其伦理使命（更好地维护并不断改善伦理社会）是必不可少的。威廉·冯·洪堡在他早年作品《试论国家作用之界限》（*Ideen zu einem Versuch, die Grenzen der Wirksamkeit des Staates zu bestimmen*）秉承康德关于道德本身无关宗教的思想，认为良好的伦理风尚与宗教并不必然联系在一起。这一点无疑是正确的。但是，他由此否定对另一个世界的预期与信赖之于更好地维护和改善伦理社会所具有的意义，则是轻率的。在他看来，关于未来也即在另一个世界的奖赏与惩罚都过于遥远，难以起到劝诱之功与震慑之效，因此，这种宗教信念既没有减少伤风败俗的癖好，也没有推动行善的倾向。[①] 的确，对另一个世界的预期与信赖并不能像化学阉割或物理切除那样杜绝人类伤风败俗的行为，也不可能像服用兴奋剂那样让信徒一下子进入行善的亢奋中，但是，这样的预期与信赖至少使所有信仰者在行伤风败俗之事前有更强烈的内心斗争，从而增加纠正的机会；同时，这种预期和信赖至少还能让信仰者以及一切洁身自好者即

① 威廉·冯·洪堡：《试论国家作用之界限》第七章“论宗教”部分，参见该书中译本《论国家的作用》，林荣远、冯兴元译，北京：中国社会科学出版社，1998 年，第 89 页。

使在最黑暗的处境中仍能带着忍耐对人类社会的改善、历史的公义保持信心和希望，而这种忍耐、信心与希望是人类所有自我改善的前提。没有对人类自我改善事业的忍耐、信心与希望，人类社会就不可能有任何改善。

第三节　处理国家与宗教关系的基本原则

不过，这里我们也要特别指出的是，宗教信仰虽为国家承担起其伦理使命所需要，但这绝不意味着宗教是因为“国家的需要”而产生出来的。宗教是社会需要而产生的，这是卢梭的观点。他在《社会契约论》里认为，宗教是人们进入政治社会之后出于维系社会的需要而产生的，所以，在他看来，人类一旦进入政治社会，即使没有宗教，也会创造出一种能把公民团结起来的公民宗教。[①] 在近代的政治学说里，从霍布斯到卢梭，在他们设想的自然状态里，人类最初都没有宗教，只是进入了社会状态，才出现宗教现象。这是因为他们都没有洞见到在人的自由存在中必定隐藏着人的宗教性与社会性维度：由于没有看到人的自由所蕴含的宗教性维度，他们把宗教仅仅视为一种历史现象，而不是一种在先的存在方式；而由于没有洞察到人的自由所蕴含的社会性，他们把宗教仅仅当作一种外在性与工具性现象，因为在他们那里，宗教纯粹是为了把本来没

---

① 卢梭：《社会契约论》“论公民宗教”一章。参见该书中译本《社会契约论》，何兆武译，北京：商务印书馆，2010 年，第 166—183 页。

有社会性的自由个体组织成一个社会共同体并使之维持下去而被产生出来的，所以，宗教只是作为社会的黏合剂才被创造出来。但是，实际上，宗教不是因为“国家（社会）的需要”而被造出来，而是基于人的自由存在而产生的，虽然它的确也是被需要的。

由于宗教是人的一种内在存在方式，并且由于它对于维护与改善这个世界的伦理社会具有无可替代的意义，所以，国家与宗教的关系也就成为一个问题。

首先，国家不能否定也无法否定宗教。因为宗教虽然不是因国家的需要而产生，却是作为人的一种存在方式而先于国家出现，因此，否定宗教等于否定人基于自由的本性；同时，由于国家作为一个基于伦理社会之上的公共机构，它承担的伦理使命使得它不能无视宗教，更不能否定宗教，因为对宗教的否定，实质上就是对另一个世界的否定，也就是否定人们对另一个世界的道德前程、可能生活与绝对他者的预期和信赖，而这在根本上将使国家的伦理使命——更好地维护伦理原则并不断改善伦理社会——落空。

其次，这实际上也就是说，国家为了承担起它的伦理使命，它需要宗教的帮助。伦理社会的更好维护与不断改善不可能靠国家对成员个体的伦理生活的直接干预来进行，因为如此一来，将损害成员个体的自由而违背国家的目的本身。国家的这一伦理使命只能通过成员个体持续而日进无疆的道德修为来实现，而个体这种日进无疆的道德努力，则只有靠个体对在另一个世界的道德前程、可能生活与绝对他者的真实预期与坚定信念来引导和推动。也就是说，只有宗教才能引导与推动成员个体努力进行日进无疆的道德改善。所以，如果国家要实现伦理使命，它就必须寻求宗教的帮助。

虽然如此，国家与宗教却不能直接结合乃至合一，既不能由国家来规定、控制宗教信仰的教义、组织形态以及其他重要的宗教事务，也不能由宗教来控制乃至决定国家事务。因为国家与宗教分属两个不同领域，关切着不同世界。国家属于这个世界的实际领域，它关心的是这个世界的公共问题，也即如何在现实中更好地维护所有人的自由及他们之间的友爱、公平，同时增进人们的利益。国家也只有解决这个世界的公共问题的能力，因为它只被赋予解决这个世界的公共问题的权利与权力。而宗教作为人这种自由存在者的一种存在方式，它先于国家而首先属于每个人自己的自由的精神领域，它不仅关切每个人在这个世界的境遇，而且更关切每个人在另一个世界的前程，它首先帮助人们通过对另一个世界的预期与信赖来理解、看待自己在这个世界的生活。因此，由教义、组织形态等方面构成的任何一种具体的宗教形态都是基于人之自由的宗教性存在的外在化与处境化，也即是人类自由精神的自我展开，因此，都不是也不应当由国家这个只关心这个世界的世俗机构来规定，否则国家必定僭越自己的权限而损害人类的自由，并且必定使宗教沦为政治的工具而失去着眼于另一个世界的超越性。实际上，国家对宗教教义、组织形态等方面的干预与控制也必定直接损害国民的信仰自由，因为在这种情况下即便有多元宗教，国民也只能信仰其教义已被国家干预过的宗教。

同时，宗教也不能直接干预、控制国家事务，因为这同样会导致宗教信仰的堕落而妨碍人类自由。任何一种宗教，如果它成为国家政权本身或者成为能控制国家政权的组织，那么，它必定蜕变为一个妨碍人类自由的机构。因为任何一种宗教都具有自认为真甚至是自认为唯一为真的性质，也就是把自己的信仰体系当作真理或唯一真理，因此，它一旦成为国家政权本身或成为能控制国家政权的组织，它将不可避免地会以真理的名义借助权力来压制、排斥一切其他可能的真理，人们的言论、思想、出版、信仰甚至结社等方面的自由将首先受到损害。不仅如此，一旦宗教能够直接使用国家权力，它将难以避免以权力来吸引和影响信徒，而不是努力通过精神的更新与感召来教化和救渡信众，其结果只能是宗教教义失去了真诚而沦落为自欺欺人的意识形态，而宗教组织则将丧失其庄严与纯洁而变成了谋取利益和控制成员的世俗机构。

因此，国家与宗教相互独立应当成为处理两者关系的一条基本原则。

不过，一方面由于国家的伦理使命需要宗教的帮助，但是，另一方面并不是所有宗教都一定有助于维护与改善伦理社会，因为宗教本身有可能出现迷误、蒙蔽，所以，虽然国家与宗教应当相互独立，但是，国家却面临着对多元宗教进行某种积极管理的任务。洪堡在上面提到的著作里很警惕国家以培养社会良俗的名义积极倡导某种宗教，认为这样做会造成对个人自由的妨碍。不过，他并不反对国家倡导宗教信仰，他只是不赞同国家倡导某一特定的宗教。也就是说，要把倡导宗教信仰与倡导某种特定的宗教信仰区别开来。国家可以倡导宗教信仰，以便有益于履行自己的伦理使命，但是国家的确不应当倡导某种特定的宗教信仰，否则公民的信仰自由就会受到损害。不过，更为困难的问题是，并非所有宗教都应当在国家的倡导范围之内，相反，国家倒还应当防范某种宗教，那就是不能宽容其他宗教的宗教，特别是其教义与行为违背、否定那些普遍伦理法则的宗教。这里，所谓不能宽容其他宗教的宗教，也就是把与自己的教义系统及其解释不同的其他宗教派别、宗教形态都视为邪教并加以敌视乃至迫害的宗教。对其他宗教信徒的任何敌视、迫害既违背了基本的伦理法则，也损害了个人的自由，而这是构成现代国家之合法性根据的人权法所不容许的。从哲学角度看，宗教作为人类自我理解与把握世界的一种方式，其形态有成熟与不成熟之别，但是，即使是更成熟的宗教形态也没有任何理由敌视与迫害尚不成熟的宗教形态的信众。这是因为，在前面的讨论中我们曾经阐明，每个人的宗教性存在是基于其自由存在，这意味着，宗教身份并不是人的本相身份，更不是人的唯一身份；作为自由者存在，才是每个人的第一身份也即他的本相，所以，人与人的关系首先是自由者间的关系，而这种关系把一切相互敌视、相互迫害、相互屠杀都排除出了合法性与正当性之外。实际上，真正走向成熟的宗教应当就是一种能宽容其他宗教的宗教，因为它的更成熟意味着它既洞见到了更高的真理，也洞见到了自己是如何**自由地**从不成熟脱胎出来而走向成熟，因此，它理当因前者而对自己更有信心并对其他尚不成熟的宗教更有耐心，也理当因后者而尊重其他宗教也能

自由地从不成熟走向成熟，而不应当在迫害中迫使它们走向成熟。较高的理性真理能够也应当有充分的信心宽容一切较低的理性真理，并以足够的耐心等待它们走向自己。

所以，从总体上说，对于宗教，如果说国家需要有什么积极的作为，那么，没有别的，就是甄别、防范、扶持与宽容。甄别，就是对现存的各种宗教进行最低限度的认定，这种认定的唯一尺度就是一种宗教的**教义和行为**是否与那些基本的伦理原则相违背，简单说，是否有违普遍的仁爱原则。如果是，国家就有必要对此种宗教进行防范；如果不是，那么国家就当宽容，而不管这种宗教来自何方，与自己的传统有多么不同。而对于那些在教义与实践上明确以普遍仁爱为其最高原则的宗教，国家则应给予鼓励或扶持。国家并不需要国教，因为国家无须宗教来维护自己的合法性与团结，但是，国家需要借助于宗教来实现自己的伦理使命。因此，只要能有助于国家实现其伦理使命，那么任何一种宗教都应得到国家的宽容、尊重与感恩。

第五章　自由与保守主义（上）
——保守自由还是保守其他？

通过前几章的讨论，我们阐明了两个基本思想。

首先是，只要承认人是自由的，那么，人们就必定展开出一系列相互性原则而存在于奠基在这些原则之上的一种自主的相互性关系之中。唯有建立在这种相互性原则之上的自主关系才是一种真正的伦理关系，而这种以相互性原则为基础的伦理关系才真正是一种社会的关系。什么叫社会？自主地确立一系列相互性原则而存在于自主的相互性关系中的状态就是社会。人生活于其中的群体不同于狼群、蚁群，就在于人类群体的关系贯穿着一系列自主的相互性关系原则而是一种自主的相互性关系，而在动物群体中，个体之间不存在自主的相互性原则以及基于这些原则的自主的相互性关系。所以，唯有自由个体才能够在生存中展开出社会关系，首先就是伦理关系；也只要人是自由的，那么就必然展开出这种伦理社会。因此，只要承认人是自由的，那么，就不可能出现霍布斯、卢梭以及康德他们所设想的那种非社会性的自然状态。这意味着，国家不可能建立在某种自然状态之上，而只能是建立在伦理社会之上。因此，国家负有伦理使命。

我们在前面阐明的另一个基本思想是，从人的自由存在演绎出来的权利原则一方面规定了每个人类个体平等的自由空间，另一方面构成了现代国家的立国原则。因此，国家的首要使命就是维护与保障个体成员的平等自由权。

这两个思想的基点都是自由。因此，对于现代人类来说，如果说有什么人们首先要维护与保守的，那就是自由，而不是什么“自然”，或什么“文化”、“传统”以及其他什么东西。

但是，近年流行着的各种“保守主义”却打着“自然正当”、“文化多元”、“传统独特”等旗号否定国家的普遍伦理使命、否定人类个体的普遍权利，甚至否定自由本身。为此，我们将对各种保守主义进行分析，并揭示它们在理论上存在的问题，以捍卫前面讨论并确立起来的基本原则。

第一节 何谓保守主义？

就政治哲学领域而言，所谓保守主义往往是指与“自由主义”相对应的一种思想主张，也是在这种对应中被标明为保守主义。但是，在这种对峙中，双方都有狭义与广义之别。就狭义的“自由主义”而言，包括“放任自由主义”与“激进自由主义”。前者的核心主张可以概括为两点：（1）国家对共同体中的善恶持中立态度，简单说，国家无关伦理一道德价值；（2）国家于整个社会的根本职能乃是对法律底线的守护，而任由共同体里的个体与自组织在一切领域自由决定、自由筹划自己的一切，尽可能少地主动干预社会。而“激进自由主义”不仅把自由（权利）、民主、平等当作普遍的基本价值原则，而且主张，为了实现与贯彻这些原则，可以诉诸包括暴力革命在内的一切手段，法国大革命中的那些革命派被当作这种激进自由主义的代表。

狭义的政治保守主义是在与这两种自由主义的对峙中被标明出来的，根据它们与这两种自由主义分歧的程度由弱到强，我们将它们区分为自由的保守主义、历史保守主义与多元保守主义。但是，它们之间的一致性是非常有限的。它们被称为保守主义更多并不是因为它们有什么共同主张，而只是因为它们在各自方面反对或不赞同两种自由主义的某些主张。实际上，它们之间的分歧并不少于它们之间的一致性。多元保守主义不仅反对两种自由主义的具体主张，而且也反对自由主义价值原则的普适性，而自由保守主义并不反对由近代启蒙运动通过反思确立起来的自由、平等与民主这些基本的价值原则。相反，它与自己所批评的自由主义共享了这些价值原则，甚至我们可以说，这种保守主义比两种自由主义还更坚守这些价值原则。因为它对两种自由主义的批评恰恰都是担心后者的实践后果会对个人与社会的自由、平等和民主带来威胁。被我们归为历史保守主义的爱德蒙·柏克，虽然他对追求普遍权利的法国革命几乎用尽了诋毁之词，但他也并不反对英国人与法兰西人对自由和权利的追求与维护，因为他也不得不把拥有自由与权利视为可贵的，至少在他眼里对英国和法国人是可贵的。

实际上，我们也可以把坚守或认同人类之普遍自由（权）

以及制衡性民主这些价值原则的保守主义视为广义的自由主义。这里，所谓制衡性民主是指这样一种制度安排原则：通过对国家权力进行必要的分解，使国家权力之间能够形成有效的相互制约，直至使国家权力能够始终忠于维护和保障所有成员个体的安全与自由这一使命。而所谓广义的自由主义，则是指这样一种底线政治理论：它把维护和保障人类个体的普遍自由作为建构任何国家都不可违背或突破的原则；换言之，广义自由主义乃是把人类的普遍自由当作政治的首要原则的政治理论。就此而言，近代主流的政治哲学都属于自由主义，包括康德与黑格尔。在这个意义上，有些保守主义与狭义的自由主义之间的分歧只是自由主义内部的分歧。因为这种分歧并不是在基本价值原则上的分歧，而是在如何实现与维护这些价值原则的路径与方法上的分歧。这种保守主义也可以称为保守的自由主义。

广义的保守主义除了与狭义自由主义相对应的保守主义外，还有一种与广义自由主义相对应的保守主义，它在根本上反对作为近代政治哲学主流的自由主义原则。我们可以把它称为彻底的或极端的保守主义。简单说，这种保守主义诉诸古典政治哲学原则，而反对被自由主义当作首要原则的普遍自由原则，因而否定平等与民主原则。这种保守主义与自由主义的对立有时也被称为“古今之争”。尼采、列奥·施特劳斯等人被视为这种保守主义的代表。

第二节　自由的保守主义

一、国家为什么要有道德？

这里，我们要先来分析相对于狭义自由主义的各种保守主义的主张与原则。针对放任自由主义，保守主义有两个核心主张：（1）国家并不是也不应当是一个价值中立的机构，国家作为一个政治共同体应当具备诸如正义、公平这样的德性。换言之，国家负有道德使命，政治要有道德；（2）善高于权利，为恶不是人的权利，所以，个人的自由权利是有限度的。

就第一个核心主张而言，保守主义无疑是正确的。不过，这里要从我们的角度来阐明理由，以便发现这一主张虽是反对放任自由主义的，却与保守的自由主义或自由的保守主义原则相一致，并且只有基于自由原则才能真正说明国家的道德承担。

实际上，国家作为所有成员通过契约创造出来的一个治理机构，并非仅仅是一个法律共同体，虽然它理应是一个依法治理的机构，却不仅仅是也不应当仅仅是一个只依法治理的法律机器。因为国家本身虽然是通过契约产生的，但是，这个契约活动虽然是在独立的成员个体之间进行的，却并不是在孤立的个体之间进行的。这里，所谓孤立的个体，乃是卢梭与霍布斯式的个体，这种个体没有真正的“我们”，因为他首先作为孤单者而孤立无援地生活于非社会性的自然状态中。在这里，每个人都是孤立的，不仅无政治关系，且也无任何其他社会关系，因而不与他人共在。而所谓独立的个体则是指这样的个体：他能够独自按照自己的普遍意志去决断自己的生活与行动，而不屈从于任何他人意志的支配。也就是说，就每个人有普遍的自由意志而言，他是独立的个体。但是，这种自由而独立的个体不可能有非社会性的自然生活，因为只要个体拥有的自由是普遍意志的自由，他就必定首先生活于遵循着相互理解、相互承认、相互尊重、相互友爱、相互信任这些基本的相互性原则的伦理共同体之中。这意味着，独立的个体不是外在于共同体的个体，而是必定生活出一个伦理共同体的个体，因而必定是社会中的个体。人的社会性首先就在于基于相互性的伦理性存在。

实际上，如果人类个体之间没有那些基于自由的相互性关系，即基本的相互理解、相互承认、相互尊重、相互信任、相互友爱，那么，他们之间根本就不可能进行任何契约活动。所以，如果国家是通过契约创造出来的，那么它必定是在已生活于伦理共同体里的个体之间通过契约创造出来的，因而是建立在伦理共同体的基础之上。这是放任自由主义者所没看到的一个关键点。

问题是，建立在伦理共同体之上的国家，是否必然意味着它负有伦理使命而是一个伦理共同体呢？这里，我们需要通过追本溯源来加以讨论。我们首先要分析一下构成那些相互性关系原则之基础的那个普遍的自由意志。每个人都是自由的，或说，每个人都有自由意志，这被近代政治哲学当作一个公理性命题。正因为这样，对自由的讨论与论证构成近代西方哲学的一个核心工作，至康德达到一个全新的深度。如果我们根据卢梭与康德的理解，那么人的自由乃是一种普遍的自由，因为人的自由意志是一种普遍的自由意志：这种自由意志虽然是由个体来承担、拥有的，并使个体因承担这种自由意志而成为不同于诸如牛羊草木这类个体的位格个体（Person），但是，自由意志并不因此而成为私人的、特殊的意志，相反，它倒使承担它的位格个体成为普遍的。

具体说来，人类拥有的自由意志，或者也可倒过来说，居有人类的自由意志，其普遍性体现在两个方面：一方面，自由意志之为自由意志乃在于它能够突破、否定一切自然因果性关系而完全从自身出发决定其承担者的行动，因而是绝对自发一自动的意志；也即说，存在于每个人身上的自由意志在这一点上是普遍的：它是绝对自发一自动的一种能力。另一方面，这种绝对自发一自动的意志不管是在理论上还是在实践上都不能陷入自相矛盾之中，否则它就无法绝对地自发一自动，而这意味着，任何一个个体所承担的自由意志在成为这个个体的行动准则（动机）时，必须能够在同时普遍化为所有其他自由个体的准则时不会陷入相互反对之中。也就是说，自由意志在决定一个人的行为准则时，它任何时候给出的都必须是一条能够普遍化而不自相矛盾的普遍性法则，否则，自由意志就会陷入自相矛盾而不成其为自由意志。因此，自由意志必定是这样一种包含着普遍法则于自身的自由意志：它决定或颁布的任何一条行动准则都必定是在实践上能够普遍化而不自相矛盾的法则。换一个更具体的说法，任何一个人依据其自由意志而给出的任何一条行为准则，在实践上都必定是能够普遍化为所有人的行动准则而不导致相互反对（损害）的法则；因为如果自由意志给出的行为准则普遍化后导致相互反对，那么也就意味着自由意志本身陷入了自相矛盾之中而否定了自身。

实际上，这意味着，人类的自由意志是一种包含着不相互矛盾一不相互损害这一普遍原则于自身之中的意志。在这个意义上，我们可以说，正如康德所洞见的那样，人类的自由意志本身就是一种善的意志。这种普遍而善良的自由意志不仅是伦理共同体的基础，实际上也是国家共同体的基础。因此，国家必定负有基于人类自由意志的伦理价值使命，政治必须讲道德。我们可以从两个方面来进一步说明这一点。

首先，生活在伦理共同体里的人们之所以要通过契约创造出国家这个第三方机构，显然是因为伦理共同体有诸多缺陷与不便，这一点约翰·洛克已有深刻洞见与论述。他所说的“自然状态”不同于卢梭或霍布斯那种非社会性的自然状态，而是受自然法支配的一种“社会自然状态”，而就他把自然法也称为“道德法”或“理性法”而言，实际上我们甚至可以把他的“自然状态”径直称之为“伦理共同体”。这里，我们想补充说明的一点是，伦理共同体之所以会出现各种缺陷，也是缘于人性本身：人类个体并非只有普遍的自由意志，同时也具有受自然因果性关系规定或支配的私人意志（康德称之为“低级欲求力”），它使人类个体时刻面临着违背自由意志及其法则的危险。这是“自然（非契约性）的”伦理共同体的一切缺陷与危机的根源所在。这些缺陷导致伦理共同体得以建立与维护的那些相互性原则难以得到维护与贯彻，从而危及伦理共同体的存续。因此，通过契约创造出第三方机构的一个根本目的乃是为了更好地维护与贯彻那些相互性的伦理原则。就此而言，作为契约创造出来的第三方机构，国家负有更好地维护与贯彻那些基本的伦理原则的使命。这些基本的伦理原则既是人类社会基本秩序的基础，也是保障人类社会基本的正义与公正的原则。在这个意义上，负有伦理使命的国家理所当然必须具有维护正义与公正这些价值原则的职责。

这里，还有更基础的一面。在缔结契约之前，或者说至少在缔结契约的过程中，人们必须达成一个共同的意志，否则契约就无法达成。这个意志就是：更好地维护与捍卫伦理世界的基本原则，并确立更公平、合理的利益关系。这个意志既是伦理共同体所有人共同的意志，也是内在于每个人而为每个人所拥有的普遍意志。[①]于伦理共同体而言，它是一个凝聚其成员的统一性意志；于个体而言，它则是一个使个体上升到自身之普遍性存在的普遍意志。

如果进一步加以分析，那么我们可以发现，这个普遍意志至少内含着这些方面的内容：（1）更好地维护与捍卫成员个体的自由与安全。因为所有要更好地加以维护与捍卫的那些基本伦理原则本身，实质上都是关于人们之间相互承认、相互对待、相互保障对方为自由存在者的原则，因此，要更好地维护、捍卫那些伦理原则的意志，最终指向的就是更好地维护和捍卫每个个体的自由与安全。（2）更公正、有效地对违背、突破这些基本伦理原则的行为进行惩罚。如果违背这些原则的行为得不

---

① 这也是卢梭区分公意（the general will）与众意（the will of all）的深意所在。

到有力、及时而公正的惩处，那么，就不能指望这些原则能得到更有效的遵循，那么第一方面的内容就无法得到落实。（3）更广泛、有效地改善和发展可以惠及所有成员的公共利益。不过，其中第一方面是普遍意志最核心的内容，其他方面都是以第一方面的内容为基础。

这里，我们要问的是，这个普遍意志与作为自由意志的普遍意志有何关系？自由意志作为绝对自发—自动的意志，它据以规定一切行动的动机或准则，只来自其自身，而不来自自身之外的任何他物。但是，从内容看，作为契约之直接基础的普遍意志显然包含着对自身之外的东西的追求，比如公共利益，因此，它会把自身之外的东西当作行动之根据。虽然如此，这个普遍意志却必定是包含着自由意志的普遍原则的意志，也即它必定包含着不自相矛盾或不相互损害的原则。所以，它必定是一个以自由意志为其规定的意志。因为一个足以使人们通过契约创造出一个共同治理机构的普遍意志必定只能是这样一种意志：不管它追求与实现什么事业，它不仅必须以不损害所有订立契约者的共同利益为其规定，而且必须以不损害每个订立契约者的均等利益为其原则；换个角度说，它的任何行动都不能导致订立契约者之间相互损害。否则，它就不可能成为契约的基础，因为无人愿意接受会损害自己的契约。这里所谓均等利益原则并非指每个成员在共同体里要享有同样的好处、同样的财富，而是指每个成员在共同体里会要求享有均等化水平的好处（这种好处包括财富与各种机会，如教育等）。简单说，足以促使人们缔结契约创造出国家的普遍意志及其契约活动隐含着一条维护每个成员之均等利益的原则。

因此，我们要说，构成契约之基础的普遍意志虽然不是自由意志本身，却是以自由意志及其普遍原则为规定的意志。

实际上，真正的普遍意志必定都是以自由意志的普遍原则为其规定的意志，否则就不可能成为普遍意志。不以自由意志的普遍原则为其约束或规定的意志，都只能是私人意志或特殊意志，依据这种意志的一切行动都无法避免相互损害与相互反对。所以，不以自由意志的普遍原则为其规定的意志不可能成为契约的基础。这意味着，如果国家是契约创造出来的，那么国家就必定是奠定在普遍意志之上而终归以自由意志为前提；同时，国家也因此而是这种普遍意志的承担者与代表者，因为当人们在形成这一普遍意志之后，只有通过契约创造出一个第三方机构来代表与承担这一普遍意志，才能真正去引导和实施这一普遍意志的各种诉求。

上面的讨论足以表明，国家不仅是在伦理共同体的基础上通过契约创造出来的，而且也是为了更好地维护和贯彻伦理原则而通过契约创造出来的，在这个意义上，国家首先是一个伦理共同体，而不只是一个法律机构，它首先要接受最高位法即基于自由的基本伦理法则的约束。因为即使基于国家所代表的普遍意志而制订和颁布的法律，如果它要保持自己的实质正当性（而不只是程序正当性），那么它也都必须首先接受不自相矛盾或不相互损害这一自由意志的普遍原则的规定。否则，一切法律都将失去其正当性而沦为恶法或特权法。所以，国家不可能只是法律的守夜人，它同时甚至首先是那些基本的伦理一道德法则的承担者与维护者。我要说的是，作为普遍意志的代表者，国家就像个人一样，是一个 Person，一个自由的位格者，它的一切权力的行使都需要接受一切普遍的伦理道德法则的约束与规定；同时，国家负有在其成员中更好地维护伦理道德法则的责任，或者说，国家负有不断改善其成员个体之德性的责任。所以，国家对于成员之行为，不可能采取价值中立的态度，它总是偏向也应当偏向道德行为。当然，国家如何更好地维护伦理道德法则，如何改善成员个体之德性，这是另一个问题了。

前面的讨论同时表明，国家负有伦理使命与道德责任，但是，这恰恰是为更好地维护人的自由，而不是妨碍人的自由。因此，反对放任自由主义关于国家价值中立的思想而强调国家的道德责任，并不必然与自由主义原则相对立，它仍然可以从自由主义原则来说明，甚至也只能从自由主义原则出发才能得到最好的说明。因此，如果说反对放任自由主义国家观是一种保守主义，那么，它可以说是一种自由的保守主义或保守的自由主义。

这里，我们有必要从这种保守的自由主义原则出发，分析一下放任自由主义关于国家在经济领域的作用的观点：国家不应对自由市场的竞争及其结果进行任何干预，否则，就是对自由的损害。

的确，市场经济由于其开放性而成了所有人充分行使其自由权利以实现自我价值的最好广场——最公平、最便利、最广阔的场所。但是，真正的自由市场经济并非简单是由一群只会算计的“理性经济人”在那里博弈出来的。如果人类只是会算计的理性经济人，那么，在人眼里就只有利益，而没其他东西。对于这种理性经济人来说，如果眼下有机会损人利已，那么，他就没有任何理由拒绝。人们会辩护说，理性经济人知道如果自己这样做，别人也会效仿，结果会得不偿失，所以他会选择遵守规则。但是，这种辩护无法回应这样的局面：如果有人发现，一旦自己采取损人利己的措施就可以置对手于死地，或者从此就可以（实际上或在主观上自认为）获得永久的优势，那么他（们）还有理由拒绝吗？

实际上，如果只有会进行利益算计的理性经济人，而没有能超越利益权衡的自由理性人，任何游戏规则都不可能产生与确立。自由主义对理性经济人至少有一个要求，那就是，这种理性经济人能权衡各种利益，因此，他要能看到长远或未来的利益，并且为了这种长远利益，他能节制甚至放弃眼前利益。而这实际上等于要求理性经济人有能力打开未来的可能性并能抵抗眼前利益的诱惑。但是，这种要求已经远远超出了放任自由主义对理性经济人的假定。因为满眼只有利益的理性经济人，是不可能打开未来的，也不可能抗拒住眼前的诱惑，那只有自由理性人才能做到。所以，实际上，对理性经济人的假设，只有在健全的市场经济中才是有意义的。但是，这种市场经济已经建立在一整套伦理原则与法律体系之上。正是包含着维护公平、正义、自由诉求的伦理原则与法律体系保障了自由市场经济的开放性与底线秩序，使所谓的“理性经济人”能够在其中各尽其能地展开公平竞争。理性经济人只有理解、认知并遵循这些伦理一法律规则，他才能进一步去权衡自己的利益与机会。

在这里，国家通过普遍的伦理—法律规则这一中介系统规范、引导着市场经济，而并非完全与市场无涉。如果发现现有法律不利于市场的自由竞争，那么，国家有责任修改或制定相关法律，比如最初所没有的反垄断法。这里真正的问题不是国家干涉不干涉市场，应当不应当干涉市场的问题，而是这种干涉的原则是什么的问题，以及这种干涉应当控制在什么界限之内的问题。

对于市场竞争结果的干涉同样存在正当性的根据问题。对此，已有各种论证，比如，把个人的才能、天赋视为与承受者所生活的社会共同体相关，因而不能被看作个体的私产等等。但这些论证并不具有根本性。

正如我们上面指出的，自由市场经济是建立在一套包含着自由、公平、正义诉求的伦理—法律体系的基础上，这一体系中包括不相互损害均等利益这一原则。但是，自由市场竞争的结果却可能与它以之为基础的那些伦理—法律诉求不相一致，导致共同体部分成员的均等利益受到损害。比如，由于运气、才能、努力程度等方面的原因，在市场的自由竞争中，有人获得了巨大成功，聚集了巨额财富，而另一部分人（不管是大部分人还是小部分人）却陷入了贫困，这影响到了他们继续参与公平竞争的可能性。对于这种情况，基于“不相互损害均等利益”这一普遍意志的原则，国家会被要求对结果做出适度的干涉，以使成员个体能获得或接近享有均等利益。这是一个国家的基本正义所在。

二、普遍权利即是道德权利：权利既以道德法为根据，又以道德法为界限

如果说保守主义据以批评放任自由主义的第一条原则也可以从自由主义出发来加以论证而可以被自由主义接受，那么，它的另一条原则“善高于权利”（这也是社群主义的一条原则）则是自由主义不能接受的。这一原则与其说是对权利原则的质疑与纠正，不如说是对权利原则的误解或无知。

实际上，这一原则的提出，更多是基于现实的观察，而不是出于对权利的理解：在现代社会里，出现借权利之名而大行其道的种种恶行，比如吸毒、滥交、无节制的消费等。但是，就权利原则而言，人类从来就没有可以作恶的权利，虽然有作恶的能力。在被称为古典自由主义之父的约翰·洛克那里，自然权利乃是基于自然法，而自然法在他心目中也就是道德法或理性法。这意味着，我们的种种权利都是基于道德法基础之上，因此，我们的权利必须以不突破、不违背道德法为其界限。简单说，干违背道德法的事情，不是人的权利。这一点在康德哲学中得到了更严格的论证。

我们且从对康德的最高道德原则的分析开始。“道德学说（die Sittenlehre）的最高原则是：要按同时能够成为普遍法则的准则去行动。凡是不符合这一条件的准则都是违背道德的。”[①] 以

---

① Immanuel Kant, *Die Metaphysik der Sitten*, *Kants Werke*, Band VII, Herausgegeben von Ernst Cassirer, Berlin, 1916, S. 26.

劝令形式来表达，这条最高原则说的就是：每个人都应当这样行动，即你的一切行动准则都必须能成为普遍法则。以禁令形式表达，它就是说：你不能这样行动，即当你的行动普遍化为所有人的行动时陷入了相互反对。简单说，你不能做你自己不愿意发生在自己身上的事情。

显然，不管是从劝令的角度看，还是从禁令的角度理解，最高道德原则都内在地包含着对人的自由的确认与维护：作为劝令，当它要求你按能普遍化为法则的准则行动时，也就意味着它要求允许所有他人都可以如你那样行动；作为禁令，当它要求你不能自相矛盾地行动，因而也就是说你不能做你不愿意别人对你做的事情时，实际上也就意味着它不允许任何一个人把他不愿意发生在自己身上的事情强加给任何他人。换句话说，它要求允许每个人按自己的意志行动，只要他不妨碍别人的同样行动。

因此，这条最高的道德命令一方面表达了人的义务原则：每个人都应当行一切能普遍化的行动；另一方面则表达了人的权利原则：它要求允许每个人能够按自己的意志行一切可普遍化的行动。也就是说，最高的道德法则同时表达了人拥有这样一种绝对的行动空间：每个人都应当被允许按他自己的意志行动、生活，只要他不妨碍别人依同样的准则行动；换一个角度说，只要他的行动不妨碍别人同样的行动，那么他就应当被所有人允许做他愿意做的一切事情，别人不得妨碍或损害。这个行动空间就是一个人的权利空间。什么是一个人的权利？一个人的权利就是一个人的权利空间，这个权利空间就是依最高道德法则他应当被允许、被承认的行动空间。人的一切真正权利都在这条原则所划定的行动空间里，也只在这个行动空间里。

由于人的这种权利是从最高的道德律令中推演出来的，因此，这种权利也叫道德权利，它同时包含着义务于自身之中。这一方面表明权利是以道德为根据的，同时也表明权利是以道德为界限的。就权利是以道德为根据而言，权利本身就是善的，不存在善高于权利的问题；而就权利以道德为界限而言，人没有所谓作恶的权利。所以，以为没有善的理念或善的人性的驾驭，权利就会成为脱缰野马而肆意为恶，显然在理论上既没有弄清权利与道德的关系，也没有理解道德法则与善恶的关系。前近代的古典哲学的困境表明，没有真正确立起普遍的道德法则，何者为善与恶的问题永远是一个无解的难题。古典哲学实际上把本是伦理学中的次级问题的善恶当作原级问题来处理，导致了伦理学里的问题长期无解。因此，它不应成为保守主义的退路。

三、"反革命"的超越原则与功利主义原则

下面我们要讨论针对激进自由主义的保守主义。针对激进自由主义的革命主张，保守主义通常给出反对革命的几种理由：（1）任何激进的革命都无法保证不牺牲个体成员的自由与安全，而这与自由主义关于个体本位的主张相冲突；（2）历史文化传统多种多样，每一种传统不仅是一个社会和国家之秩序的合法性源泉，也是每个人的生活世界与思想方式的源泉，革命或者会破坏传统而导致社会失序，或者只破坏了国家却并不能改变

国家之性质；（3）革命会造成一个国家巨大的内伤与内耗，无法真正使一国走上富强，因此，革命非富国强兵之道。

近代自由主义政治哲学对传统政治哲学的一个最大颠倒就是主张个人先于或高于集体。因为人类的任何集体或社会都是由独特的个体成员组成的，是个体的自由这一本质性存在使集体成为人类的集体，使社会成为人类的社会。因此，任何集体都必须以尊重和维护成员个体之自由为其首要前提。在这个意义上，保守主义反对革命的第一个理由在学理上是最充分的。这一理由也可以被看作是肯定个体价值具有绝对性的超越原则，因此，以这一理由批评激进自由主义的保守主义，同样可以被视为自由的保守主义而同属于自由主义。

但是，逻辑上最充分，并不就意味着在现实中最有说服力。因为在人们呼唤激进革命的地方，通常也是人们看不到改善现实的希望的地方：在那里，恶政流行，不公肆虐，腐败猖獗，时刻都有公民的自由、生命与财产遭受威胁，乃致被牺牲；另一方面却是良知的呼声遭屏蔽，合理的诉求被蔑视，理性的抗争受压制。在这样的现实面前，人们面临的已经不是如何保障不牺牲个体之自由与安全的问题，而是两害相权取其轻的问题：在忍受暴政与革命之间，何者能更少地牺牲个体之自由与安全？如果要自由主义面对暴政肆意侵犯、牺牲个人之自由与安全而无所作为，或放弃抗争，那么这同样也会陷自由主义于自相矛盾之中。所以，保守主义批评激进自由主义的第一条原则虽然有充分的理由，却也是有限度的：它只适合于还给人们保留改善现实的希望的地方。

也就是说，个体之自由与安全是至高无上的，这的确是自由主义的一条最高原则。但是，这一原则既可以成为反对一切暴力革命的理由，也一样可以成为诉诸革命的理由：如果改良或理性的抗争无法阻止统治者对个人之自由与安全的长期、普遍的侵犯和损害，那么为了挽救并维护自由与安全，也即出于自由主义的最高原则，以激烈手段改变现实，也并非没有理由。

至于反对革命的第三条理由，实际上是一条功利主义原则，曾在国内颇有影响的“吃饭哲学”正是基于这一原则而提出了“告别革命”论。但是，功利主义原则从来就与一切崇高行动的原则南辕北辙，而革命历来就被一切革命者视为崇高的行为。所以，以这条原则反对革命，只对功利主义者自己有效，而对信奉有超功利的绝对价值原则的自由主义者则无效。对自由主义者来说，如果个人的自由与安全得不到维护与保障，那么被忍受的暴政即便带来了繁荣昌盛、富国强兵，如中国古代的秦朝，如现代法西斯的德国、日本，或苏联，也是不可接受的，因为在这种国度里，个人如蝼蚁。而尤其重要的一点是，在自由主义看来，那种以牺牲其成员个体之自由与安全为代价来维持其统治的国家，永远也不可能成为真正伟大的国家，即使能一时富国强兵，也绝难维持长久，因此，是不值得期待与忍受的。

这里，我们要特别地附带指出的是，不管是以富国强兵为革命的目的，还是以之为反革命的理由，就其均以功利主义为原则而言，都没有超出中国传统法家的政治视野。而自由主义不同于法家的地方，也正是它真正强硬的地方：即使自由与民主不能带来富国强兵，也坚决要追求、捍卫自由和民主！

四、“自由的保守主义”的另一条原则：要启蒙，但不要革命

接下来，要着重分析保守主义反对革命的第二个理由，我们可以把这种以传统作为反对革命之理由的原则视为保守主义的“传统原则”。根据对“传统”的不同理解以及相应的“保守”程度，我们将它们区分为三种保守主义。

第一种情况，我们可以称之为前面提到的“自由的保守主义”。它赞同自由主义的价值原则与未来愿景，即最终要建立能够维护与保障所有成员个体之普遍自由的国家，但是，却认为这种自由国家的建立并非只靠政治运动就能达成，而是需要首先完成一项文化启蒙或文化转换的工作。这就是通过文化启蒙来把传统文化转化为一种启蒙文化，以使传统文化能够与自由主义价值原则对接和融贯。这一工作完成之后，制衡性的民主化改革才会成为顺理成章的事情，建立维护普遍自由的国家才是可望也可即的事业。相反，如果在传统文化没有完成转换之前，通过革命强行改变国家，那么，改变的很可能只是统治者的姓名，而不是国家的性质。这是因为任何国家的人们都是生活在某种传统之中，这个传统包括历史中的思想、宗教、艺术以及其他各方面的历史经验。国家制度作为运行在这些传统要素之上的一个系统，深受这些传统要素的规定，而这些传统要素也正是通过国家制度这个系统强有力地影响着每个成员。实际上，传统不仅塑造着国家，而且也塑造着人们理解国家与运行国家的方式和习惯。因此，如果一种传统未能自发地开启出

有关人之自由本质与相关价值原则的系统自觉，或者也未能接受这种自觉的洗礼与重构，那么，即便人们改变了国家政权，也不可避免地仍然按原来的传统去理解国家并按传统去行使国家的权力，其结果必定与建立自由国家的初衷背道而驰。

所以，在没完成文化启蒙或文化转换的地方，这种保守主义拒绝一切激进的革命行为。不过，它对传统的强调，与其说是要保守传统，不如说是要转换传统或重构传统。所以，在根本上，它真正强调的乃是文化一思想启蒙，这被视为每个民族或国家之自由事业的根本。实际上，这种保守主义有一个伟大而危险的预设：所有的民族或国家都有一个共同的关口需要通过，那就是文化一思想启蒙；所有的民族或国家都有一个共同的未来，那就是自由国家的建立。

但是，是否所有民族的文化传统都能够与自由主义的那些价值原则兼容和对接？或者说，是否所有民族的文化传统都能够向以自由的自我觉悟为其核心的启蒙文化转换？如果能够，为什么？更进一步的问题是，如果能够，那么也就等于说，不同文化传统的人类都有一共同的必然命运：从不同的过去必然走向自由的国家与自由的联合。因此，人类的历史与未来都是必然的。然而，既然人类的历史与未来是必然的，那么历史中的人又如何是自由的呢？处在历史必然性中的人类如何能够自由地去建立自由的国家呢？这些是这种自由的保守主义需要面对的问题。但是，这已经不是作为政治保守主义的保守主义理论所能回答的了。

第三节　历史保守主义——历史中有的就应该有，没有的就不应当有

第二种情况我们可以称之为历史保守主义，它把历史中的传统视为“自然地”形成的，而不是理论建构出来的。这种“自然地”形成的传统体现了人类世代积累下来的实践智慧与美德，也“自然地”构成了道德、法律与国家权力的权威性的源泉。因此，历史中的传统及其昭示出来的方向是我们的一切实践行动，特别是政治实践活动的最真实也最可靠的依据。简单说，传统允许我们做的与昭示我们做的，才是我们能够做的与应当做的。在这个意义上，不存在激进自由主义据以号召革命要加以争取的所谓“普遍权利”，如果有，那一定是一种只存在于理论抽象中的“虚幻的权利”（柏克语）。一切权利都只存在于各种历史传统“自然”形成的法律空间里，这才是真实、具体的权利。这一方面是说，在同一种传统里，也并非所有人都享有同样的权利，“自然”（又是“自然”！）形成的不同阶层者（比如国王、贵族与平民）拥有的权利各不相同；另一方面是说，生活在不同传统社会中的人们之间，也不会拥有相同的权利。处在拥有伟大法律的伟大传统中的民族及其成员理所当然拥有更多可贵的自由与权利，因为这些乃是他们从其更高明的祖先那里继承下来的，因而是属于他们所独有的。爱德蒙·柏克引以为自豪的一点就是，在他看来，英国人在争取他们的权利时，就只争取一种“英国人的权利”，而不是人的什么

“抽象的权利”。[①]

既然真实的权利只有具体的权利，而具体的权利只存在于传统之中，那么，当然也没有什么普遍的权利。所以，一切以追求和实现普遍权利为借口的政治运动与政治实践都是虚妄的，至于以普遍权利为依据的暴力革命，更不过是一种假崇高的流氓与强盗行为。

对于这种历史保守主义，我们可以用一个命题来概括它：在历史传统中存在的，就是真实的，也是应该有的；在历史传统中不存在的，就是不真实的，也是不应该有的。于是，由于英国人在自己的传统中发现了他们拥有可贵的自由与权利，所以，他们应当继承和拥有这些权利，并且需要用明确的成文法把这些权利确定下来，以便相互尊重这些权利。但是，如果印度人在他们的传统中没有拥有这些权利，或者英国人在印度人的传统中没发现印度人拥有这些权利，那么，印度人也就不应当拥有这些权利，当然也就无须尊重印度人的这些权利，因为他们的祖先没有，所以他们本来就没有。如果历史保守主义认可这种从其命题中必然要得出的结论，那么它显然无法不陷入该受诅咒的傲慢与荒谬之中。

历史保守主义可能会纠正说，虽然生活在不同历史传统的人们之间拥有不同的权利，但在所有传统中都可以发现人们享有某种权利。但是，这样又会引出新的问题：既然在所有历史

① 爱德蒙·柏克对《权利请愿书》的评论，见他的《法国革命论》，何兆武、许振洲、彭刚译，北京：商务印书馆，1998年，第42页。

传统中的人都拥有某种权利，那么，这也就意味着，所有人都享有权利，也应当享有权利。那么，人为什么能够拥有权利？又为什么应当拥有权利？对这样的问题的追问，显然会引出普遍权利的问题，而这恰恰是历史保守主义一开始就要极力避免的东西。这是其一。

其二，既然不同历史传统中的人们享有的权利是不同的，这也就意味着，有的传统世界中的人们享有的权利多一些，有些则少一些。现在，我们可以合理地设想，那些原本享有较少权利的国家的人民发现了有一些国家的国民享有更多的权利，那么，前者是否有权利或有理由要求像后者那样享有更多权利呢？如果有，那么，这岂不意味着人们可以为了享有与其他人一样（因而也是更普遍）的权利而可以背弃自己的传统？但是，如果为了更普遍的权利可以背弃传统，那么为了更普遍的权利进行革命也就不是完全没有理由的。而这当然不是历史保守主义所能接受的。

但是，如果人们没有理由要求像其他传统中的人们那样享受更多的权利，那么，这等于说，实然即是应然——在事实（历史传统）中没有，就不应当有。而这无异于认为历史中的传统是什么样的，生活于其中的人们就只能是什么样的，而不能有别样的。这不仅把传统看作是一个“自然的”封闭系统，而且把人理解为只能接受事实而没有其他可能的现成存在物。但是，只有像蚂蚁这样的动物生活世界才是一个自然的封闭系统，而人从来就没有一个封闭的传统世界，因为人不是现成的存在物，而是能不断突破自己而打开其他可能性的自由存在者。正如人们虽然在经验事实中找不到纯粹三角形，却能看到纯粹三角形一样，人们向来就能够看到事实中没有或尚不存在的“应当”。正是人们看到的这“应当”引导着人类不断超越事实、突破传统去改善现实世界。

所以，相对于自由的保守主义，历史保守主义会面临更多理论上的困难。

第四节　多元保守主义——只有特殊价值原则，正如只有地方货币

不过，在理论上会陷入最严重困难的是多元保守主义，也就是以传统反对革命的第三种情况。它的核心主张是：人类拥有多元文化传统，也应当维护多元的文化传统生态。每一种文化传统都有自己独特的价值原则而是一种独特的、不可替代的生活世界和存在道路。因此，一方面，不同文化传统之间没有优劣、高低之分，它们具有同等的价值，拥有同样的理由存在；另一方面，不同文化传统之间既不可相互替代，也不可相互通约。而自由主义倡导的那些价值原则乃内生于西方的文化传统，以这些原则去理解与改造现实，最多只适合于西方社会，而不适合于其他文化传统社会，当然，更不可能也不应该为了实现那些自由主义价值原则而诉诸革命。在非西方世界接受或实践自由主义价值原则，不仅是对自己文化传统的背弃，也是对多元文化生态的破坏。

因此，所有非西方的文化传统世界不仅应当坚决反对自由

主义的革命主张，而且应当坚决抵制自由主义价值原则的入侵与蔓延。就像英镑、欧元一样，都只是些能在西方国家流通的区域货币，而不可能成为流通全球的通币，自由主义价值原则也只能流行于它们由之产生的西方世界，而不能通适于全世界。

这种多元保守主义通常流行于有自己不同于西方世界的文化传统的国家或地区。相对于自由主义把自己标榜为普适主义，多元保守主义通常以坚守特殊主义的立场出现。

这种保守主义在理论上同样面临诸多问题要处理。首先我们要问：这些多元文化传统是基于“自然”，还是基于“自由”？如果多元文化传统是由“自然”借助于人类而天然演化出来的，那么，这个“自然”是否具有某种统一的原则贯穿于所有文化传统之中？如果没有某种统一性原则，那么，不同文化传统也就难以构成一个整体而成为一个多元整体中的一元，以致不同文化传统甚至成了不同物种或不同种类物。不仅如此，如果没有统一性原则，那么，不仅不同文化传统之间无法相互理解，就是同一种文化传统中的人也难以相互理解。因为人与人之间要能就某物某事相互理解，至少必须把事物带进由理性和情感展开出来的一个“共同场境”之中，语言则是这个场境的边界。正如理性与情感使所有语言之间可以相互理解一样，它们也使由语言在各种情况下展开出来的理解场境具有统一的原则。如果说各种文化传统是由自然借由人类演化出来的，那么，它们是也只能是在使相互理解成为可能的共同场境的基础上产生出来的。这意味着，不同文化传统并非没有统一性的原则，因此，拥有再独特的价值原则的文化传统也与其他文化传统具有共同的原则而能够相互理解，相互敞开。而这也就是说，任何一种文化传统中的价值原则只要在实践中不自相矛盾，那么它们就能够被其他文化传统所认同与共享。实际上，在任何一种文化传统中，只有那些在实践中会陷入自相矛盾的价值原则，才难以为其他文化传统所认同与共享；真正说来，这样的价值原则也难以为同一传统中的所有人共享。所以，如果说一种文化传统只有这种特殊的价值原则，那么，这种文化传统必定难以持续，面对拥有可共享的普遍价值原则的其他文化传统，它必定自我瓦解于历史之中。于是，多元保守主义会发现自己陷入一个困境：要么认为自己所坚守的文化传统只有不可共享的价值原则，但是，如果是这样，那么它实际上不是在维护传统，而是在断送传统；要么认为自己坚守的文化传统拥有的价值原则与自由主义坚守的那些价值原则一样，是可共享的普遍价值原则，因而它们之间是可兼容、通约的。

如果说各种文化传统都是基于人类的自由，又将如何呢？当我们说，各种千差万别的文化传统都是人的自由的产物，都是因自由而陷入的各种可能性的时机化实现或时机化展开，那么，这也就是说，一切文化传统都要以人的自由存在为前提：正是自由使多元文化成为可能，也是自由使多元文化的主张成为一种正当的要求。简言之，自由是人类文化多元化生态的基础，也是维护与主张文化多元化之正当性的前提。这意味着，文化多元论以不否定自由为界限，以肯定、承认人的自由为前提。而对人的自由的肯定与确认正是自由主义的一个基本原则。在这个意义上，文化多元论本身只能与自由主义站在一起，而不可能以任何独特文化传统拒斥自由主义。这是多元保守主义陷入的一个最根本的困境。

不过，多元保守主义由于多以传统文化维护者自居而在现实中最具有诱惑性，其危险性也最大，因为它一方面拒绝自由主义那些底线的政治原则，另一方面自己却给不出任何更符合人性的建构现代国家的原则。这是因为它所维护的文化传统都属于前现代的文化，而在前现代的文化中，对于国家与政治无不充满着各种神话、神秘与狂热。诸如君权神授、天命属意、天意临命、五德循环等等一类神妙莫测的神话，加上诸如内圣外王、以德治国、贤能政治一套大胆而自信的方略，再掺和诸如谶纬书、推背图之类国运说，中国的多元保守主义者们在拒绝自由主义价值原则的情况下，能够提供给国人的恐怕永远难逃帝王政治的窠臼。

第六章　自由与保守主义（下）
——自由优先还是自然至上？

第一节　极端保守主义

上面讨论的保守主义虽然与自由主义有种种分歧，但是并非完全与之对立。下面要讨论的是一种彻底否定自由主义的保守主义，我们权且称之为极端保守主义。正是这种保守主义对自由主义构成了最大的挑战。因此，这里我们有必要对它的学理与原则进行更详细的分析和推演。

一、极端保守主义的基础："自然的正当"

极端保守主义者把"自然的正当"（natural right）当作其全部政治哲学论说的基础，以他们所理解的"自然的正当"来否定自由主义的"普遍自由"，并据此认为近代以来的自由主义理论及其实践是人类的不幸与堕落。因为正是自由主义使单数的"自然正当"（natural right）转化为复数的"自然权利"（natural rights），进而转化为"普遍的人权"而使"权利优先于善"成为一条基本的政治原则，而正是基于这一原则的政治实践把人类引向了平庸、均质的现代性世界，他们把它视为一个动物般的“末人”的世界。摆脱或纠正这种不幸的出路乃在于回到古典政治哲学所坚守的“自然的正当”。

那么，什么是“自然的正当（正确）”？首先如何理解这个“自然”？显然不可能是作为自然科学研究对象的自然，因为从这种自然里只能引出因果性，而引不出能够作为人类行动之理由的正当性。政治学不可能依赖于物理学。实际上，这个“自然”就像被中国传统政治学说视为一切合法性之最后源泉的“天”一样，与我们既亲近，又隐晦，就如赫拉克里特所言，这个“自然”喜欢“躲藏起来”。所以，不管是古典政治哲学，还是当代保守主义政治哲学，都未能说清这个作为他们最后根据的“自然”。不过，他们抓住了一个重要的“事实”，那就是，自然是人类的源头，是自然把我们抛到这个世界，并赋予我们一切。至少他们认为可以把这假定为一个可以接受的事实。

既然我们是来自于自然（天），那么，不管是作为类存在，还是作为个体存在，我们都必定禀承着某种“天意”而有某种命运。在有哲学之后，特别是在今天，人们当然不可能再像人类早年的巫师或祭司那样，试图通过进入一种特殊状态（通常就是装神弄鬼）去领会并昭示这个“天意”。所以，这个“天意”被转换为大自然内嵌在我们身上而与天地、自然相通的一部“自然的宪法”（natural constitution），它当然不是成文的，而是作为每个人之“自然的构成”或“自然的基本素质”规定着我们每个人。按列奥·施特劳斯的看法，正是这种“自然构成的等级秩序”构成了“自然正当”的基础。[①]所以，如何理解人的“自然的构成”，以及这种自然构成的等级秩序，也就成了理解自然正当的关键。

我们身上的“自然宪法”或“自然构成”，正如整个“自然”一样，也许永远也不可能为我们所完全认识。但是，极端保守主义以及它所理解的古典政治哲学却认为，至少可以从这些方面去理解、认识我们的“自然构成”：

（1）“自然构成”使我们不仅拥有肉身，而且拥有与动物不一样的灵魂，而使人类与动物区别开来的就是人类灵魂中的理性或理解力。因此，依自然之目的，人应当过与动物不同的生活，也就是受理性引导与节制的生活。而正是通过节制自己的低级欲望，人成就自然赋予他的各种特定的潜在卓越性，并借此达成人性的完善（perfection）。在这个意义上，成就卓越、实现人性之完善，既是每个人的生活目标，也是自然的目的。所以，成就卓越而达成人性之完善乃是一切政治事务与道德事务的最高原则。共同体的善或目的就是成就所有个体成员各自的卓越而成就整体人性的完善或完美。

（2）作为一个类，我们禀承着一样的“自然构成”，并因而都被归为人类的一员；但是，这种“一样的”、作为类的“自然构成”只是一种抽象，而并不独立存在，它只真实地存在于每个具体个人的“自然构成”中。每个人的“自然构成”才是具

① 参见列奥·施特劳斯：《自然权利与历史》，彭刚译，北京：生活·读书·新知三联书店，2006年，第128页。

体的、实在的，然而却是千差万别的。所有个体各自的“自然构成”只是在使他们保持为同一类所需要的最低限度内具有一致性，换言之，所有人类个体只是在他们的本质方面保持最弱程度的一致性。因此，人类个体之间，不仅在气禀、资质、体格等方面的自然配备是不同的，有高低、清浊、强弱之别，而且在本质方面的强度也配备各异。这意思是说，在任何时代，人类个体间的自然构成都处在一种等级秩序中，个体之间没有完全一样的自然构成。

因此，虽然走向人性之完善是个体与共同体的目的，但是，“在迈向完善的过程中，并不是所有人都同等地被自然所装备，或者说，并不是所有的‘天性’都是‘好的天性’”[①]。一言以蔽之，由于自然构成的不同，每个人在人性之完善这一根本方面是不一样的。

（3）出于我们的“自然构成”，我们离开他人，就无法生活，至少无法生活得更好。这表明，我们天生就是社会性的存在，有一种“自然的社会性”（natural sociality）。所以，对于我们来说，正如关切自己的利益是自然的，爱、亲近、友善也一样是自然的。这种“自然的社会性”决定了人会追求最重要的社会品德——正义，因此人从来就不可能有卢梭一霍布斯式的自然状态的生活，也即不可能有那种封闭式个体的生活。

（4）基于自然的社会性，每个人都只能在一个社会共同体

---

① 列奥·施特劳斯：《自然权利与历史》，彭刚译，北京：生活·读书·新知三联书店，2006年，第136页。

里成就其自然构成允许他达到的卓越与人性之完善。但是，最适合或最有利于人们实现这一目的的，是一种“封闭的小社会”。因为人们获得第一手知识的自然能力与关爱他人的自然能力一样，都是很有限的，只有在一个足够小的社会里，人们才能通过获得直接知识而相互熟悉与信任；同样，也只有在一个足够小的社会里，人们才能够真正直接地相互关爱与监督彼此的行为举止。而这种信任、关爱与监督是人们完善人性所必需的。

更为重要的一点是，封闭的社会才更容易让人们拥有更高的政治自由，并且也才能保有这种自由。真正的政治自由不是别的，就是建立在人性之卓越与完善基础上的自由。正如庖丁因其技艺卓越而能游刃有余，勇敢者因其勇敢这一卓越，能处变不惊、临危镇定，而不被犹豫慌恐或无所适从所纠缠；节制者因其节制这一德性，能自如地宰制自己的欲望，而抗拒住各种诱惑；正义者因其正义这一美德，能辨是非而行正直，不因处恶俗而随波逐流，不因遇强权而曲意逢迎；智慧者因其智慧这一最高美德，能别绝对之善与相对之善，能守仁而时中，不因众善而迷失，不因权变而失正。各种卓越之达成，即是人性完善之实现。显而易见的是，越卓越的人，人性完善度越高的人，他们实际上也越能从容决断，越有自由选择的空间，他们也理当拥有更多自主决断与自由行动的权利。在危境之中，难道不是更应当让勇敢者来决断，而不是听从懦弱者的尖叫？难道不是更应当服从正义者的声音，而不是听从平庸者的议论？难道不是更应当服从智慧者的全局性洞察，而不是听从庸众的片面性短见？

但是，这种人性之卓越与完善，因而更高的政治自由，需要在一个封闭的小社会中经过多代人的传承与积累才能达成，并且也才更有可能得到保存。因为一个开放、包容的社会更难完成这种传承、积累，也更难保存这种积累，甚至相反，这种开放的社会会破坏原来封闭社会的更高自由与更高的人性。因此，自由的社会一定是一个封闭的社会，且越自由的社会定是越封闭的社会。

二、极端保守主义的基本原则：人生而不平等，最佳制度乃智者的绝对统治

如果对上面所述作一概括并加以引申，那么，我们可以发现，极端保守主义确立并坚守了这样一些核心原则：

第一，基于“自然构成”的等级秩序，人类社会享有的自由权也是有等级的，不存在平等而普遍的自由权。否则，就有违“自然的正当”。

由于每个人之“自然构成”千差万别，所能成就的卓越与完善必定各不相同，这决定了每个人在社会中所能达到的自主决断的能力、自我打开自由选择的空间也必定是不一样的。因此，每个人拥有的自由权利不可能是一样的。这意味着，承认与维护人人平等的普遍自由权，不是人类社会的公正所在，相反，这恰恰是陷人类社会于最大的不公正，它首先就不合“自然的正当”。

第二，德性（卓越）先于权利，智慧高于自由。

成就卓越（各种德性）与达成人性之完善是自然、共同体

与个体的目的，因此，不管是对共同体来说，还是对个体而言，首要和优先的事情是成就德性，迈向完善。有了德性与人性之完善，才真正能够享有相应的自由权利。如果说一个社会或一个共同体的自由度是与它所实现的整体人性的完善程度相匹配，那么，个体所拥有的权利则是与他所成就的德性相对应。在这里，德性是实际有能力享有和使用自由权利的前提；而就有能力去做才应当允许去做而言，人们可以进一步说，有德性，才能够且也才允许有自由。但是，这里重要的一点是，人们不仅在成就德性的程度上有别，而且在能成就哪种德性方面上更是不同。有的人天生更容易成就这种德性，有的人则更容易成就那种德性，而大部分人则难以成就最高德性即智慧。

智慧是自然配备给人类少数者所能拥有的最可贵、最高级的德性（卓越）。如果说其他德性的极致只是人性的某一方面的完善，那么，智慧的极致则是人性整体的完善，它包含着所有其他德性同时又超越了这些德性。一个智慧的人，也即真正的智者不仅勇敢、节制、正义，而且知道如何培养、维护与运用这些德性。因为智者不仅知道具体的善，而且知道善本身。或者更确切说，由于智者知道在所有情况下何者为善，所以，他也知道对每个人而言何者为善。（这里，对善的“知道”或知识，乃是我们的理性或灵魂通过摆脱感性或一切低级欲望的练习一实践而达成的，所以，这里的知同时就是一种行，这里的知识同时就是存在境界，而不是单纯的理论知识。）这意味着，智者理当成为所有人的最高权威：智慧不仅是智者自由的前提，而且高于所有人的自由。因为服从智者不仅是每个人实现各自之善的途径，而且也是合乎自然正当的途径。

第三，因此，人类社会的最佳制度就是智者的绝对统治。[①]

作为自然赋予人类所能成就的最高东西，智者的智慧最有统治的资格；同时，智者拥有的自由乃最高自由，对这种最高自由的任何限制与妨碍都是以低级的东西来制约高级的东西，因而都是荒谬而不合自然的。因此，智者的统治不应受到任何限制，所以这种统治应当是一种绝对的统治；而且，正如作为单数的“自然的正当”（natural right）是唯一的一样，这种出于自然的绝对统治也是唯一的最佳制度。

这意味着，智者的统治不需要也不应当依赖于那些缺乏智慧的庸众的同意或选票，因而无须也不应当向被统治的臣民负责。让智者的统治诉诸民众的同意（如选票），无异于让本性（nature）高的人屈从于本性低的人，这有违自然。所以，选举式的民主不合自然，自然是反民主的。

智慧与所有其他德性或卓越一样，都是通过压制、克服自己的低级欲望达成的，而作为最高德性与人性之完善，智慧对低级冲动的克服、节制是最彻底、最自由的。智慧的绝对统治，也就意味着对每个人克服低级欲望的强制是正当的。因为这既是把每个人带向其卓越与完善，也是把每个人带向其自由。因此，智者的专制是自然的，也是正义的。至少在使人卓越而完善这一限度内，必要的专制是正义的。

① 列奥·施特劳斯：《自然权利与历史》，彭刚译，北京：生活·读书·新知三联书店，2006年，第142—144页。

第四，现实可行的最佳制度是贤能政治。

由于智者知道善也即真理本身，而大众则只知道关于善或真理的意见（这种意见虽然也是真理的显现，却只是真理的片面，而非真理的整体），并习惯生活在这种片面的真理世界之中，所以两者永远有距离。智者的鹤立鸡群使得他的绝对统治反而难以真正实现，甚至永远无法实现，虽然这种绝对统治是唯一最佳（最好）的制度。于是，保守主义认为，可以退而求其次，就是由一批高尚而为公的贤能之士依据智者制订的法律进行统治，这也就是贵族制，或叫“贤能政治”。这是现实可欲、可行的最佳制度。

三、智者何以不可能？若智者可能，则自然成了不可能

我们上面花了很大篇幅分析了极端保守主义的基本主张与原则，乃是为了把它最主要的学理依据呈现出来，以便显明它对自由主义的真正挑战所在。从上面的分析可以看出，极端保守主义对自由主义最直接也最根本的挑战就是以“自然构成”的等级差异否定个体的普遍自由权。

但是，实际上，自由主义或自由哲学从来就不否认人类个体之间在自然天赋上存在差异，只是它永远谦逊地认为，没有人能够准确无误地知道包括自己在内的诸个体的自然差异，更无法精确知道这种被给予的差异会给个体带来什么样的影响。因此，根本不可能存在那种既知道什么是善本身又知道什么是每个人的善的智者，除非他是上帝。虽然个体在自然禀赋上千差万别，但是这种差别及其后果不可能大到可以把他们区分为

上帝与人，否则，自然本身就陷入矛盾之中。因为能够准确知道自然的一切细节及其一切后果的存在者，才能知道出自自然的所有个体的禀赋差异及其可能后果，而这样的存在者必定超越于自然而不属于自然。但是，这种有存在者超越于自己之上的自然显然不是给予我们“自然构成”的那个自然，因为如此一来，它就不再是万物的源头。

事实上，人类的任何个体，不管是在认识能力上，还是在存在上，都是有限的（康德与海德格尔对此均有深刻揭示）。虽然人类个体都能觉识到“有一个真理本身在”，但这个真理永远不可能向任何一个个体之人完全呈现出来。单就作为被抛者而言，我们人类及其个体不可能有接纳整全真理的能力或装备；不管是个体，还是民族或社会，永远都处在片面的真理中，区别只在片面性的度的大小，当然也可说，区别只在接近整全性的度的大小。

关于智者的绝对统治说实际上不仅预设了绝对真理，而且预设了“绝对真理说”，也即预设了“有人能拥有绝对知识”这一主张。这既表达了人的自我中心的冲动，也表白了人要成为神的极度渴望。但是，保守主义并不能真正证明人能拥有“绝对知识”。实际上，我们增加对这个世界的任何事物的知识，都并没有减少这个世界的未知事物；当我们认识了原来不认识的事物的同时，会发现又有新的不认识的事物进入我们的意识视野。世界作为一个整体，也即作为在场者与不在场者共在的一个整体，我们的知识前进多远，它就又退多远，它永远都有在我们的知识视野之外的领域。在这个意义上，我们人类任何人任何时候都不可能拥有绝对知识，因而也不可能出现保守主义心目中那样的智慧者。

古典哲学可以通过预设一个能被哲学漂洗得一尘不染的纯净灵魂来通达善本身而拥有关于这个善本身的绝对知识。但是，在灵魂与哲学的关系问题上，现代哲学显然不能再如此轻率处理，特别是在真理或事物本身被揭示为隐蔽中的显现、不在场中的出场，因而不可能像在古典哲学中的善本身那样作为纯粹的“光”给予我们时，如何证明有人能够拥有绝对知识，也就面临着从未有过的巨大困难。

既然不存在智者这种上帝般的特殊个体，那么，所谓智者的绝对统治也就不具有任何正当性，它当然也更不可能是人类唯一最好的制度。主张这种绝对统治是人间最好的制度，与说天堂是世间最好的国度一样，纯粹是以人为神的僭越而产生的幻想物。它能带给人类的，除了个人崇拜、活人崇拜、绝对服从、历史终极剧实验等等政治迷信与政治狂热外，不会有什么与最好制度相关的东西。而倡导这种绝对统治说者，不是在过于自以为是地自吹自擂而鄙视众人，就是在自轻自贱地制造神人而轻贱众人。

第二节　自由与善恶

一、自由权与自由度的区分：自由度不同，自由权一样

这里，更为重要的是需要澄清一个严重的混淆，那就是自由度与自由权的混淆。自由权是普遍的，而自由度则因人而异。

所谓自由权，乃是每个人因其具有自由意志而应当被所有他人允许的一个普遍的行动空间。这个行动空间之所以是一个普遍的行动空间，是因为它是基于自由意志的法则被划定的，而基于自由意志法则的一切行动都是可普遍化为所有人的不相互反对的行动。也就是说，这个每个人都应当被允许拥有的行动空间可以成为所有人的行动空间而能相互协调共存。所以，只要承认每个人都能拥有自由意志，那么就不得不承认每个人都拥有一个普遍的行动空间。这个应当被允许的普遍的行动空间就是每个人的普遍自由权：在这个空间里，每个人都可以按自己的意志去行动、生活，未经允许，任何他人都不得干涉或损害。在这个意义上，我们有充分的理由说，每个人都拥有普遍的自由权。

但是，自由度则不然。因为自由度乃是指一个人在生活世界里实际有能力去呈现并去拥有或去实施的行动空间。比如，每个人都应当拥有迁徙权（一种普遍的自由权），但是，一个目不识丁的农民只好困守乡村，而无法像其他农民那样把这个自由权变成可去实施的自由行动。这个农民虽然身上拥有迁徙这一自由权，在现实中却没有这个自由度。不同个人、不同阶层、不同行业者因“自然构成”以及教育程度、人生阅历、经济能力等各方面因素的差异，在现实中能享有的自由度各不相同。但是，这些因素的差异能决定的也只是自由度的不同，却并不能决定“应当被他人允许的行动空间”的不同，也即不能决定自由权的不同。因为自由权的根据不在于一个人的德性、知识或其他方面的能力，而只在于一个人的自由意志。一个出身政治世家或书香门第的贤能之士（或智者）在处理重大国是时，较之一般臣民，他一定能够在自己的眼前呈现出更多可能情况与更多相应的可能方案，因而拥有更多选择、决断与实施的自由空间。但是，这个贤能之士在治国上拥有的更多自由度，并不能也使他拥有更多诸如被选举权、选举权以及言论自由等等这样的自由权。因为这样的自由权只来自每个人因其自由意志而具有的人格身份（Person），而不是来自其自由度。相反，一切自由度的使用都要以维护自由权为界限，更确切说，以不损害普遍自由权为其界限。否则，对自由度的使用就失去正当性。我们仍以这个贤能者为例来说明。

在实施一项重大国家工程时，在这个贤能之士眼前呈现出了多种可能的方案：有利于所有国民的利益；较有利于多数国民利益而不利于少数人利益；较有利于少数人利益而不利于多数国民利益；较有利于自己家族利益而不利于国家利益，等等。这个贤能之士凭借其对自己国民与制度的洞见以及多年从政的历练，不管采取哪个方案，都能做得从容自如，周全不遗，简单说，他有很大的自由度。但是，显而易见的是，只有当他选择第一方案或第二方案时，他实施其自由度才是正当的。因为对国民公共利益的损害，就是对其普遍自由权与平等人格的损害。

由于混淆了自由度与自由权，以致自由度的不同被看作自由权的不同；同时，由于自由度取决于每个人的德性（各种卓越）、知识、经验等因素，而这些因素又取决于每个人的“自然构成”，所以，自由度的不同，因而自由权的不平等乃是合乎自然的，是基于“自然的正当”。不仅如此，也正是由于把自由度等同于自由权，才会把德性视为权利（自由权）的前提，所以也才有所谓德性先于权利的主张。

但是，一旦澄清了自由权与自由度的区别及其各自的不同根据，就可以发现，极端保守主义关于“德性先于权利”与“没有普遍自由权”（权利不平等原则）这两个基本命题是无法成立的。

二、人因自由而有自己，也因自由而有善恶，自由之外无善恶

这里，要进一步指出的是，当极端保守主义把个人的权利诉之于个人的德性，最后诉之于个人的“自然构成”，也即以个人具体而独特的“自然一本性”为根据时，隐含着对人性的一个前提性理解：人性是被给予的，且是作为某种程序般的现成东西被给予。简单说，人是现成存在物。有的人被嵌入较高版本的程序而能成就较高程度或较高级别的德性，大部分人由于只是被植入较低版本的程序，只能成就较低程度或较低级别的德性。所以，每个人一出生就是一个有固定版本的现成存在者，他的生命历程虽然也是一个绽放的过程，却不是他自身的自我展开，而只是自然（程序）的自动展现。

在这种陈旧的人性论里，人实际上完全失去了自身，人没有真正的自己。因为每个人在生活世界里，在社会关系中，他所展现与成就的最主要方面（如德性）都不过是“自然构成”的绽放，就如百花鲜妍，绽放的只是大自然的芳菲而已。虽然这种“自然构成”需要拥有者的努力与教育者的引导才能展开，但是，一个人能付出努力的程度与能达到的相应结果，以及一

个教育者能成为一个教育者，这些都已由“自然”规定了的。这里，能看到的都只是自然的运作，看不到人自身。因为在这里，全然看不到人的自由。

的确，人来自于自然，但是，他是以能够中断、突破自然的方式来自自然。具体言之，人能中断、突破自然的因果必然性而完全从自己出发开始一个事件系列。人一方面受自然因果必然性的支配，这表明他来自自然，是自然的一部分，所以，饿了就要吃饭，青春期来了就会有性冲动；但是另一方面，人同时也能无视与否定自然因果性而不以因果性法则为自己行动的法则，只以自己的法则为行动之根据，从而从自己出发开始一个事件系列：饿了可以不吃，以维护心中道义（如伯夷叔齐），性冲动可以不去纵欲，而是能以礼节之，以理抑之。这种能中断自然因果性而自行其是的能力，就是人的自由。这是人不同于其他一切自然万物的根本所在。人因这种自由而能跳出因果必然性，从而能突破自然的一切既成限定。对于自由的人来说，不存在任何完全现成的世界，不存在唯一的程序，他总还有其他可能性，并因这种额外的可能性而能够成为“自由因”。人因自由而总是处在未完成之中，他总有现成存在之外的存在。在这个意义上，人没有现成的人性，因而不是现成存在者，而是未完成者。他总是处在可能性之中。

我们可以通过分析下面两个例子来说明人的这种超越自然的自由。

例一，在两堆料草之间拴着一头驴子，它左边的草堆是新鲜的青草，右边是干草。当这头驴子饿了时，它有时吃这边，有时吃那边。

例二，把一个人关在监管室里，不过，他一日三餐的待遇不比驴子差，每餐也都有两样主食送到他跟前供他取其一：米饭与面条。

在这两个例子中，人与驴子似乎都在作着自由选择，都拥有一种“自由度”。但是，实际上，只有人才真正在作选择，而驴子在这里根本就不存在选择。因为只要饿了，这头驴子就必然要吃草，不是吃这边的青草，就是吃那边的干草，至于吃哪边的草，则完全是随机的，偶然的，并非出于自由的决断。但是，在例二里，人除了吃米饭或面条这两种可能性之外，他还有另外两种可能性，即逃跑或不吃！正因为在“饿了就要吃饭”这一“自然”之外，人还能打开逃跑或绝食这两种超越“自然”的可能性，所以，他最后是逃跑或绝食，还是吃饭，以及吃什么，才是出于他自己的决断而是自由的选择。所以，只有在这种能突破自然的人这里，才能看到自由、看到真正的自己。

如果我们不承认人的这种自由，那么，一切道德与法律，因而一切禁令与劝令，都毫无意义，我们人类世界因此也不可能有社会秩序，首先不可能有任何伦理秩序。但是，显然我们的世界不可能没有道德与法律，也并非没有伦理秩序。因此，我们不得不承认人拥有使人区别于万物的自由。正是这种自由使人成为未完成者，也正是这种自由使人类社会的秩序成为可能。而就我们这里讨论的主题而言，更为重要的是，正是这种自由使每个人拥有保守主义试图否认的“普遍的自由权”。

从根本上说，这种普遍自由权，不是别的，它只不过是每个人的这样一种关系属性：每个自由者在进入与其他自由者的关系时，为了能相互承认、相互尊重与相互维护为自由者这一本质身份，都应当（都有理由）从所有其他自由者那里获得对自己的这样一个行动空间的应许与尊重：每个人都可以按自己的意志去决断自己的生活与行动，只要他的行动不反对任何他人同样的行动。因此，普遍自由权的实质内容是相互承认、相互尊重、相互应许对方在本质上为一个与自己一样的自由存在者。这意味着，普遍自由权不是来自自然，而是来自自由，来自源于自然却突破、超越了自然的自由。每个人拥有普遍自由权不是基于“自然的正当”，而是基于“自由的存在”。在把自由确立为其核心问题的康德哲学里，不再以“自然权利”来说明自由权，而是相反，以自由权来说明“自然权利”，其原因就在于普遍自由权找到了新的、更内在的基础。

因此，否定普遍自由权实质上就是放弃相互承认、相互尊重与相互许诺对方在本质上为与自己一样的自由存在者身份。但是，每个人的自由存在及人们相互的普遍自由权是一个人过人的生活的全部基础：既是一个人过享有尊严的生活的基础，也是一个人能成就一切德性、卓越与完善的基础。因为只有有自由的地方，才有真正的自己以及才有内在的目的，并因而才能真正作为目的本身而生活；而只有能够作为目的本身生活，而不是只作为工具存在，才有真正的尊严。同时，一切德性，不管是严格意义的伦理美德，还是品格与能力上的卓越，都需要在自主一自愿的前提下才能充分达成，并才有内在价值。相反，在普遍自由权遭到否定的地方，也即在自主一自愿得不到尊重的地方，一切所谓德性或美德都只不过是单纯强制的产物，它们与其说是美德，不如说是一种合乎强制者意愿的习惯，其本身没有任何内在价值，因为它们将随着强制者的需要被改造或废弃。

实际上，能体现人性光辉的德性，展示人性完善性的美德，只有在每个人的自主自愿的生活中，在他的自由存在中，才能培养、造就出来。因为只有在自主一自愿的自由生活中，一个人的美德才始终是在面对各种可能性的自主选择、自主决断中培养起来的，因而是在抗拒各种诱惑、忍耐种种困厄、经受诸多考验的自由历练中造就出来的，而不是在简单的强制下形成的。在自由中形成的这种美德也才始终伴随着实践者的自我认同、自我肯定、自我提升与自我完善，而这种自我认同与自我肯定又使美德的完善获得不竭动力，从而使人性的充分完善成为可能。所以，实在说来，只有在自主自愿的自由中，每个人才能成就其充分的美德；这样成就的美德也才既有内在价值，又展现了人性的尊严、高贵与伟大。不管是作为类存在，还是作为个体，人类的一切价值、一切崇高、一切伟大和高贵，都是基于其自由，而不是基于其自然。

所以，我们甚至要说，善只在自由中；唯有在自由中，才能发现善，理解善。自由之外无善恶。在这个意义上，权利先于德性，自由先于善恶。

从上面的分析可以看出，自由主义或自由哲学对普遍自由权的坚守，关于“权利先于美德”的主张，实际上只不过是为人类成就一切美德（德性）、一切伟大、一切崇高确立一个真正的起点，一个必要的前提。它并非认为德性或美德对于人类不重要，相反，正因为它认为德性对于人类社会具有特殊的重要性，所以需要为它寻找与维护一个特殊的前提。自由主义确信，这个前提就是自由。在没有自由的地方，就不可能成就有内在价值的美德，也不可能存在有内在价值的伟大和高尚。因为在普遍自由遭否定的地方，一切美德都只不过是在强制中形成的“好习惯”，一切伟大都只是外在的伟大，他者的伟大。

因此，极端保守主义以维护德性、卓越、高贵、伟大为名否定个体的普遍自由权，既是无根空洞的，更是虚伪无情的。因为离开自由，一切德性、高贵都将与真实的人性无关，它们不是在人性中成就的，而是在极端保守主义者们的自我期许中构想出来的。同时，极端保守主义否定个体的普遍自由权，实质上也就是放弃了对个体之为自由者身份而应有的行动空间的应许与尊重，但是，它却又要人类去成就那些只有在自由空间中才能成就的德性与伟大。简单说，极端保守主义一边否定众人为像样的人，却又装出要众人与他们一起去成就人类的伟大。在否定人类普遍自由权的前提下，追求的任何伟大、卓越，都不可能是人类的伟大与卓越，而只是极端保守主义自我期许的伟大与卓越。为了追求他们心目中的伟大与崇高，这种保守主义可以否定个体的普遍自由权，可以放弃对个体之自由空间的尊重与应许，那么，当然也可以牺牲个体的其他一切。这是极端保守主义的虚伪与无情之所在，也是它的真正危险所在。

第三节 民主与贤能政治

一、现代制衡性民主是人类迄今最成功的贤能政治

最后，我们要讨论一下贤能政治。贤能政治是古今政治理论的一个共同追求。近代契约论本身一方面隐含着主权在民的理念（直到卢梭才得到了明确表达），另一方面则包含着贤能治理的诉求，因为无人愿意把自己的安全与自由委托给不称职的人来维护。近代政治理论对政治制度的设计主要就是围绕着这两个方面进行的，它要解决的就是三个问题：（1）如何建立与保障主权在民的国家？（2）如何让贤能之士有途径成为受托者而成为共同体的治理者？（3）如何保障接受委托的贤能者始终保持为贤能者而不堕落？近代政治理论设计出来的现代民主政治通过普选制、代议制与分权制以及政党制来解决这三个问题。虽然它并非完美，却是人类历史上对所有可能的贤能之士最开放的治理制度，也是最能保障在位的贤能者始终忠于其公共使命而不腐败堕落的治理制度；它还是人类历史上自我纠错的能力最强、速度最快的治理制度，以致它能以速度最快、代价最低的可靠机制淘汰平庸者、施恶政者。

所以，即使现代民主制度不能完全保障在位者皆为贤能之士，至少它最能防止与淘汰庸者在位或恶政当道。不仅如此，由于它最能保障成员个体的自由权，这既给所有成员个体留下了自主发展的最大空间，也给他们提供了最多元、最开放的机会，因而最有可能产生各种卓越的贤能之士。所以，它不仅是

向各种贤能之士最开放的制度，也是最能激励各种贤能之士脱颖而出的制度。在这个意义上，我们可以说，现代制衡性民主就是人类迄今为止最成功的贤能政治。不过，它的最高法源，它的正当性根据，不是什么抽象的共同体之善，或什么神秘的最高目的，而是每个人的自由及普遍权利。因为近代人类彻底醒悟了一点：一个人的自由与普遍权利是一切善的基础，也是一切善的尺度；一个没有自由权的人，他随时都可能失去生命，当然也随时可能失去他所追求与维护的善。所以，对于每个人来说，最真切、最直接的善就是他的自由，最切己、最基础的利益，就是他的普遍权利。因此，维护与保障成员个体的这种普遍自由，也就成了国家承担的普遍意志的核心内容。

因此，现代贤能政治不是为了贤能而贤能，不是为了少数所谓智者的"高瞻远瞩"，不是为了少数自称精英的幻想家脑袋里的"美好未来"，而是为了更好地维护和保障每个人的自由与权利以及基于这种权利之上的各种利益。如果有人认为有所谓可以无视乃至否定或牺牲其成员个体之普遍自由权的"贤能政治"，那么，这不是对普遍自由权的无知，就是以装作无知来为某种特权政治服务。

在制衡性民主之外去设想贤能政治，也就是说，在成员个体的自由与普遍权利得不到尊重与维护的地方主张贤能政治，无法面对这样的问题：由谁来识别与造就贤者？由谁来把贤者推上其才堪任之位？特别是，由谁来保障推擢者确是基于公义而不是出于结党？又由谁来保障在位贤者永葆节操而不沦落腐化？

实际上，在没有现代制衡性民主的国度里，即使有贤者统治，那也只是偶然，而不是常态；庸者在位或者恶政当道而腐败横行、公义退席、道德沦丧，才是这种国度的常态。在这种地方，不管是庸者当政，还是贤者在位，实质上都是特权政治，而不是什么贤能政治。

二、在各种保守主义中，唯有“保守”自由的保守主义值得“保守”

如果说近代以来人类在自我认识上有什么推进的话，那么这个推进就是对人类自身之自由以及基于这种自由的普遍自由权的认识与确立。这是对人类自身的一次跨越式认识，它开辟了人类一个全新的时代。它带来的变化不亚于自然科学对自然的全新认识所带来的变化。基于这种自我认识，不管是对于共同体，还是对于成员个体，维护与保障每个人之普遍自由乃成为首要任务。

因此，尽管有很多东西需要我们“保守”，也值得我们“保而守之”，诸如文化传统、美德、卓越、崇高等等，但是，人们首先要保守的乃是自己的自由。因为自由是最深刻的文化，自由是最宝贵的传统，自由是一切美德的前提。没有自由，文化就是野蛮的修辞；没有自由，传统就是愚昧的装饰；没有自由，美德就是鞭子的遗痕。所以，当人们出于维护自己的传统与历史而宣称自己为保守主义者时，需要警惕自己是否在维护某种否定自由的东西，因而是否在否定自己因自由才理当享有的权利与尊严；特别是，当人们出于对古典思想的信奉或爱好而主张一种保守主义时，则需要认真自问一下，是否对近代人类自我认识所达到的系统深度有足够的理解与把握，以免坠入古典思想残留的神秘与迷信。正是基于某种神秘与迷信，极端保守主义实际上把人类区分为拥抱真理的智者、接近真理的贤者与远离真理的众人。它在指责现代民主造就了“末人世界”的同时，却借神秘的“自然”之名直接就把人类的多数划入“末人”之列。然而，根据前面的讨论，就人的自由存在出于自然而突破、超越了自然而言，人类的自由就是他的自然，他没有自由之外的自然。所以，对于人本身来说，其自由之外没有自然，他的自由就是他最高的自然。在这个意义上，建立在维护与保障这种自由基础上的现代民主才是最“自然”的。因此，如果说现代民主造就了所谓“末人世界”，那么，这个世界不仅是一个自由的世界，而且也是一个自然的世界。

但是，实际上，恰恰只有现代民主才最有可能使大多数人摆脱“末人”的命运，因为它至少给所有人提供了不成为末人的机会与要求。如果个体的普遍自由得不到尊重与维护，也即是说个体失去了自由，那么这样的个体如何能成就出健康人格而各擅其长？又如何能挺身担当而不畏缩卸责？如何能独立有断而不是懦弱无决？更如何能巍然自期而不蝇营狗苟？在个体的自由空间得不到尊重与保障的地方，一个人的自主人格以及他的各种可能天赋也不可能得到合适的照料与应有的培养；同样，在这种地方，也无从培养勇敢的品质与担当的精神；而在没有自由的地方，更不会有独立与决断，只会有依附与盲从；同样，在这种地方，除了屈从于强制与本能而苟且营生外，无关崇高与伟大。因此，情况必定是这样，哪里没有个体的普遍自由，那里就必定充斥着苟且偷生、盲从无断的末人。因此，我们倒是可以说，哪里没有真正的现代民主，那里才必定是一个末人的社会。

就现代科技与现代民主构成了现代性世界的两个基本面相而言，如果人们要对它做出修正或改变，那么，人们最多只能放弃前者，而不可能放弃后者，因为放弃后者意味着放弃了人之为人的普遍身份 —— 自由者，结果必定是沦落入动物般的末人社会。实际上，人们也不可能放弃前者，最多只能节制前者、归位前者，即把现代科技放到一个更合适的位置上。

通过对各种保守主义的原则与主张的分析，最后我们要说，如果说有什么保守主义值得保守的话，那么它既不是要简单保守传统的保守主义，也不是要狂热保守天道或“自然正当”的保守主义，而是要坚定保守自由的保守主义。只有这种保守主义才能使传统以及一切值得保守的东西真正得到保守，因为只有在自由中才能保守一切；也只有这种保守主义才能为国家与个体保守应有的道德提供理据，因为只有有自由，才会有道德，并且也才有可能要求个人与国家都要有道德。在没有自由的地方，对于国家来说，只会有顺从的国民，而不可能有有德性的公民；而对于个人来说，则只会有拥有绝对权力的统治者，而不会有讲道德的国家。

中 历史篇 从自然法到自由法

第一章　两种正义观与两种立法精神：从西塞罗谈起

人们常说，历史会还以公道，因为天道无亲，常与善人；人们也常说，历史会作出公正评价，因为历史终归是在理性中展开的，而理性终归会克服掉各种主观偏差与利益蒙蔽。这些普通说法都隐含着对人类生活及其历史的一个基本信念，这就是历史是有正义的。这个信念几乎构成了所有主要宗教与成熟文化的一个基本观念。

但是，历史中体现出来的正义是永恒的，还是只是历史的和暂时的？贯穿于历史中的正义法则将随着历史的终结而消逝呢，还是在历史终结之后仍将永恒地存在？虽然伟大的思想和文化都确信人类的生活及其历史是有正义的，但是，在这个问题上却陷入了分歧。这种分歧导致了两种正义观。

西塞罗在其已轶失了的对话录《荷尔顿西乌斯》里讨论四德——智慧、勇敢、节制和正义——时说：

> 若我们度尽余生之后，得蒙恩允在传说中的有福之岛上得以永生，既然那里既无审判亦无法庭，雄辩术有什么

存在的必要呢？同样，还要美德何用？我们无需勇敢，那里没有危险需要面对；也无需正义，因为没有引起我们觊觎的别人的财产；也无需节制，来控制不存在的贪欲；甚至无需智慧，因为不用在好坏之间作出任何选择。所以，我们只会因一个单个的自然的意识、一个知识而幸福，这知识甚至是诸神的生活配得称赞的唯一的东西。①

这里，我们首先可以看到，西塞罗是从功能或功用的角度去理解美德。由于四德在人类的尘世（历史）生活中，具有使人们过一种有价值的生活，并使维护尘世生活的某种秩序成为可能的功能，所以，四德是必要的、不可或缺的。但是，在福岛上——如果有的话，不管人们是因为有德的尘世生活，还是因为特殊的恩典而进入福岛，由于福岛上的永恒生活没有了好坏、善恶的对立，没有了危险和痛苦，也没有了贪欲，所以，在西塞罗看来，也就不再需要智慧、节制和勇敢这些美德。至于正义，同样也不再需要。因为在西塞罗看来，在福岛上的人们之间也没有了财产之类的利益关系需要调节和规范，所以，正义法则也就成了多余的了。

在这里，显而易见的是，由于只是从尘世功能的角度去理解、看待四德，因此，智慧、勇敢、节制和正义都只存在于尘世之中，都只涉及尘世事务。特别是正义，被理解为只是调整与维护财产关系所需要的美德。这意味着，正义作为一种道德

① 奥古斯丁：《论三位一体》，周伟驰译，上海：上海人民出版社，2005年，第382页。

法则，或者说作为一种具有道德价值的法则，它要规范和确认的首先就是人们之间的财产关系。如果没有财产关系，正义这种法则也就成为不必要的。就此而言，正义不具有超越这个世界的超越性，它只具有“这个世界”的价值。不过，这种正义观似乎并不是西塞罗本人的正义观，而可能只是表达了当时罗马人一种较为普遍的正义观。

在《国家篇》（也译《论共和国》）和《法律篇》里，西塞罗通过对话，讨论了两种正义观。其中一种正义观与他在上面讨论的正义观相似：正义只涉及这个世界。但是，另一种正义观具有浓厚的柏拉图主义色彩而具有越出这个世界的超越性。

在《国家篇》里，西塞罗通过菲卢斯之口提出一种后天正义观。“因为我们所探讨的正义是国民的产物，而不是自然的产物；如果是自然的，就如冷暖或甘苦那样，那么正义和非正义对所有人就会是相同的。”[①] 这里，正义被明确视为国家或国民确立起来的后天产物，而不是自然的，也就是说，正义并不先于我们的现实生活，而是在我们的现实生活中确立起来的。因为如果正义是自然的，也即说，正义是先于我们的生活的，或者说，正义是与我们的生命相伴随的，那么，正义就应当是普遍一致的。而如果正义是普遍一致的，那么不同民族和国家的法律就应当是没有差别的，并且是不应有变化的。因为自然不允许有差别，出于自然的正义也不应有差别；而且，既然正义出于自然，那么，人们遵循法律首先应是出于天然的正义感，而

① 西塞罗：《国家篇 法律篇》，沈叔平、苏力译，北京：商务印书馆，2004年，第95页。

不应是出于害怕法律的惩罚——这意味着，人们遵循的一切法律都应当符合正义，因而是普遍一致和不变的。

但是，实际情况并非如此。不同民族的法律（不管是作为成文法的法规，还是作为不成文法的习俗）千差万别；即使是同一个民族同一个国家，在不同时代法律也不尽相同。“如果我想细述权力、法规、风俗、习惯的各种类型，它们不仅在如此众多的民族之间各不相同，而且在一座城市里，甚至在我们这座城市里也一样，那时我将能够向你们证明，它们曾经发生过千百次变更。”① 这种不同是如此之大，以至有的民族，如克里特人，把海盗抢劫视为一种光荣的行为；而高卢人、布匿人、埃及法老甚至把用活人献祭当作一种令不朽之神喜悦的虔诚之举。②

那么，为什么不同民族或国家会有如此不同的法律？这说明了什么？“实际上，若不是每个民族各自制定被认为对自己有利的法律，为什么各个民族间会存在彼此差异、互不相同的法规？”③ 这等于说，各民族的法律之所以彼此不同，是因为他们在不同的地方有不同的利益。每个民族都是按对自己有利的原则来制定自己的法律，而不是根据什么自然的正义。否则，就无法理解各民族会存在彼此不同的法律。因此，不同民族的

① 西塞罗：《论共和国》（拉-汉对照本），第三卷，王焕生译，上海：上海人民出版社，2006年，第229页。

② 西塞罗：《论共和国》（拉-汉对照本），第三卷，王焕生译，上海：上海人民出版社，2006年，第227页。

③ 西塞罗：《论共和国》（拉-汉对照本），第三卷，王焕生译，上海：上海人民出版社，2006年，第233页。

法律的多样性表明，所谓法律并没有什么先天正义的基础，而是以能维护和促进民族利益的功效为基础。从根本上说，一个国家或民族的法律不过是这个国家或民族的利益的表达。

因此，如果说正义展现于法律，或者说法律体现了正义，那么，就只有一种正义，那就是强权。因为法律真正体现的不是别的，就是最能捍卫和促进自己利益的意志与权力。在众多国家之间，最能用强势力量去赢得并捍卫自我确认的利益的国家，它的权力和意志就是"国际法"；而在一个国家里，法律不过就是取得强势地位的集团的权力和意志。所以，除非正义就是强权，国家无需任何正义。如果说正义要求以某种普遍原则来规范、约束相互之间的利益，那么，国家的维持与强大恰恰不需要正义，相反，倒是需要非正义——以强力手段牺牲他人利益，获取自己的利益。《国家篇》里的菲卢斯认为，罗马强大的历程就是一个最好的例证，因为罗马人正是通过战争亵渎神灵、欺凌他族、掠夺世界财富而走向强大。实际上，任何国家权力的取得与维持都是通过强力手段。所以，菲卢斯接着认为："要是我说得不错的话，任何一个王权或治权都是通过战争获得的，并凭借胜利而扩大，不仅如此，战争和胜利都是以对许多城市的占领和毁坏为基础的。这些行为必然包含对神明的亵渎，毁坏城墙和庙宇是这样，屠杀公民和祭司是这样，抢劫祭神的或世俗的财物也是这样。"[①]

---

① 西塞罗：《论共和国》（拉-汉对照本），第三卷，王焕生译，上海：上海人民出版社，2006年，第233页。

如果说正义来自于自然，从而来自于神，那么，亵渎神明当然不可能是正义的。所以，除非正义就是强权，强权就是正义，因而，正义既非来自于自然，也非来自于神明，而只是强权的产物，否则，任何国家都无需正义。

这意味着，菲卢斯为之辩护的“后天正义观”必定导致正义本身的瓦解。正义就是强权，强权就是正义，不仅使正义充满血腥，而且在根本上消解了正义本身的绝对性与普遍性：正义不仅纯然限于尘世世界，而且纯然属于当下偶然的权力。因此，正义不仅是相对的，而且是没有未来的，因而是无历史的。因为作为一种强权，正义无法借助普遍原则担当人类的各种苦难，打开人类的共同未来，而只能维护当前权力的稳定与扩张。而如果人类打不开未来，那么，人类也就没有历史，而只有过程——一个强权替代另一个强权的过程。这种强权更替，就如地质层积一样，只不过是一种偶然的演进过程，并无内在的统一性。

所以，西塞罗通过菲卢斯表达出来的正义观，不仅使正义相对化与功用化，最终瓦解了正义本身，而且使历史非历史化，从而也瓦解了历史本身。不过，菲卢斯表达的并不是西塞罗本人的正义观。在《法律篇》里借助马尔库斯之口表达出来的另一种正义观，即“自然法正义观”，似乎才是西塞罗自己的正义观。

在《法律篇》第一卷里，马尔库斯一开始就对谈话伙伴说，我们对法律的讨论并不是为了弄清各种具体的法律条文，以便对客户们有用——那是法律顾问们的工作，也不是为了依靠法律保护我们自己，而是要探讨使一切法律有理由成为法律的根据，这就是普遍适合于所有具有合理性的法律的正义。[①] 也就是说，对法律本身的探讨最终必定要涉及正义的本质。但是，正义的本质问题又将引向人的本质问题。“因为我们必须解释正义的本质，而这本质必须在人的本质中寻求”，而探求人的本质构成了苏格拉底及其之后的哲学的核心任务。所以，以正义为基础的“法律科学（学说）不应如同现在多数人所认为的那样从司法官颁布的法令中推演出来，……而是从哲学的最深内核推演出来”[②]。在马尔库斯看来，“哲学是不朽的众神给予人类的最丰厚、最美好和最崇高的礼物。因为只有哲学告诉我们……所有事物中最困难的是：认识我们自己”[③]。这意味着，哲学最深层的核心既与人本身相关，也与神相关。

那么，这个哲学的深层核心是什么呢？这个核心不是别的，就是在对人的本质的反思中所达到的知识。而人一旦获得自我反思的知识，他就“将首先认识到他自身中有神的因素，并把他自身中拥有的灵魂看做被给定的神之形象”[④]。如果说我们所能认识到的人的本质就在于他身上的神的因素，那么，显而易见，这个神的因素并不是神本身，而应是人与神共有的东西。于是，我要进一步追问：这个人一神共有的因素又是什么呢？既然它

---

① 西塞罗：《国家篇 法律篇》，沈叔平、苏力译，北京：商务印书馆，2004年，第155、157页。

② 西塞罗：《国家篇 法律篇》，沈叔平、苏力译，北京：商务印书馆，2004年，第157页。

③ 西塞罗：《国家篇 法律篇》，沈叔平、苏力译，北京：商务印书馆，2004年，第179页。

④ 西塞罗：《国家篇 法律篇》，沈叔平、苏力译，北京：商务印书馆，2004年，第179页。

是人神共有的，那么它就应是人身上最优越、最出色的部分。根据对话中马尔库斯的论述，这个部分就是人身上的理性，而且是正确的理性。

> 我们称之为人的那种动物，被赋予了远见和敏锐的智力，……创造他的至高的神给了他某种突出的地位；因为在如此众多的不同种类的生物中，他是唯一分享理性和思想能力的。而又有什么——我并不是说只在人身上，而且也在天空和大地的范围里——比理性和思想力更神圣呢？而理性，当其得以成长并臻于成熟时，就被正确地称为智慧。因此，既然没有比理性更高的东西，而且它既为人所具有，也为神所具有，那么，人和神首先共有的就是理性。而那些共同拥有理性的，也共同拥有正确的理性，也即绝对的理性；而且既然正确的理性就是法，我们必定也就是因这法而与神联系在一起。进一步说，那些共有法的，也一定共有正义；而共有这些的，都应视为同一共同体的成员。……因此，现在我们必须将这整个宇宙理解为一个共同体，神和人都是这个共同体的成员。①

这里有几点需要加以申明：（1）人这个存在者是由神创造的，并且被赋予特殊位置。（2）人的这个特殊位置就体现在他分享了神所具有的理性。（3）理性是最神圣的东西，它在神那

① 西塞罗：《国家篇 法律篇》，沈叔平、苏力译，北京：商务印书馆，2004 年，第 160、161 页。

里当然是成熟完善的，因而它直接就是智慧，但是在人身上则需要成熟和完善。这也许是因为，虽然人分享了神所具有的理性，但是，理性在人身上可能受到了身体的影响而有所缺损，因此，需要修复和完善。在人这里，只有完善了的理性才是智慧，也即才是“正确的理性”。当然，就多神教来说，虽然神身上的理性是完善的，但只有与善良意志结合才不做坏事，完善的理性才显示为正确的理性。就此而言，人与神的崇高和特殊在于共同分享了“正确的理性”。（4）这个正确的理性就是人与神共同拥有的普遍法，也就是正义。正确的理性就是贯通人一神的正义法则。（5）由于人一神贯穿着同样的正义法则，因而，人一神是一个宇宙共同体。如果把这个宇宙共同体看作是一个大自然，那么，贯穿人神的正确理性就是自然法，正义就是基于自然法的法则。在这个意义上，也可以说“大自然是正义的来源”[①]。

因此，“正义只有一个，它约束着人类社会，并且以一个唯一的法为根据，这个法就是运用于指令与禁令的正确理性（思想）。谁不认识这个法或不尊重这个法，谁就没有正义，而不管这个法是否被记录在什么地方”[②]。正义既然是唯一的，那么它当然也就是普遍的，因而，它对任何地方的人类社会都应是有效的；或者说，它理应成为全人类的正当性行为的共同标准，因而对所有人类社会都应当具有约束力。而正义之所以是唯一的，因而是普遍的，是因为它以一个先验的大法为根据，这就是正确的理性。判断一个人或一个国家的行为是否是正义的，就看

① 西塞罗：《国家篇 法律篇》，沈叔平、苏力译，北京：商务印书馆，2004年，第166页。
② 西塞罗：《国家篇 法律篇》，沈叔平、苏力译，北京：商务印书馆，2004年，第170页。

它是否遵循或符合理性大法。

这意味着，正义绝不是国家或者民族的产物，不与任何一个国家或民族的成文法或习惯法符合一致。相反，任何一个共同体的正当性，任何一个国家或民族的成文法与习惯法的合理性，都要以正义为根据。如果正义不是以理性大法为其先验基础，而是以国家或君王的成文法和习惯法为根据，那么，正义很可能就成了利益的标尺——只要对我有利就是正义。于是，正义很可能会支持强奸、抢劫、造假等等恶行，只要这些恶行得到大众或君王的赞同。

实际上，只要正义是基于法令，而不是法令基于正义，就会出现法令变成强权，正义变成非正义，非正义变成正义。因此，如果像西塞罗在《国家篇》里通过菲卢斯之口所表达的那样，正义只是国家法令或民族习俗的产物，那么，人类社会和历史甚至就不会有真正的正义；如果非要说有正义，那么这种正义就是弱势者在强力的威慑下以尽可能大的限度忍耐强势者扩张其利益，或者说，正义就是强势者在弱力的抗衡中以尽可能小的限度容忍弱势者维护其利益。不管是弱者的忍耐，还是强者的容忍，都可以被看作是一种在力量的抗衡中的妥协。在这个意义上，既可以说正义就是一种强权，也可以说，正义就是一种软弱的妥协。不管作为强权还是作为妥协，这种正义都是临时的和特殊的。人们追求正义，在实质上是在追求自己的利益，也就是追求尘世事物，而与永恒无关。

与此相反，如果像西塞罗在《法律篇》里所认为的那样，正义是基于先验的自然大法，也即人神共享的理性法则，那么，正义不仅是普遍的，而且是绝对和永恒的。不管国家或民族的法律与习俗有多么不同，它们的正当性都只能以唯一的正义来衡量。如果说历史不断向善的方向迈进，人类的一切法律和习俗就不断趋向正义。也就是说，历史是一个正义度的增量过程。由于这种正义基于先验的理性，因而它一方面涉及尘世事物，具有调节人们在这个世界的事务关系的功能；另一方面它又不仅仅限于这个世界的事物，它还涉及神的世界，因此，它并不随这个世界的事物的消逝而消逝。

显然，西塞罗在《法律篇》通过马尔库斯表达的正义观不同于他在《荷尔顿西乌斯》和《国家篇》借菲卢斯之口表达的正义观。作为柏拉图主义者，马尔库斯表达的那种跨越两个世界的永恒正义观才是西塞罗本人的正义观。这种正义观经过基督教信仰精神的洗礼得到了进一步的自觉和强化，这体现在奥古斯丁对四德的看法上。

奥古斯丁引述西塞罗在《荷尔顿西乌斯》关于四德的观点，正是为了表达与此相反的看法：在极乐之邦，“智慧将意味着不把任何善置于上帝之上或与之平列，勇敢将意味着绝对不止息地依恋于神，节制将意味着以无罪错为乐。至于现在（正）公义所行的援助不幸者，智慧所成的防止陷阱，勇敢所做的忍受困苦，节制所致的抑制淫乐，在那丝毫没有罪恶的地方，都将不复存在。所以，美德所成的为今生所必要的这些行为，就像与之有关的信仰那样，都将被看作过往之物”[①]。

---

① 奥古斯丁：《论三位一体》，周伟驰译，上海：上海人民出版社，2005年，第383页。

但是，四德要面对与承担的那些对象消失并不意味着四德本身也将随之消失。在极乐之邦，四德不再涉及人之间的尘世事务，不再促成尘世里所需要的那些相应的崇高行为。但是它们仍作为自身具有绝对肯定性（价值）的东西而永恒存在着：智慧不再需要面对陷阱，但智慧将使人们保持对上帝的崇敬与谦卑，因为只有智慧能觉悟上帝的伟大与人类自身的有限；勇敢不再需要面对危险，但勇敢将使人决然地永远依恋上帝，因为如果没有勇气面临虚无，人们就不可能果敢地投入上帝的怀抱而全心全意地爱上帝；节制不再需要面对贪欲的引诱，但节制将使人永远保持以无罪错为乐，因为节制成了一种习惯，它就将使人以无罪过的生活为乐事；最后，正（公）义虽然不再需要面对弱者或不幸者，但是正义将使人永远确认并维护人们之间之为自由体间的关系，因为正义首先就意味着确认并维护每个人之为自由一自在的位格存在——这种位格存在在基督教神学里也就是上帝的肖像。因而，四德作为法则是超越尘世内容而与上帝相关的绝对法则。这意味着，即使人类的尘世生活结束了，或者说，人类的历史终结了，正义等四德仍将作为绝对法则发挥着超越尘世的作用，因而是永恒的。

如果说西塞罗在《荷尔顿西乌斯》以及在《国家篇》通过菲卢斯表达的正义观是当时罗马人普遍持有的正义观，也就是说，正义等四德完全只是尘世法则，甚至正义只是一种财产法则，因而财产关系构成了正义法则的核心，那么，这表明，罗马人对“人”之间的关系的理解还完全局限于世俗的利益关系，而没有看到超出世俗关系之外的独立位格、独立个体之间的关系，也就是Person之间的关系，自由体之间的关系。人之间的关系首先不是经济关系或利益关系或其他各种角色关系，而是自由体或说自由人（不是自由民）之间的关系。这种自由个体之间的关系是一种超越了一切尘世的世俗关系的永恒关系：不管是在临时的尘世里，还是在永恒的福岛上，人与人之间首先都是这种自由体间的关系。所谓正义，首先和根本上涉及的就是确认、维护和保障个体之人作为自由体而具有的权利、责任与尊严。唯有保障与维护个体人的这种不可替代的绝对权利、绝对责任、绝对尊严，才真正谈得上保障人的财产以及其他世俗利益。所以，从根本上说，正义首先是关于个人之自由的正义。最高正义就在于确认、维护个人因其自由而应当具有的绝对权利、绝对责任与绝对尊严。

因此，不管是在有限的尘世里，还是在永恒的福岛上，正义法则都是必要的。换言之，正义法则是永恒的、绝对的。对正义法则的绝对性的意识，实际上是对人类的道德生活与政治生活的公共性与神圣性的自觉。这种自觉将对政治生活的澄明提出强烈而坚定的要求。就最高正义就是确认与维护个体自由而言，这种要求的一个核心就是以法律的形式确认和维护政治共同体内每个成员因自由而拥有的权利以及由此权利而享有的各种利益。在这样的法律意识里，法律确立和维护的首先是人的本质关系，也即自由体间的关系，而不只是功能角色间的功能交换关系，或利益身份之间的利益关系。在以确认个体自由为核心的绝对正义法则为基础的法律体系里，权利是一切利益的基础。也就是说，是根据权利而不是根据权力或其他因素（如出身或才能）来确定、划分利益。概括地说，在永恒正义观下的法律体系里，立法的精神具有超越现实利益的超越维度，因为立法的最后根据并不在于尘世利益，而在于绝对而普遍的理性法则或“自然法则”。它不仅贯穿于人类之中，而且贯穿于天地之间。因此，它贯穿于人类生活，又不仅仅局限于人类生活，而是超出了人类生活世界之外。

在基督教文化背景下，我们可以把这种立法精神的超越维度称为神的维度；而在中国儒家文化背景下，我们则可以把这种超越维度称为“天理”的维度。一切法律虽然都由人类制定，但是，这并不意味着一切法律只是“人法”，只是人类自己的利益与意志的表达，它们同时在某种程度上也是天理或神法的表达。这种立法精神在立法实践中，要求法律条文的稳定性与严密性，而反对法律体系权宜化。这并非反对法律条文的时代变迁，相反，这种立法精神倒是要求法律体系要随时代作出调整。只是这种调整的目的首先在于使法律更趋于与天理或神法相一致，从而更合理地调整人间的关系与利益，使人间社会更健康更澄明。

这里要特别说明的是，立法精神的这种超越维度绝没有什么神秘之处。根据前面的讨论我们知道，所谓“神法”或“天理”，实际上不过是人一神（天）共有的理性本身。合乎理性也就是合乎天理一神法；对理性自身的认识，就是对天理一神法的认识。我们正是通过对理性自身的认识，达到对天理一神法的认识。虽然我们的理性并不能完全认识自身——因为我们的理性是被给予的、有来源的，而对于这个源头以及理性与这个源头的关系，理性不可能完全认识——但是，理性却能不断深入、改善对自身的认识，从而深化对天理—神法的认识，由此推动道德生活更趋健康与立法实践更趋合理、公正。从理性对自身之神圣性的最初觉悟（苏格拉底—柏拉图哲学）到理性对自身之为自由存在的认识，既极大地深化了理性自身的自我认识，也巨大地影响了人类的道德生活与立法实践。一切道德法则与法律规范必须以之为基础的，不再是非反思的启示性天条或神律，而是从理性这一通天大法的自由存在中直接推演出来的绝对法则。这就是我所概括的自由体间的三大法则，即绝对权利法则、绝对责任法则与绝对尊严法则。[①]我们每个人的自由理性都是上天赋予我们的，而不是任何一个他人给予我们的，也不是在后天的生活世界里获得的。我们存在于自由理性中，意味着我们是被抛入理性的自由存在中。这种自由存在使我们每个人都是携带着绝对权利、绝对尊严与绝对责任进入一切现实关系，而不是从现实关系中获得它们。因此，三大法则一方面是人世间一切法则的基础，因而是人世间的正义法则，另一方面又不仅仅是人世间的法则，它们同时是人—神（天—人）间的正义法则。

与永恒正义观相反，尘世正义观或叫相对正义观带来的是另一种立法精神。当罗马人或其他任何民族和国家，把正义仅仅看作是关于尘世间诸如财产之类的利益关系法则时，也就意

① 参见黄裕生：《本相与角色的存在论区分：普遍伦理学的起点》，载《复旦大学哲学评论》第一辑，上海：辞书出版社，2004年。

味着，在他们的法律意识里，既没有意识到人的自由本质，因而没有意识到人之间的本质性的自由关系；也没有意识到正义法则的绝对性，因而没有意识到法律最后的神圣根据。因此，在相对正义观下确立起来的立法精神不可能打开超越性维度。而在没有超越性维度的情况下，立法的根据在根本上只不过是在权力和利益方面博弈的结局。立法的过程就是共同体内不同群体之间在权力和利益方面博弈与妥协的过程。在这种立法精神下，对于共同体内的所有个体和阶层来说，任何法律体系既表达了他们的利益，也损害了他们的利益。因为在没有绝对正义法则作为衡量利益界限的绝对尺度的情况下，任何个人和群体的利益都是没有限制的。因此，任何妥协带来的限制都有理由被认为是对自己利益的损害。这种立法精神将给立法实践带来两个严重后果：一个是法律体系权宜化，导致法律政策化，使法律与政策一样成了应付现实问题的权宜之计或临时策略；另一个是法律的无主体化，从而消解了对法律的认同意识。因为既然在这种立法精神下的一切法律条文都有理由被任何个人和群体视为是对自己利益的损害，那么也就无人有理由把自己看作是法律的主人而内在地认同法律。

如果说前一种立法精神在于寻找法律的超越性根据，那么后一种立法精神则只在于寻求利益的妥协与平衡。不过，前一种立法精神并不否定对利益的妥协与平衡，相反它恰是要为这种妥协与平衡确立客观的尺度和原则。因此，前一种立法精神要远比后一种立法精神有更深远的意识视野。也只有前一种立法精神才能带来对法律的认同，培养对法律的尊重与遵循意识。

实际上，任何一个成熟的、具有深度的文化系统都包含着对绝对正义原则的某种自觉，因而都包含着超越性的立法精神。但是，对正义原则的绝对性和立法精神的超越性的自觉的一个根本性进步，则是对人的自由存在的意识与自觉。这种自觉是通过奥古斯丁这个基督教神学家在理解有关原罪等信条的努力中最后完成的。正是对自由的这种自觉，使正义法则首先关涉的是对个人因自由而拥有绝对权利、绝对责任和绝对尊严的确认与保障问题，而不只是关于财产或其他现实利益的分配问题。这也许是罗马法与经过基督教精神洗礼之后的人权法的基本区别。这里所谓“人权法”是泛指这样一种法律系统：它是从个体因其自由而具有的权利出发去理解和确立人类之间的法律关系。

要附带指出的是，虽然近代人权法通过自由理性获得自我确立，因而淡化了它对上帝的直接依赖，但是，对人的自由的自觉却是在基督教信仰的逼迫下完成的。而且自由理性本身可以不诉诸上帝，但是，自由理性却必然地要确立起上帝的理念。因为人的自由理性意识到自己是有限的，而这种有限性意识又迫使自由理性不得不确认自己必是有源头的。因此，近代人权法固然可以不诉诸上帝，但是，却仍与作为理性理念的上帝相关：上帝保证了正义的行为能得到相配的天福。于是，自由理性重新肯定了人权法的超越性维度。近代人权法对普遍性与绝对性的要求正是来自于它的这种超越性维度。

第二章　国家既是第三方又是缔约方

——论霍布斯的国家学说及其失误

近代以来，下面这些问题开始越来越清晰地摆在人们面前：国家是怎么产生的？我们人类是一开始就有国家，还是后来才形成的国家？如果是一开始就有国家，那么，国家是谁建立的？更确切地问，国家是谁赋予我们的？就像我们问，是谁赋予我们存在？谁赋予我们这个世界？这样的设定（人类一开始就有国家）与这样的问题，实际上已强烈地暗示着一个答案，那就是：国家是神赋予我们的。也就是说，是神给我们安排了国家这种组织形式，让我们一开始就生活在一个有序的共同体之内，就像他给我们安排了一个让我们居住的世界一样。这也是传统神学或传统宗教信念里对国家的理解。

但是，如果国家是后来才形成的，那么，它是如何形成的？首先要问，既然原来并无国家，又为什么要建立国家？也就是说，如果国家不是神的安排，那么，我们为什么要建立国家？在此，建立国家的目的，就是建立国家的动力，也是国家起源的原因。

霍布斯在政治学说领域里的伟大，就在于他在基督教文化背景下第一次坚定地把国家看作是人自己的产物，国家被他称作“人造的物体”或“人造的人”。也就是说，国家并不是神的安排（至少不是神的直接安排），而是人自己的安排。国家这种组织形式，不是神定的，而是我们人自己选择的。既然国家是人自己的产物，那么，人当然也就可以对国家的组织形式本身进行选择与改善。这实际上也就否定了在政治实践领域里以“天不变，道亦不变”为理由拒绝进行政治改革的可能。人类可以选择并改善国家的组织形式，也就是政治制度，这是近代政治哲学的一个基本信念，这个信念实际上首先就是由霍布斯的国家学说开启的。

第一节　出于人性的国家

既然国家是人自己的产物，那么，也就意味着，国家是基于人性本身。所以，霍布斯在讨论其国家学说的最重要著作《利维坦》里，第一部分就是“论人类”，第二部分才是“论国家”。从人性来说明国家与法律的产生和性质，这是从霍布斯开始的整个近代政治学说非常明确、自觉的思想。他在《人性》一书的结论中写道：“为了发现最终构成政治规则与法律的那些最原始、最简单的要素，我们对人性的考察是必不可少的。”[①] 也就是说，国家与法律最原始的基础和构成都是人性，因此，为

① Thomas Hobbes, *The Collected Works of Thomas Hobbes 4*, collected and ed. by Sir William Molesworth, with new introduction by G. A. J. Rogers, London : Routledge Thoemmes Press, 1992, p. 76.

了找到国家与法律之基础与构成要素，必须从考察人性出发。因为一切国家与法律都不过是人性的一种结果，所以，要讨论国家与法律的起源，必须要分析人性本身。

这里，我们将只讨论他的人性思想中与其政治学说直接相关的主要观点。

（1）自然（不是上帝）使每个人在身心的能力上与他人都是十分相等的。[①]尽管有些人在体力上比别人强壮，或者在脑力方面比别人聪明，但是，这种差别并不足以使一个人强大到能够要求获得别人不能要求的利益。因为对于一个体力上再强大的人，最弱的人也能通过计谋或者通过与其他处在同样不利地位的人的联合来对付他，将他置于死地。

（2）能力上的平等，使得每个人在对利益的获得上要求平等。但是，由于各种偶然与客观的原因，比如说，有益和有用的事物是有限的，所以，人们在实际生活中不可能总是能够获得同样的利益，人们享有的好处倒是常常千差万别。这使人们不可避免地陷入利益的纷争当中。为了追求自己的利益并保有自己的利益，最安全的方式就是征服或毁灭对方。所以，人们彼此都力图征服或毁灭对方。于是，每个人时刻都处在利益被侵害、生命被剥夺的危险当中。这是人类为了利益而陷入的争斗状态。

（3）由于每个人时刻都面临被侵害、被谋杀的危险，所以，

① 霍布斯：《利维坦》第十三章，黎思复、黎延弼译，北京：商务印书馆，1995年，第92页。

人们普遍存在于相互猜疑与相互恐惧的情绪当中。恐惧是人们之间最主要的一种情绪。在这种恐惧情绪当中，寻求自保，即保全自己的生命，成了每个人首要的目的，也是每个人最直接的冲动。而“自保之道最合理的就是先发制人，也就是用武力或机诈来控制一切他所能控制的人，直到他看到没有其他力量足以危害他为止”①。也就是说，对于每个人来说，为了自保，最好的办法就是用武力和策略来控制、征服他人。这是人类出于相互猜疑与相互恐惧而陷入的争斗状态，或者更确切地说，为了自保而陷入的争斗状态。

（4）人类不仅追求各自的利益而相互猜疑、相互恐惧，而且还追求荣誉。这体现为两种情况：一种情况是，每个人都追求在他人心中有更高的价值或地位，在与他人相处时，每个人都希望别人对自己的估价至少与自己对自己的估价是相同的，他一旦遭到他人低估或轻视，就会做出愤怒反应而加害于人，以警示别人不要效仿。另一种情况是，人们对他人的控制与征服并不满足于自保所需的限度，而是还常常通过努力扩大控制与征服的范围和强度，来突现和展示自己的优越地位，并从中享受快乐。这促使原本安分守己的人也不得不以进攻来进行自卫，以扩大自己的优势来实现自保。其结果必然也是使人们陷于不断的争斗之中。这是人类出于追求荣誉而陷入的争斗状态。

概括地说，人类个体在自然能力上的平等，使每个人在对

---

① 霍布斯：《利维坦》第十三章，黎思复、黎延弼译，北京：商务印书馆，1995年，第91页。

利益的要求与主张上是平等的。但是，这种平等却没有给人类带来和平，反而恰恰是带来纷争的最初根源。因为在霍布斯看来，如果个体之间在身心方面的力量的差异大到足以使人们不能对利益提出相同的要求，那么，人们之间也就不会陷入利益的纷争，而只能满足于按各自的能力提出各自能力所及范围内的利益。正是能力的平等使对利益主张上的平等具有了正当性，而对平等利益的追求是人类陷入纷争的首要根源。因为由恐惧与猜疑而陷入的纷争，首先也是由于利益的纷争引起的。

所以，从上面的分析中，我们可以概括地说，在人类的本性中，追求个人的利益与荣誉是导致陷入无限度争斗的根本原因。这种人人可以动用一切手段的争斗，实际上就是一种每个人对每个人的战争状态。人的自然本性使人人陷入的这种战争状态，被霍布斯称为人类最初的一种“自然状态”。

在这种自然状态中，既然人人都可以动用一切手段来抵抗敌人进行自保，以及追逐利益与荣誉，那么，这也就意味着，在自然状态下，每个人对一切事物都拥有权利，包括对他人的身体也拥有权利[①]（斯宾诺莎曾概括为“一切事物属于一切人”）。所以，在自然状态下，每个人都是放任自由的：这里不存在允许不允许，禁止不禁止的问题；一切都是可以允许的。这等于说，在自然状态下，没有是非的标准，没有公正与不公正的事情，甚至也没有善与恶的共同尺度。因为这里没有任何法则，

① 参见霍布斯：《利维坦》第十三章，黎思复、黎廷弼译，北京：商务印书馆，1995年，第96页。

但是，只有存在法则的地方——不管这法则是成文的还是习惯的，才有善恶、是非、公正与否的问题。

虽然这种自然状态是人的自然本性带来的一种状态，但是，对于每个人来说，这种战争状态无论如何都是一种恶劣的状态。不过，在霍布斯看来，在人的本性中，除了追逐平等的利益与优越于他人的荣誉这两种激情外，还有另一种类型的激情，那就是对死亡的恐惧、对舒适生活所需事物的欲望以及通过自己的劳动取得这一切的渴望这些激情，更重要的是，人还有理性。后一种类型的激情与理性一起，将促使人类走出自然状态，走出普遍战争。

（5）所以，"人害怕死亡，以及人是有理性的"可以被看作是霍布斯关于人性的第五个与其国家学说直接相关的基本观点。正是理性使人发现，在自然状态下，虽然每个人都对一切事物拥有权利，甚至拥有对他人身体的权利，但是，人们对任何事物的拥有却都是不可持久的，甚至连自己的生命都随时可能丧失。普遍的战争状态对于每个人来说，都是最无法自保的状态。所以，对于理性的人来说，他会明智地发现，战争状态是一种必须摆脱的状态，也就是说，为了更能自保，必须走向和平。

在霍布斯看来，理性给我们人类的第一条诫条就是："每一个人只要有获得和平的希望时，就应当力求和平；在不能得到和平时，他就可以寻求并利用战争的一切有利条件和助力。"①

---

① 霍布斯：《利维坦》第十四章，黎思复、黎廷弼译，北京：商务印书馆，1995年，第98页。

这个理性诫条也就是理性法则，它包含两部分：其中第二部分被霍布斯看作是一条最基本的权利法则，因为它是对每个人的自然权利的概括，这条权利法则就是：每个人都有权利利用一切可能的办法、手段来保卫自己；这条理性诫条的第一部分则被霍布斯看作是第一条自然法，也是基本的自然法，它的内容就是要求人们努力寻求和平，并信守和平。

这里，理性诫条直接就被看作是自然法，因为在霍布斯看来，没有其他自然法，自然法就是理性所发现的诫条或一般法则。这里霍布斯区分了权利与法则（律）：权利在于做不做的自由，而法则则规定人们去做某事或约束人们不去做某事。用我们的语言说，权利是标明人们的行动空间，而法则则是划定人们行动的界限。

第一条自然法规定人们要去做的事情就是努力寻求和平，并信守和平。也可以说，它划定了人们的行动界限，那就是：一切行为以不破坏、不妨碍和平为前提。

霍布斯从第一条自然法引出了他的第二条自然法：

> 在别人也愿意这样做的条件下，一个人为了和平与自卫的目的认为必要时，他会自愿放弃这种对一切事物的权利；而在对他人的自由权方面满足于相当于自己让他人对自己所具有的自由权利。[①]

① 霍布斯：《利维坦》第十四章，黎思复、黎廷弼译，北京：商务印书馆，1995年，第98页，译文根据原文略有改动。

第一条自然法是规定人们要去寻求和平并信守和平。第二条自然法则规定为了走向和平人们要做的首要事情，那就是：在别人也都愿意和平的前提下，每个人都会放弃、也应当放弃对一切事物的权利，因为只要每个人都保持着对一切事物的权利，那么，人们就无法结束战争状态；而在与他人的关系上，每个人都要使自己对他人拥有的权利相当于自己愿意让他人对自己拥有的权利——简单说，每个人要使自己对他人的要求对等于自己允许他人对自己提出的要求，因为只要相互的权利或要求不对等，那么人们之间就仍会陷于战争状态。

第二条自然法实际上就是要求人们转让或让渡出部分权利，以达成相互间的和平；换言之，它要求人们只保留对部分事物的权利，而不是对所有事物的权利。人们能保留的权利空间以不妨碍和平为界限，除此以外，人们不能扩大自己保留的权利空间来保留更多的权利；或者说，人们要转让出去的权利范围以能达成并维持相互和平为限度，除此以外，人们无须转让更多的权利。

在第二条自然法则里，权利的转让是相互的：任何一个人把对此物的权利转让给他人时，他也必定同时要求他人对彼物的权利转让给他自己，否则，他从这种转让中就得不到任何好处或回报，因而他也就不会进行任何权利的转让，从而也就不可能结束战争。这意味着，如果人们遵循第二条自然法，那么，人们实际上就进行了契约行为，因而进入了一种契约状态：为了和平，人们都愿意放弃部分权利，把各自的部分权利转让给他人。

由于为了和平的权利转让是相互的，因而是契约性质的，所以，理性在给出了第一条、第二条自然法之后，必定会给出第三条自然法："必须履行所订立的信约。"[①] 因为如果没有这一条自然法，也就是说，如果人们可以不履行所立契约，那么，相互转让权利的契约就毫无意义，战争状态就不能中止。所以，这是理性必定会发现与颁布的一条自然法。

这里，我们要注意的是，在霍布斯看来，这条自然法也是正义的源泉。因为在没有契约的地方，也就没有权利的相互转让，人人都处在对一切事物都拥有权利的自然状态。而在这种人人拥有一切权利的状态中，人的一切行为都是允许的，没有行为是不义的。只有在订立契约之后，失约或背约行为才是不义的。而正义就是不是不义的。[②]

但是，我们要指出的是，如果我们把自己对部分事物的权利的让渡看作是每个人对自己对部分事物的要求或欲求的自觉控制，以便让他人也能有与自己一样的生存空间，那么，被看作权利相互转让的契约实际上就不是一种关于权利的契约，而是出于理性的一种相互尊重、相互认同的自我节制。也就是说，首先是基于理性的德性即美德，使人们进入和平，而不是契约。这在更根本上意味着，国家的产生不是基于契约，而是基于伦

---

① 霍布斯：《利维坦》第十五章，黎思复、黎延弼译，北京：商务印书馆，1995年，第108页，译文根据原文有所改动。

② 参见霍布斯：《利维坦》第十五章，黎思复、黎延弼译，北京：商务印书馆，1995年，第109页。

理德性。也就是说，契约只是国家产生的方式，而不是国家产生的基础。实际上，一切契约活动都隐含着对订立契约者作为理性存在者的自由身份以及因这种自由身份而必须共同遵守的基本法则的确认。在这个意义上，一切契约都要基于来自自由理性的伦理法则之上（这是霍布斯没有洞见到的一个更基础的环节）。毁约或背约之所以是不义的，并不是因为契约本身或毁约本身，而是因为毁约可能违背了伦理法则。换一个角度说，正义不在于信守契约本身，而在于伦理法则本身。对契约的信守之所以是正义的，乃是因为对此契约的信守是伦理法则所要求的。如果对某种契约的信守与履行违背了伦理法则，那么，这种信守则是不义的。

所以，正义先于契约，而不是来源于契约。这是我们要特别加以申明的。因为这涉及到对国家即主权者的权力进行评判与限制的根据问题。下面我们回到霍布斯上来。

相互转让权利的契约是必须遵循与履行的，否则，就不可能结束战争。只要有人不履行，和平就不可实现。因此，保证人人履行契约是摆脱普遍战争而走进和平的关键所在。但是，如何才能保证人人都履行契约呢？在霍布斯看来，必须靠契约之外的这样一种强制权力：这种强制权力能够惩罚任何不履行契约的个体，使每个人对因毁约而遭受的惩罚的恐惧大于对通过毁约来获取利益的期待。也就是说，只有靠一个作为第三方的强制权力或强制力量，才能保证人人履行契约。这种作为第三方的强制权力也就是通过使每个人都会因畏惧而服从其指导、命令，以谋求共同利益与共同安全的共同权力。那么如何建立起这样的共同权力？霍布斯认为只有一条道路：

> 把大家所有的权力和力量都托付给某一个人或一个能够通过多数的意见把大家的意志化为一个意志的多人组成的集体。这就等于是说，指定一个人或一个由多人组成的集体来代表他们的人格，每一个人都承认授权于如此承当起其人格的人在有关公共和平或公共安全方面所采取的任何行为、或命令他人作出的行为，在这种行为中，大家都把自己的意志服从于他的意志，把自己的判断服从于他的判断。①

这里有两个环节或步骤：首先是，群体中的每个人把自己的力量或权力委托给一个人或一个集体，让他或它能够把所有人的意志转化为一个意志，从而能够以一个人格来代表所有人的人格；其次是，每个人都承认得到授权的这个人格在公共和平与公共安全、公共利益方面所采取的一切行为、命令与裁断，并在这些方面完全服从他的意志。通过这两个步骤，也就建立起了一个统一在一个人格上的公共权力，这就是国家。

从国家的产生看，国家的权力来自于所有成员个体委托出去的权力，而掌握权力的主体则是承担着一个人格的个人或集体。这一个承担着人格而掌握着权力的个人或集体就是主权者。

---

① 霍布斯：《利维坦》第十七章，黎思复、黎延弼译，北京：商务印书馆，1995年，第131页，译文根据原文略有改动。

这个主权者拥有的核心主权就是：在维护公共和平、公共福利与抵御外敌事务上能够独立自主地进行行动、命令与裁断。作为这样的主权者，相对于其成员个体之间而言，国家成了第三方。

霍布斯国家学说最为特殊的地方在于，虽然他肯定国家作为人格承担者是由群体中的人们相互订约而形成的，是人们按约建立的，但是，他却否认作为第三方的国家是缔约方。也就是说，国家只是群体中的人们立约的结果，它并不参与立约，它不是缔约方。这就像是说，父母的婚姻是两个人之间的契约，但是，孩子只是父母立约的结果，他与父母之间没有契约。这使得国家的主权成为绝对的：它不可分解，且不可收回。

这里，我们首先要问：为什么国家不是缔约方呢？霍布斯是这么论证的：

> 显然，被推为主权者的那个人并没有先同他的臣民订约，否则他就必需将全体群众作为一方与之订约，要不然就必需和每一个人分别订约。将全体群众作为一方与之订约是不可能的，因为他们在那时（主权者即国家产生前——引者注）还不能成为一个人格。要是有多少人，主权者就订立多少单独的信约，那么在他有了统治权以后，那些契约就无效了。因为不论（主权者的）任何行为，如果能被其中的任何一个人声称为破坏信约的行为的话，这一行为便既是他自己的行为，也是所有其他人的行为。其原因是：这行为是代表他们每一个人的人格并根据他们每

一个的权利作出的。此外，如果他们之中有一个或更多的人声称按约建立主权者时由主权者订立的信约有违反情形，而其他人或另一臣民、或者是主权者自己又声称没有违反，在这种情况下，就没有一个裁断者来决定这一争执。[①]

如果国家是缔约方，那么只有两种情况，那就是：国家或者是与作为群众的全体成员缔约，或者是与每个成员单独缔约。第一种情况是不可能的，因为在霍布斯看来，群众要作为缔约的一方，必须是作为一个人格出现，但是，在主权者出现之前，群众还没有成为一个人格，而群众一旦形成一个人格，那必定已是一个承担着每个人之和平与安全的使命的主权者，因为人们只会为了和平与安全才会把自己的权力托付出去，才会把自己的意志统一于一个共同意志。至于第二种情况也同样是不可能的，因为既然主权者是与每个人订约的，所以主权者也就既代表每个人的人格，也代表所有人的人格，于是，只要有人声称主权者的某一行为是违约的，那么也就意味着所有人违约，契约因而必然失效，国家重又解体 —— 但是这与契约立国的初衷相背，所以，国家不可能与人人立约，否则立约就没有意义了。这是国家不是缔约方的两个理由。

不过，霍布斯还给出了第三个补充性理由：如果说国家是缔约方，那么一旦国家与其中的个人或某些人发生争执时，就

① 霍布斯：《利维坦》第十八章，黎思复、黎延弼译，北京：商务印书馆，1995 年，第 134 页。

没有第三方作为仲裁者，争执只能靠武力解决，结果必定又陷入战争，这同样与契约立国的目的相悖。所以，国家不可能作为缔约方。国家只是全体成员之间相互订立契约而产生的主权实体，但是它本身并不是契约方。

既然国家不是缔约方，那么，国家或主权者也就不存在任何背约与不义的问题。因此，它一经全体成员订立契约产生，成员就不得以任何理由与借口反对它或废弃它。相反，当人们之间相互订约而建立国家后，也就意味着他们要受到所订契约的约束，即每个人都必须承认自己已将管理自己的权利委托给了一个共同的权力主体即主权者，因而必须承认主权者的所有行为与裁断。因此，任何个人或集体对这个主权者的任何行为与裁决提出异议或反对，都是一种违约行为，因而都是不义的。这等于说，国家的主权一经确立，就是绝对而不可收回的。所以，霍布斯非常明确地说：

> 一个君主的臣民，不得到君主的允许，便不能抛弃君主政体，返回乌合之众的混乱状态，也不能将他们自己的人格从承当者身上转移到另一个人或另一个集体身上。①

这是一种多么霸道的国家理论！只要主权者，也就是统治者不同意，不允许，那么，人们就不能对国家制度、国家政策

① 霍布斯：《利维坦》第十八章，黎思复、黎延弼译，北京：商务印书馆，1995年，第133页。

提出任何异议，更不可能进行任何改变。国家主权虽然从人民之间的契约而产生，但是，主权却不在人民手中，而是一产生就离开了人民，成了人民只能服从而不能反抗的绝对权力。

更为荒谬的是，在霍布斯之后的一系列更为深刻的政治哲学家们已经对此进行了修正之后，仍然有一些学者热衷于把国家主权的绝对性看作是现代国家的标志乃至本质。

第二节　国家为什么不是缔约方?

因此，这里，我们要对霍布斯关于国家不是缔约方的三个理由提出质疑。

首先国家并非不能作为一方与全体成员作为另一方订立契约。因为全体成员在建立国家前是全体群众，为了建立国家，他们必须在这方面首先达成一致：把维护与保障和平、安全以及其他共同福利的权利与权力（力量）转让给一个公共机构。也就是说，全体群众各自管理自己的和平与安全的意志必须首先统一为一个共同意志——把管理和平与安全的权利托付给一个公共机构，以便更好地管理每个人的和平与安全。这个共同意志就是一个普遍意志，一个统一的共同人格。这样一个共同人格，可以被看作每个个体人格的一个普遍身份。显然，这样一个共同人格并非就是国家，因为它还没有获得作为共同人格所应当具有的、独立于每个人的普遍力量与普遍权利，因而还不是一个主权者，它还只是一个存在于每一个人身上的共同意志，也就是说，它所应具有的权利与力量还以个别的方式寄存在每个人身上。但是，首先要有这样一个共同人格，人们才会去进行权利与力量的转让、托付，从而产生国家。所以，在国家产生前，全体群众必须首先形成一个共同人格，一个普遍身份；他们就是通过这个共同人格进行契约行为的，也就是说，全体群众是以共同人格这个普遍身份作为契约的一方。然后他们与谁订立契约呢？问题也可表述为：立约的另一方是谁呢？这另一方就是被从群众中推选出来的一个人或一些人，他们被推选出来并被要求承担起共同人格所应具有的权利与力量。作为共同人格所应当具有的权利与力量的承担者，他或他们应当拥有的权利就是管理所有成员（包括他或他们自己）的和平与安全，而他们应当具有的力量就是足以承担起维护和保障和平与安全的权力。这里，我们要特别强调的一点是，被推选出来的人并不是承担共同人格，而是承担共同人格所应具有的共同权利与共同权力（力量）。共同人格就像是个体人格一样，是不可取代的；它永远作为个体人格的一个普遍身份而存在于每个人身上。每个人也是通过这样一个普遍身份去与被推选出来的人立约。而这个人或这些人之所以被推选出来承担共同人格所应当拥有的权利与力量，则是因为人们一致认为这个人或这些人能更好地管理大家的和平与安全，因此，在他们把管理自己的权利与力量转交这个人或这些人时，已经以明确或隐含的方式向后者提出一个前提性要求，那就是：你或你们必须能更好地管理大家的和平与安全；同时，被推选出来的人在接受委托时，也就以明确或隐含的方式许诺自己将更好地管理大家的和平与安全。当被推选的人接受了共同人格的委托而获得了共同人格所应具有的权利和力量，主权者也即国家才真正产生了。

从这里我们可以看到，共同人格在把它为了实现自己的目标即更好地管理大家的和平与安全所必须具有的权利和力量转让给了被推选出来的人之后，也即国家产生之后，它并不因此消失了，或者被取代了，而是仍作为缔约方一直存在着。同时，被推选出来的人在接受了普遍意志（共同人格）的权利委托与力量转让之后，他或他们也就成了具有现实力量的主权者，并且作为契约的一方，按约把自己统一为以更好地管理大家的和平与安全为目标的一个意志，也即一个以共同意志或普遍意志为目标的意志。如果所有人都明确表明他们不能更好地管理大家的和平与安全，那么，显然没有人会受到委托，国家也就不会产生。实际上，所有接受委托的人，都以某种方式许诺更好地管理大家的和平与安全。

因此，不仅全体群众可以作为一个共同人格而成为缔约方，而且国家的产生也必定要以主权者作为缔约方为前提。霍布斯否定国家能作为缔约方的第二个理由是，国家不可能与全体群众中的每个人订约。但是，如果我们把共同人格看作是每个个体人格的一种普遍身份，或者说，把它看作是每个个体意志的一种普遍意志，那么，国家与共同人格缔约，同时也就是与所有个人缔约。因为这个统一的共同人格存在于每个个人身上。承认个人是缔约方，并不一定会导致霍布斯所担心的那种情况出现。因为个人完全可以声称国家的某些行为违背了他的意志，但是，他完全可能是作为个体意志这么说的，而并不一定是作为普遍意志这么说的。

霍布斯否定国家是缔约方的第三个理由是，这将导致没有仲裁者。但是，国家之所以能作为第三方而成为仲裁者，难道不正是因为它是理性的体现吗？所以，理性永远是缔约方发生争执时的真正仲裁者。正如理性发现与颁布的法则是普遍的自然法一样，理性法则也是一切争执的仲裁尺度，哪怕这种争执是国家与个人之间的争执。

既然国家是作为契约方而建立起来的，那么，它也就有守约与否的问题。它一旦失约，那么，订立契约的另一方，也就是仍然存在于每个人身上的共同人格，或者以这种共同人格身份出现的群众个体，也就有权提出异议，并且有权收回委托出去的权利与力量。人们从主权者那里收回主权并不会像霍布斯认为的那样就会陷入战争状态，因为收回权力的人们仍然处在共同人格当中，也即仍存在于一个基础契约当中：共同把管理自己的和平与安全的权利转让出去，以便更好地管理和平与安全。只不过人们要马上做的事情的确就是重新把公共的权利与权力委托给真正能履行承诺的代理人。

所以，国家的主权根本不是绝对的，不可收回的。只要它违背了“更好地管理大家的和平与安全”这一诺言，人们就有权向它索回主权。而绝对不像霍布斯所认为的那样，由于国家不是缔约方，而单纯只是接受所有成员共同委托的代理人，因此，国家一旦产生，统治者的任何行为都必须被看作是所有授权者自己的行为。这等于说，统治者的任何行为都不能被它的臣民视为不义的，因而不能提出异议与进行反抗！于是，一个暴君横征暴敛、滥杀无辜，导致人人自危，或者统治者们滥用职权、腐败横行，导致社会弱肉强食，而国家积弱临渊，面对强敌危如累卵，但是，国民却没有理由与权利进行反抗，因为任何反抗都是不义的。[①] 依霍布斯的理路，首先这是因为任何人对主权者的任何反抗都是违约行为，都是撕毁与所有他人订立的契约，因为国家或主权者是他与所有他人订约的产物，而国家并没有与他订约；其次，他是主权者行为的授权人，主权者的任何行为都代表着他的行为，因而主权者的任何行为就是这个人的行为，他反对国家的行为就是反对自己的行为，这是自相矛盾的。

然而，我们要问：这种矛盾不正是表明国家行为偏离了授权者的委托吗？霍布斯强调主权的绝对性而反对主权可以收回的一个重要原因是，主权的任何变动都会使人类重新回到战争状态。但是，正如我们上面表明的那样，这一推断并不成立。理论与实践都表明，主权者的变动，只是面临战争的危险，而并不一定会带来战争；为了善治，为了自由与正义，改变主权所属是值得期待的。

我们还要问的是：如果在一个冷酷而普遍腐败的政权下，整个社会盛行的不是公义法则，而是弱肉强食的丛林法则，那么，这样的社会是一个什么社会呢？一个以强力解决一切的社会，一个以权力可以获取一切的社会，一个以力量可以摆平一切的社会，一个以金钱可以购买一切的社会——简单说，这就

---

① 参见霍布斯：《利维坦》第十八章，黎思复、黎廷弼译，北京：商务印书馆，1995年，第136页。

是一个黑社会！一个黑暗的社会，就是一个公义退席、法律失效的混乱社会。这样的社会难道不就是处在一种战争或半战争状态的社会吗？

实际上，在任何一个拥有绝对主权的国度里，倒是永远无法避免持续的内战状态。因为在承认绝对主权的国度内，包括底线道德在内的一切法则、法律都将在没有制约的权力面前完全失效，其结果就是不可避免地陷入权力的普遍腐败。腐败是什么？如果人们把权力腐败仅仅看作权势集团的道德堕落，甚至只是看作官德问题，那就完全错失了腐败的真正本质而没有洞见到腐败的残酷性。实际上，就腐败是以权力或强权（power/die Macht）夺取不正当利益而言，它与用枪炮胁迫来获取额外利益没有实质性差别。在这个意义上，我要说，权力腐败本质上就是一种战争，权力的腐败行为就是以隐晦的方式向别人宣战；一个国家的权力的普遍腐败就是这个国家的一种隐晦的内战状态。因为这种普遍腐败实际上置一切道德与法律契约于不顾，把整个社会带入了法律真空状态，也就是无法无天的丛林状态。如果说以暴力进行的内战是一种硬战争，那么以腐败实施的内战则是一种软战争。不过，就它们都是对法律与道德的突破并使之完全失效这一点上，则是完全一样的。

在政治实践中，主权承担者作为权力主体，如果他的权力是绝对的，那么他是最容易挑起战争的。人民的反抗，人民对主权的追索，都是基于对主权者以隐晦的方式早已发布的宣战的回应，人民很少会是主动的宣战方。因此，如果以为，一个主权实体即便已经陷于法律失效的普遍腐败之中，而民众却仍然无权反抗，仍无权索回让渡出去的主权，那么，这实际上等于主张，当事的一方已向另一方宣战，而这另一方却无权应战，只能引颈就戮。而这不正是与霍布斯关于第一条自然法的主张相违背吗？根据第一条自然法，每个人在不能得到和平时，他就可以寻求并利用战争的一切有利条件和助力进行自保。

在霍布斯这里，国家主权不仅是不可收回的，而且是不可分割的。在他看来，英国人正是在国王、上院、下院之间分割国家主权，才导致了内战。基于这一经验，他认定，国家在立法、司法、外交、军队指挥、税收乃至确定统治学说这些构成国家主权的权利都是不可转让不可分割的。

公民在把自己的相关权利转让给第三方国家时，同时也要求转让相应的权力。公共机构拥有的权力应与它被赋予的权利相当，使它能行使这些权利。比如立法机构，它有立法的权利，但是，如果它不具有相应的权力一力量，它就不可能行使立法的权利。权力是行动的能力，权利是行动的空间。任何权力都只是为权利配备的。因此，如果构成国家主权的那些权利是不可分割的，那么相应的国家权力就是不可分割的。在霍布斯看来，国家的一切权利都是不可分割的，否则就会陷入内战。因此，也不能对国家权力进行分解与限制。

但是，从上节的讨论中，我们的结论恰恰与霍布斯是相反的。如果不对构成国家主权的那些权利进行分割，从而对国家的权力进行分解制衡，那么就无法阻止权力的无限腐败，因而无法避免公共社会变成黑社会，也即无法避免国家陷入战争状态。实际上，分割国家权力并不必然面临战争的风险，但是不对国家权力进行分割，则必定使国家陷入战争状态！

出于对国家主权的绝对性的强调，霍布斯认为在君主制、民主制与贵族制三种政体中，君主政体是最好的政体。根据他的分析，这主要有四个理由：

首先，所有人都是自私的，因为所有人的感情力量都要比理智更有力，这使每个人在公共利益与个人利益冲突时，都会首先顾及自己的利益。在君主制下，君主个人利益与公共利益是联系得最紧密、最直接的。“在君主国家中，（君主的）私人利益和公共利益是同一回事。君主的财富、权力和尊荣只可能来自人民的财富、权力和荣誉。”[①] 这意味着，在君主制下，君主追求个人利益必定要促进公共利益，而促进公共利益也就是在追求个人利益。因此，君主制最能推动与促进公共利益。相反，在贵族制或民主制下，统治者的人数越多，他们的个人利益与公共利益的冲突也就越大。因为统治者们越贪污腐败，越能给他们带来个人的利益，而通过贪污腐败获取个人利益，必定同时就是对社会公正与公共利益的损害。显然，统治者越多，腐败的人越多，公共利益也就被损害得越严重。

第二，君主可以最自由、最广泛、最保密地听取任何人关于国家政治的意见与建议，而主权议会（贵族制与民主制都是通过主权议会进行管理）则只能听取有权进入议会的人的意见，而这些人多为精于谋财，而拙于求知。因此，他们的意见多会

① 霍布斯：《利维坦》第十九章，黎思复、黎廷弼译，北京：商务印书馆，1995 年，第 136 页。

误国误民。

第三，君主制最能保障政治决策与政治决断的一致性和连续性，从而保持国家的稳定，而在其他体制下，由于议会中人数众多，总是难以保持意见的统一，从而难以保持国家政策的连续性，不利于国家的稳定。

第四，君主不会因为嫉妒或利益而自己反对自己，而议会则可能这样，从而可能引发内战。

这些理由都是建立在国家主权不可分割、国家权力不能分解这一思想之上。但是这一思想是不成立的。因为国家主权虽然是一个整体，但是，这绝对不意味着它不可以在内部进行分工协作。实际上，恰恰是只有通过主权内部的分工来分解与主权相匹配的国家权力，使国家权力能相互协作又相互制衡，权力才有可能尽可能保持为它本来的目的服务，减少被滥用的可能。国家权力只有始终保持为它本来的目的服务而不被滥用，它才能真正保持为一个整体而不分裂。国家权力只有始终忠于它的公共使命，它才能始终保持为一个完整的主权，否则，它就会被分裂为大大小小的权力承担者们谋取私利的便捷工具，而不再有任何统一性。

国家权力总是与利益直接相关，所以，权力很容易偏离自己的公共使命而导致腐败，而没有限制的权力必然导致普遍腐败。如果一个国家陷入普遍腐败，那么其后果并非只是贪官污吏中饱私囊，损害公益，更重要的是整个社会必是公义退席、是非泯灭、法律失效、道德沦丧，人与人之间只剩下单纯的、赤裸的利益关系，但是，在只有利益关系的地方必是充满不公与冲突的地方，甚至就是由丛林法则支配的地方。所以，人与国家之间、人与人之间不可避免地陷入了相互猜忌、相互怨恨直至相互仇恨的状态。这就是国家的一种内战状态，一种面临自我瓦解的状态。所以，在绝对主权支配的国度里，稳定倒永远是一个问题！这意味着，在国家权力没分解与制衡的国度里，国家主权恰恰总是陷于分裂状态。

实际上，如果国家主权是可以分割的，因而国家权力是可以分解制衡的，那么，关于君主制优越性的那些理由就是不成立的。当然，拒绝分解权力的一切专制制度的正当性理由也是不能成立的。这在霍布斯之后的政治哲学里已经是很清楚了的事情。

第三章　建立在权利原则之上的政治理论
——论洛克的政治哲学

如果说洛克把他的知识论建立在经验（观念）基础上，那么他的政治理论则是建立在其权利概念上。权利问题是洛克政治理论最基础的问题，权利说是其整个政治学说的基础。在他这里，权利既是国家或政府的合法性来源，也是国家或政府的首要目的。对于国家来说，再没有比维护和捍卫所有成员个体那些基本自由权更重要的任务。因为只有在这个基础上，国民的幸福、安全以及其他福祉才是有保障的，也才与人的尊严相匹配而值得人享有。我们甚至可以说，洛克是近代政治哲学的真正开端，因为正是他才真正开创了一个以基于自然法的权利原则为立国原则的传统。从他之后，如何论证权利，以及如何维护权利，成了政治理论与政治实践无法回避的基本任务。

第一节　洛克的自然状态理论

自从威斯特伐利亚和约确认了世俗政治实体的主权之后，就遗留下一个隐含的问题，那就是这些具有主权的世俗政治实体，也就是“国家”或“政府”，其合法性来自什么地方？也就是它的主权来自什么地方？它的主权的根据在哪儿？在这之前，世俗权力与教会权力通常合二为一，政治实体至少在名义上归属于教会，因此，其主权在上帝，并由教会代表或授予。但是，威斯特伐利亚和约之后，新教区域的世俗政治实体获得了独立于教会的主权。于是，这主权来自哪里，也就成为一个问题。要回答这样的问题，首先要回答国家（政府）的起源与目的的问题。所以，霍布斯、斯宾诺莎在他们的政治学说里都要讨论这个问题，洛克也不例外，他最主要的政治理论著作《政府论》下篇的副标题就是“论政府的真正起源、范围和目的”。

与霍布斯以及其他近代政治思想家一样，洛克并不认为国家或政府是神授的，它不是神建立的，而是我们人自己建立的，因为我们人类最初并没有国家，国家是人类自己的产物。所以，在他和霍布斯看来，在国家产生之前，或者说，在有政府之前，有一种非人为的状态，他们把这种非人为状态称为“自然状态”（the state of nature），人类最初就生活在一种自然状态里。

不过，洛克在一个根本点上不同于霍布斯：霍布斯认为在自然状态，自然法似乎并不起作用，人们都不按自然法行事，因为在自然状态下，人与人处在战争状态；只有当人们试图摆脱自然状态而进入国家，自然法才发挥作用。但是，洛克实际上是根据自然法去理解、想象、规定自然状态。他认为并确信，在自然状态下，自然法是发挥作用的，人们是按自然法生活的，尽管人们对自然法可能并没有自觉而明确的认识。因此，洛克把自然状态理解为人们自由而友好相处的状态。这样的状态虽然是“自然的”，却并非非社会的。这是洛克与霍布斯、卢梭很不相同的地方，后面两人所理解的自然状态不仅是非人为的，而且是非社会的。

不过，在讨论自然状态及其与自然法的关系之前，我们首先要问一下：什么叫自然法（the law of nature）？自然法观念是西方实践理论里一个源远流长的思想。这里，nature 既是自然世界，也是我们的本性。就像存在于自然世界里的自然规律（也是一种“自然法”）贯穿并规定着自然事物一样，自然法也存在于我们的自然本性或天赋本性里而贯穿并规定着我们的生活世界。所以，自然法就是出自我们的自然本性而规定、引导着我们生活世界的法则，是从我们的本性自然而然产生出来的，或者至少是以符合我们的本性的方式被发现、被给予的。它既区别于神圣法，也区别于实定法，前者来自于神的启示，后者则是人为的成文法。神圣法因来自神的启示，所以，并不是普遍的，因为它不存在于一些没有得到神启示的民族当中；实定法同样也不一定具有普遍性，因为不同地区、不同民族的成文法是不一样的。但是，自然法由于是出于人的本性，或者是以合乎人的本性的方式被认识、被颁布，所以它是普遍的，并且应当是普遍的。近代哲学家，特别是英法哲学家，以及早期的德国启蒙思想家，之所以都强调、突现自然法，就是为了突出它的普遍性与对全人类的普适性，从而能够以之为一切人类成文法的基础。

不过，虽然自然法是出于人的本性的法则，但是，这并不意味着所有人都会自动地遵循自然法。因为人不同于其他自然事物的地方就在于，他并不一定按自己的本性生活，而是也可能违背自己的本性而生活，所以，人们也可能处在违反自然法的状态当中。因此，为了能自觉地遵循自然法，自觉地以自然法则作为我们生活与行动的根据，有必要澄清自然法的来源、它的约束机制，以及自然法如何得到认识等问题。洛克在讨论自然法的系列论文里就是要回答这些问题。①

不过，这里我们不讨论洛克对这些问题的讨论，而要首先讨论他根据自然法理解、设定的自然状态。因为这是理解他的国家一政府理论的出发点。

由于洛克认为，在自然状态下自然法是起作用的，所以，与霍布斯不同的是，在洛克这里，人类的自然状态并非一切人反对一切人的战争状态，相反，自然状态恰恰是一种“完备无缺的自由状态，他们在自然法的范围内，按照他们认为合适的办法，决定他们的行动和处理他们的财产和人身，而无需得到任何他人的许可或听命于任何人的意志。这也就是一种平等的状态，在这种状态中，一切权力和管辖权都是相互的（all the Power and Jurisdiction is reciprocal），没有一个人享有多于别人的权力”②。

如果说自然是有法则的，那么，人类在自然状态下也应当是有法则的。在洛克看来，在这种受自然法则规定的自然状态里，首先每个人都是自由的，或者说，每个人都有这样的自由

① 有关这些问题，可参见洛克：《自然法论文集》，李季璇译，北京：商务印书馆，2014年。

② 洛克：《政府论》下篇，叶启芳、瞿菊农译，北京：商务印书馆，1995年，第5页。

权利：每个人都可以自由地行动并自由地处理自己的财产与人身。从与他人的关系角度说，每个人都可以不听从任何人的意志、不服从任何人的命令而独立自主地处理、支配自己的财产和人身。

这里，"无须征得任何他人的允许"（without asking leave of any other Man）[①]，表明每个人在自然状态下，都自然地"被允许"。被谁允许呢？被自然法允许。当然，这也就意味着应当被所有他人允许。应当被他人允许什么呢？每个人都应当被所有他人允许按自己的意志决定自己的行动、处理自己的财产。我们可以把这看作是每个人从自然那里获得的一个"特许状"。根据这个特许状，在自然状态下，每个人被赋予了这样一个行动空间：在这个空间里，每个人都可以（被允许）依自己的意志行事，他人不得干涉。这样的行动空间，实质上也就是通常所说的"自由权"（Freedomsright）。

就每个人都拥有这种同样的自由权来说，每个人都是平等的。也就是说，在自然状态下，人与人在自由权方面是平等的（一样的）。换句话说，在自然状态下，每个人都被所有他人允许了一个一样的行动空间，不更大，也不更小。在这个意义上，自然状态，也是一种人人平等的原初状态。

既然每个人在自然状态下的自由权是一样的，那么，每个人对任何他人都拥有一种权力（power），那就是可以以强力维护自己的这种平等的自由权，或者说，可以以强力要求他人尊

---

① John Locke, *Two Treaties of Government*, London: Cambridge University Press, 1979, p. 287.

重自己的平等自由权。当然，也可以反过来说，由于自由权是一样的，所以，任何他人也都可以以其强力要求我们每个人尊重并维护他的这种自由权。这种可以相互要求尊重并维护自己与他人一样的自由权的权力，就是人们之间相互的管辖权。由于这种相互的管辖权是来自平等的自由权，所以，这种管辖权也是一样的（平等的），没有人比其他人拥有更多的管辖权，正如没有人比其他人拥有更多的自由权一样。

这意味着，在自然状态下，人们之间的平等，不仅是拥有的权利是平等的，而且在（对他人）拥有的权力（在洛克这里体现为管辖权）上也是平等的。

于是，在洛克这里，自然状态，首先有一个基本规定，那就是，在自然状态下，每个人都是自由的，且是平等的。

这里特别值得指出的一点是，在洛克所设想的这种自然状态下，人类实际上不仅处在关系之中，而且这种关系还是一种“相互的（reciprocal）关系”：不仅自由权是相互的，而且管辖权也是相互的。这意味着，在洛克那里，拥有自由权的人类个体并非所谓“原子式的个体”，因为他们从来就不是封闭的，而是处在“相互性”的关系之中：每个人的自由权并不是一个个体相对自己而孤立确立的行动空间，相反，恰恰是相对于他人而相互确立的行动空间。[①]所以在洛克这里，自然状态并非是

① 正因为在洛克这里，自然状态下的人们是处在相互性的关系里，所以，他把这种自然状态称为“一个社会”（one Society）或“自然的共同体”（natural Community）。参见《政府论》下篇，叶启芳、瞿菊农译，商务印书馆，1995年，第79页；英文见John Locke, *Two Treaties of Government*, London: Cambridge University Press, 1979, p. 370。

一种非社会状态，相反它恰是一种社会状态。这是他与霍布斯、卢梭的一个重要分别。不过，关于“人类为何处在这种相互性的关系之中？”这个问题，的确不是洛克所能回答的，这需要第一哲学来讨论。

这里还很有必要附带讨论一下的是，在洛克与霍布斯看来，人类个体之间，在智能与体能方面，尽管有所差别，但是，综合起来看，这种差别可以忽略不计。因为这种差别不足以使一个人完全丧失捍卫自己的权利与生命的能力，从而完全丧失威胁他人的能力。只要这种捍卫自己与威胁他人的能力存在，那么，这种能力就会成为他的一种强制力量，凭此强力依靠，他也就能够有效地要求他人尊重其自由权。也就是说，每个人身上拥有基本一样的自然力量，使人们之间拥有同样有效的强制力，这使每个人能够迫使其他人承认并尊重自己同样的自由权。

实际上，在洛克与霍布斯那里，人们甚至是因为具有同样的自然力量，从而具有同样的强制力，才使他们能够拥有平等的自由权利。因为人们之所以能够不受制于他人意志而处理自己的财产与人身，首先是因为每个人具有同样的身心力量，并且因而能够同等地享有自然的一切有利条件。①

这里，每个人拥有相同的自然力量，是他拥有平等自由权

① 在《政府论》下篇，洛克写道：“极为明显，同种和同等的人们既毫无差别地生来就享有自然的一切同样的有利条件，能够运用相同的身心能力，就应该人人平等。”这里人人之所以“应当平等”，首先是从人作为同类存在者具有相同的身心能力来论证的。参见洛克：《政府论》下篇，叶启芳、瞿菊农译，北京：商务印书馆，1995 年，第 5 页。

利的前提，至少是这种平等自由权的一个前提。在洛克这里，相同的自然力量究竟是每个人拥有平等自由权的全部前提，还是只是一个前提，并不明确。但是，不管是构成全部前提，抑或只是前提之一，只要相同的自然力量被当作自由权的前提，那么，也就是意味着，如果没有同样的自然力量，那么，人们之间也就不可能有平等的自由权。

但是，如果没有同样的自然力量就没有平等的自由权，那么，我们要问：在没有同样的自然力量的情况下，人们是否应当拥有平等的自由权？如果不应当，那么也就意味着，自由权是完全基于相同的自然力量，是直接来源于相同的自然力量。现在，既然不存在相同的自然力量，那么当然也不可能有一样的自由权。相反，如果应当，那么，我们要进一步问，为什么应当？这"应当"从何而来？这是所有不承认人有相同的自然力量却又要承认人之间拥有相同自由权的人们要面对的问题。

不过，由于洛克承认人具有相同的自然力量，所以，在洛克这里不存在这个问题。但是，他和霍布斯需要面对另外的问题，那就是，虽然每个人都拥有与他人一样的自然力量，但是，是否每个人都能够独立自主地使用自己身上这种同样的自然力量？如果不能，那么，也就意味着相同的自然力量并不能使每个人获得一样的自由权，因为不能被其拥有者独立使用的自然力量很可能被他人用于奴役这个拥有者以及其他人；人类社会的特别之处就在于，它能够通过使其成员个体奉献或转让自己的自然力量来奴役这些成员个体。但是，如果说每个人也都能独立自主地使用自己身上与他人一样的自然力量，那么，我们要问：这种能独立自主地使用自己身上这种自然力的能力是一种什么能力？它是内在于人人拥有的相同的自然力量之中，抑或是这种自然力量之外的另外一种力量？实际上，也许恰恰是这种特殊的能力才是每个人拥有平等自由权的真正基础。

这些问题都是需要进一步追问的，也是洛克要面对的问题。不过，洛克显然没能真正面对这些问题。德国哲学的重要性，就在于对这些问题有所推进，有了思考。这里我们且按下不表，继续讨论洛克的自然状态理论。

第二节 自由和战争的关系

在自然状态下，虽然每个人都是独立而自由的，但是，自然状态并非放任状态，并非可以为所欲为。相反，自然状态受到人人都应当遵守的自然法的支配，这种自然法（洛克也把它视为理性本身），要求所有人认识并遵循这样一条法则：既然每个人都是自由而独立的，并且在这一点上是一样（平等）的，那么任何人都不得侵害他人的生命、自由、健康和财产。①

这也就是说，在自然状态下，每个人的自由是有界限的，那就是以不侵害他人生命、自由与财产为限制。虽然每个人在自然状态下都可以按自己的意志去决定自己的行动，但是，这种自由权是有界限的，它要以不妨碍他人同样的自由权为界限。如果说每个人是自由的可以被视为洛克所理解的自然状态的第

---

① 参见洛克：《政府论》下篇，叶启芳、瞿菊农译，北京：商务印书馆，1995年，第6页。

一个规定，那么，每个人的自由是有界限的，则是自然状态的第二个基本规定。

既然在自然状态下自然法要求人们不得侵害他人平等的自由权，以免相互伤害，那么，如何才能阻止相互伤害呢？显然，只有一种可能，那就是自然法在要求自然状态中的每个人不得侵害他人的自由、人身与财产时，也必须把这一法则交给每个人去执行，使每个人获得一种惩罚权，即有权（在制止违反自然法限度内）惩罚违反自然法的每个人。只要有人违反自然法，那么，每个人都可以、都有权力对这个违法的人进行惩罚。因为一个人对另一个人犯罪，即侵犯另一个人的自由与财产，也就是对所有人犯罪，就是对所有人的自由与财产的侵犯。

不过，这个惩罚权是有限度的，并非可以任意惩罚。这个限度就是，以制止继续违法并警诫类似的违法行为为界限。超出了这个界限，惩罚就不具有正当性。在自然状态下，受害人除了与所有其他人一样拥有对罪犯的惩罚权之外，他还拥有对罪犯的追偿权，即有权要求罪犯对造成的损失进行赔偿。这种追偿权是受害者独有的，也是不可让渡的。

所以，在自然状态下，每个人都拥有惩罚权与追偿权，以对违反自然法的人进行惩罚和追偿。这可以被看作洛克自然状态的第三个规定。这意味着，在自然状态下，每个人既是自然法的遵循者，同时也是自然法的执行者（司法者）和仲裁者，或者说，每个人既是当事人，也是执法者和仲裁者。

这里，人们会问，人类历史上是否的确存在过这种自然状态？

洛克回答说："对于这个问题，目前这样来回答就够了：全世界的独立政府的一切统治者和君主既然都处在自然状态中，那就很明显，不论过去或将来，世界上都不会没有一些处在那种状态中的人。"[①] 的确，我们今天已无法确切知道远古的人类是否存在过那样一种自然状态。但是，我们却可以确凿知道，在我们时代，至少仍然有些人处在这种自然状态里。洛克举出了一个例子，世界上有许多独立的政府或国家，所有这些独立国家（政府）的统治者之间（不管是君主还是总统或者主席）都处在一种自然状态：他们作为各自国家的代表，是自由的，不受他国统治者意志的支配，可以完全按自己的意志处理自己的事务，在这一点上他们是完全平等的；同时，每个统治者的这种自由也是有限的，那就是在按自己的意志处理自己的事务时，不能损害他国统治者按自己的意志处理自己事务的权利；而当一个国家的统治者侵害任何一个其他国家的统治者时，任何其他国家的统治者也都有权（动用自己的力量，也就是由他掌控的国家力量来）惩罚这个实施侵害的统治者。所以，对于今天的人们来说，虽然作为公民个体的我们都处在一个国家或政府之内，而不再生活于自然状态里，但是，各自独立的国家之间却是处在自然状态。这意味着，作为各自国家代表的统治者之间处在自然状态。既然目前都有人处在自然状态，那么由此可以推知，过去甚至将来，一样有人处在自然状态。

这里，从洛克的论述中，我们可以划分出两种级次的自然

---

① 洛克：《政府论》下篇，叶启芳、瞿菊农译，北京：商务印书馆，1995年，第11页。

状态：一种是个体人之间的自然状态，我们可以称之为“原生级自然状态”，这里还没有国家或政府，只有个人之间的关系；一种是不同政治实体的统治者之间的自然状态，它是以各自独立的国家为媒介，这是一种“次生级自然状态”，它可能随着世界政府的成立而消失。如果说原生级自然状态是所有人的自然状态，那么，次生级自然状态则只是部分人的自然状态。不过，在理论上，从次生级自然状态可以推知原生级自然状态的存在。

在洛克这里，自然状态虽然受自然法的支配，因而人们总体上是自由的、平等的与和平的，而不是像在霍布斯那里那样，自然状态被看作一定是战争状态。所以，自然状态与战争状态是有别的。但是，这并非意味着，在自然状态里不会发生战争，相反，由于人们既能遵守自然法，也会违背、突破自然法，所以，人们倒随时可能陷入战争状态。

这里首先要问，什么是战争状态？“战争状态是一种敌对的和毁灭的状态。”也就是说，如果一个人以语言或行动表示对另一个人的生命怀有明确的控制意图，那么，他就与他所图谋控制的人处在战争状态。[①] 因为基于自然法，每个人都可以并应当尽力自保，使自己的生命、自由与财产处于安全之下。但是，一旦他的自由受到威胁，或者他的生命受到控制，那么他将丧失一切自保能力而成了可以任人宰割的对象。因此，当一个人察觉自己的生命与自由面临被控制的危险时，也就意味着他面临着生命危险。所以，他也有理由反过来威胁他人生命，以图

① 洛克：《政府论》下篇，叶启芳、瞿菊农译，北京：商务印书馆，1995 年，第 12 页。

自保。这种控制他人生命的意图，在根本上也就是试图把他人置于自己的绝对权力之下，或者说，就是使自己对他人拥有绝对的权力。所以，洛克继续分析道：

> 因此，谁企图将另一个人置于绝对权力下，谁就同那人处于战争状态，这应被理解为对那人的生命有所企图的表示，因为，我有理由断定，凡是不经我同意将我置于其权力之下的人，在他已经得到了我以后，可以任意处置，甚至也可以随意毁灭我。因为谁也不能要求把我置于他的绝对权力（for no body can desire to have me in his Absolute Power）之下，除非是为了通过强力迫使我接受不利于我的权利的处境，也就是使我成为奴隶。免受这种强力的压制，是自我保存的唯一保障，而理性促使我把那个想要夺去我那作为自保屏障（fence）的自由的人，当作危害我的生存的敌人看待；因此凡是图谋奴役我的人，便使他自己同我处于战争状态，凡在自然状态中想夺去处在那个状态中的任何人的自由的人，必然被假设为具有夺去其他一切东西的企图，这是因为自由是其余一切的基础。同样地，凡在社会状态中想夺去那个社会或国家的人们的自由的人，也一定被假设为企图夺去他们的其他一切，并被看作处于战争状态。[①]

---

① 洛克：《政府论》下篇，叶启芳、瞿菊农译，北京：商务印书馆，1995 年，第 13 页。译文根据英文版略有改动。

自然状态与战争状态的不同就在于，在自然状态下，由于每个人都是自由的，并且在这一点上每个人都是平等（一样）的，因此，每个人对他人所拥有的权力即管辖权也就仅仅限于防范与纠正他人对这种平等自由权的侵犯。所以，在自然状态下，任何人都不拥有对他人的绝对权力。相反，战争状态之为战争状态，就在于有人把他人置于自己的绝对权力下，或者试图把他人置于自己的绝对权力下。不管是个人还是组织（如国家），只要试图或已然把他人置于自己的绝对权力下，那么，也就意味着与他人进入战争状态。因为在洛克看来，凡是把他人置于自己的绝对权力下，也就意味着随时可以剥夺他人的自由，而对他人自由的剥夺，在根本上表明可以随时毁灭他人的一切，包括生命与财产。简单说，要（剥夺）了一个人的自由，意味着随时可以要（剥夺）他的命。因为失去了自由，也就失去了自保的能力与可能。在这个意义上，剥夺他人的自由，可以合理地被视为具有夺去乃至毁灭他人一切的企图。

所以，如果说把他人置于自己的绝对权力下就意味着与他人进入战争状态，那么，现在我们也可以说，剥夺或企图剥夺他人的自由，就是与他人处于战争状态。不管是在自然状态下还是在国家状态下，凡是剥夺或企图剥夺人们自由的个人或组织，必定也随时能够剥夺或毁灭人们拥有的一切，因而实际上便与人们处于战争状态。

所以，洛克也这样说明自然状态与战争状态：

> 不存在具有权力的共同裁判者的情况使人们都处于自然状态；不基于权利而以强力加诸别人，不论有无共同裁判者，都造成一种战争状态。[①]

从战争状态与自然状态的区别中，可以看到，对于个人来说，维护自己的自由是一个人享有和平、平等、生命与财产的前提；对于一个群体来说，维护每个人的自由权是防止人们陷入战争的前提。一个人一旦失去自由，那么他也就失去了平等地位而落入被奴役的处境，他的生命、财产以及他本来拥有的其他一切都将不再有任何保障。就此而言，每个人的自由是每个人真正能够拥有自己的生命、财产与安全的前提。这在根本上意味着，自由是每个人自保的最后一道屏障，也是唯一一道屏障；失去自由也就意味着失去一切。正因为如此，不管是在自然状态下，还是在政治社会里，维护与保障每个人的自由（权）都是至关重要的：在自然状态里，它是每个人的首要任务，在政治社会里，它是国家的首要任务。

如果我们把这里的自由看作是各种基本自由权利的总体，那么，自由度的大小就体现为这些基本自由权实现了多少。在一个共同体内，不管是在自然社会里，还是在政治社会里，自由度越大，意味着每个人自保的屏障越可靠、越安全，相反，自由度越小，则意味着每个人自保的屏障越残缺、越脆弱，陷入战争的危险也就越大。

---

① 洛克：《政府论》下篇，叶启芳、瞿菊农译，北京：商务印书馆，1995 年，第 14 页。

在这里，洛克以从未有过的深刻揭示了自由与战争的关系：维护每个人的普遍自由（也即维护自己与他人一样的自由）是防止人类社会陷入战争的屏障；无辜失去自由则意味着被迫陷入战争；人们发动或参与战争的唯一正当理由是捍卫自由。因此，哪里存在绝对权力，那里的人们就普遍失去了自由，因此，那里实际上就处在战争状态。

第三节　个体权利：国家合法性的来源

因此，如果说自保是每个人的要务，那么维护自由也就成了每个人首要的任务。不过，在自然状态下，由于有种种缺陷与不便，使每个人都难以有效维护其自由，因而难以避免陷入战争，因为以强力限制、损害他人的自由是战争的第一步。在洛克看来，使人类容易陷入战争的主要缺陷主要有三个方面：

第一，在自然状态下，缺少一种明确、成文而被人们普遍同意而共同接受的法律，因而在自然状态下，缺乏能被人们普遍承认为判定是非标准与裁判他们之间一切纠纷的共同尺度。虽然在自然状态下人们有理性而有自然法，但是人们并不仅仅是理性存在者，并且或者由于每个人都有自己的利益与偏见，或者由于人们对自然法一无所知，所以，人们并不一定承认自然法的普遍约束力。简单说，在自然状态下，缺乏普遍的法律。

第二，在自然状态下，缺少一个有权力根据既定的法律来裁判一切纠纷或争执的公正裁判者。因为在自然状态下，每个人都既是当事人，也是裁判者，但是，显然每个人都是偏袒自己的，特别是情感与报复心会使每个人都失去裁判者应有的公正性。简言之，在自然状态下，缺乏公正的裁判者。

第三，在自然状态下，缺少有效的权力（力量）来确保正确的判决得到应有的执行。每个人只能依靠自己的天然力量来纠正受到的不公侵害并惩罚侵害者，这就无法保证能够对侵害者进行有效的应有惩罚，而且还会使试图执行惩罚的人处在危险当中。也就是说，在自然状态下，执行难。

公正判决难以执行，在根本上意味着，人们可以伺机侵犯他人，把他人逼入战争状态。也就是说，判决难以执行实际上意味着一个高度的危险：把人们推向战争状态。所以，司法领域里的执行难并非只是司法领域自身的一个困局，而是事关整个社会的致命危险。如果一个社会在司法领域存在大面积的执行难，那么，这个社会就不只是存在腐败问题，而是陷入了战争或半战争的困境，以致人与人之间不是充满友善，而是充满敌意，整个社会不是流溢着祥和，而是弥漫着戾气。可以说，不管是自然社会，还是政治社会，判决难以执行都是属于最危险的一个缺陷。这是洛克政治理论特别启示于后人的一个深刻洞见。

由于存在上面的种种缺陷，“这样，人类尽管在自然状态中享有种种权利，但是留在其中的情况既不良好，他们很快就被迫加入社会”[①]。

在自然状态下的人们虽然享有自由、平等，并拥有对自己

① 洛克：《政府论》下篇，叶启芳、瞿菊农译，北京：商务印书馆，1995 年，第 78 页。

的人身与财产的所有权，但是，由于上面的三种主要缺陷，这种享有是很不安全、很不稳定的，随时都可能受到他人的威胁。在洛克看来，这促使有理性的人采取四方面的措施：首先是与其他一些人立约结盟，并共同约定，为了更好地维护各自的安全与所有物，大家愿意从自然状态下享有的所有权利（也就是为了维护自己与他人的安全和所有物而可以做自认为合适的任何事情的权利）中放弃某些权利（比如仲裁权与惩罚权等）。其次是共同推举他们信任的一些人组成一个机构，把在自然状态下享有的相互管辖、相互规范对方的权利转让给这个机构，由这个机构根据大家结盟的目的——更好地维护各自的自由（权）——来制订和颁布共同的法律，对人们的行为进行规范和限制，以确保共同结盟的所有成员个体的安全与所有物。这就是立法机构，它所拥有的权力就是立法权。然后，也即第三步骤，人们共同现实地，而不只是在意愿上让渡出惩罚权，把它转让给由共同结盟的人们一起推举或指定的人们组成的机构，由这一机构按法律规定的标准来裁判，并对裁决加以执行。这就是执行机构，它所拥有的权力就是执行权。

实际上，立法与执法是需要成本的，同时，结盟的人们还会有其他公共利益需要维护与发展，所以，人们还需要有机构来统一筹划与安排公共利益，以使前面两个机构的功能得以运转起来。这就是后来通常所说的行政管理机构，它所拥有的权力就是行政权。这里要指出的是，洛克这里，还没有区分执行权与行政权，从他的相关论述看，他心目中的执行权实际上包含着行政权。因为在他这里，执行权的行使并不仅仅是对法律的执行，同时也包括对公共利益的承当与谋划。

在自然状态下的人们采取了上面三个措施之后，也就脱离了自然状态而进入了契约的社会状态，并确立了一个拥有前面三个职能机构的共同体，这就是“国家”，所以，也可以说是进入了政治社会。

在洛克看来，在国家产生的过程中，立法机构及其立法权的确立是最关键的一个环节。没有立法机构与立法权的确立，也就不会有国家的产生；而立法机构与立法权解体，国家也将不复存在。因为没有立法机构，就不可能颁布明确而普遍的法律，人们的纠纷也就没有可据以申诉的依据和得到公正裁决的机制，而这意味着人们将重返自然状态：自己充当仲裁者，并由自己执行惩罚权。所以，在洛克这里，立法机构是国家最高机构，立法权是国家最高权力，它是国家一切权力之母：执行权与对外权力以及其他一切权力都是来自于立法权的委托。[①]

不过，这里有两点需要加以强调：首先在洛克这里，作为国家最高权力机构，立法机构就其正当性而言直接来自于结盟的成员个体的权利让渡，而不来自任何其他地方；同时，这个最高权力机构的目的不为别的，只为更好地保障与维护成员个体的自由。在这个意义上，国家的正当性与目的都在于其成员个体的自由权。

其次，在洛克这里，立法权作为最高权力并非绝对权力，

① 洛克：《政府论》下篇，叶启芳、瞿菊农译，北京：商务印书馆，1995 年，第 82、83、92、93 页。

它不能把共同体内任何个人置于它的绝对权力之下，或者更确切地说，它不具有把成员个体的生命、自由与财产置于自己支配之下的权力。

那么，如何理解立法权作为国家最高权力，并非绝对权力？首先从其来源看，这是因为立法权本身是来自共同体所有个体成员在自然状态下相互享有的权利与权力的某种让渡。而在自然状态下，不管是人们相互拥有的权利，还是相互拥有的权力，都是对等的，任何人都既不享有支配他人的生命、自由与财产的权利（正当性），也没有拥有这样的权力。这意味着，人们让渡出来的仅仅是如何更好地维护自己和他人的所有物（包含生命、自由与财产）的权利与权力，而不是什么绝对权力，因为人们本没有绝对权力可转让。所以，立法权“在最大范围内，以社会的公众福利为限”[①]。也就是说，立法权是有限度的，而不是无限度的，这个界限就是“公众的福利”。而就公众所有福利都以自由权为前提（或者说，就公众最基本的福利就是每个人的自由权）而言，立法权这个最高权力的界限就是公众个体的自由权：从肯定角度说，立法权的全部权力都要以维护与保障成员个体的自由权为目的；从否定角度说，立法权以不能损害成员个体的自由权为底线。

同时，立法权作为最高权力，正如它是由立约者让渡与委托所产生的一样，它也可以由立约者重新收回。因为“立法权既然只是为了某种目的而行使的一种受委托的权力，当人民发

---

① 洛克：《政府论》下篇，叶启芳、瞿菊农译，北京：商务印书馆，1995 年，第 83 页。

现立法行为与他们的委托相抵触时，人们仍然享有最高的权力来罢免或更换立法机关；这是因为，受委托达到一种目的的权力既然为那个目的所限制，当这一目的显然被忽略或遭受打击时，委托自然被取消，权力又回到当初授权的人们手中，他们可以重新把它授予他们认为最有利于他们的安全和保障的人。因此，社会始终保留着最高权力”①。也就是说，立法权一旦违背了它接受委托时的使命，那么，人民就有权把它收回，重新另行委托。所以，国家的最高权力并非绝对的，否则它就是不可收回的。

从洛克关于国家产生的讨论，我们可以看到，国家的全部合法性是也仅仅是来源于它的所有成员个体的权利让渡，而不来自于任何其他地方。这也就是说，国家的合法性是基于成员个体的权利，个体的权利成了立国的唯一根据。这种国家的消极任务在于避免战争，防止无休止的纠纷，而其积极使命则在于维护所有成员个体的自由与安全。但是，就自由是每个人维护自己的安全、财产以及其他一切的屏障来说，国家的首要任务就是维护所有成员个体的自由。如果国家没能真正维护成员个体的自由，那么，也就意味着国家没有履行它本应履行的最基本职责，这是国家的失约行为。

那么，什么样的国家才能真正维护个人的自由与安全？也就是说，什么样的国家才能保持对自己使命的忠诚？这是洛克

---

① 洛克：《政府论》下篇，叶启芳、瞿菊农译，北京：商务印书馆，1995年，第91—92页。

在颠覆了传统的国家正当性基础而把权利确立为这一基础之后，要面临的问题。

人们走出自然状态，建立起了公共的立法机构与执行机构，以之为一切纠纷的公正裁决者与有效的执行者，本是为避免陷入战争状态，以便更有效地维护自己的自由与安全。但是，实际上，人们进入国家之后，也一样会陷于战争状态，甚至是更严重的战争状态，那就是内战状态。

在洛克看来，凡是专制政府（当然包括后来的极权国家）都属于背离了国家目的与国家使命本身的国家类型，它们都不可避免地将国家带进内战状态。因为在这类国家里，虽然也有公开的普遍法和确定的裁判者，“但是，由于公然的枉法行为和对法律的牵强歪曲，法律的救济遭到拒绝，不能用来警戒某些人或某一集团的暴行，也不能用来赔偿某些人或某一集团造成的损害，这种状况除了是战争状态，难以想象是别的状态”[①]。

也就是说，在专制型国家里（不管是一人的君王专制，还是特权阶层组成的集团专制），由于统治者独揽了立法权、司法（裁决）权、执行权，所以，实际上不可能存在真正普遍的法律与公正的裁判者，而只有强权。在这里，统治者的意志与利益必定高于一切法律。因为在有人可以独揽立法权与执行权的国家里，也就意味着一切法律都可以且也只能由强权意志来解读。而一切强权意志与一切私人意志一样，首先看到与追求的必定

① 洛克：《政府论》下篇，叶启芳、瞿菊农译，北京：商务印书馆，1995年，第15页，译文据英文版有改动。

是自己的利益，而不是什么普遍正义。因此，在法律可任由强权意志解读的地方，一切公开的法律都将丧失普遍正义。这样的法律必定不再具有任何维护正义的求助功能，因而也不再具有任何公信力。因此，在这样的地方，无辜受到损害的人将无处申诉，他们将发现，他们找不到一个公正无私的裁判者可以向他申诉，并通过他的公正裁决得到赔偿或救济。这在根本上意味着，在这样的国家里，一些人，或者更确切地说，权力集团可以在法律名义下为所欲为，而另一些人，也就是无权阶层，实际上不受任何法律的保护，他们的自由、安全、财产总是处在危险当中。而这在根本上就是一种面临战争的状态。

因此，洛克推论认为，为了把人类从普遍的战争状态下解放出来，必须首先把人类从一切专制国家里解放出来。而这意味着要对国家权力进行分解，使立法权与执行权分立并存，相互制约。这也就是洛克分权的思想。

尽管洛克的分权理论还比较粗糙，但对后世有持久的影响。其中，有两点特别值得加以提示：首先是，洛克的分权理论有严格的学理论证；其次，洛克的分权理论的目标是限制一切统治阶级的权力，而其目的则是维护与捍卫每个国家成员神圣不可侵犯的自由权，以避免国家陷入战争。

第四章　从极端自然状态到社会状态
——论卢梭的政治哲学（上）

在洛克的理论预设里，自然状态中的人类是平等的，这种平等的主要内容就是权利方面的平等，就是说，每个人能够无须听从他人的意志而按自己的意志处理自己的包括财产、人身与自由在内的“所有物”（property）。这是一种基于自然法的平等的自然权利。这种关于权利平等或平等权利的思想构成了洛克政治哲学的基础，因此，权利的平等或平等的权利也就被确立为人类必须加以尊重、维护、贯彻与履行的一条基本政治原则。但是，在历史与现实的社会生活中，各种不平等却充斥于各个角落，甚至成了社会中最泛滥的一个普遍现象。那么，人类社会中的这种不平等现象究竟是如何产生的呢？这是近代以来政治哲学不得不面对且不得不回答的一个问题。

从霍布斯、斯宾诺莎、洛克的观点看，各种不平等只是人类进入政治社会之后才出现的，这在之前，也就是在他们所谓的“自然状态”里，则不存在不平等现象。卢梭也持与他们一样的观点。所以，卢梭确信，为了澄清不平等的起因与缘由，必须首先弄清楚人类的自然状态。不过，在卢梭看来，虽然之前有许多研究社会之基础的哲学家也认为要追溯到自然状态，但是他们中没有人真正追溯到这种状态。因为他们每个人都在以诸如需求、贪婪、压迫、欲望与骄奢这些只有在社会中才会产生出来的现象与观念去谈论自然状态，以致他们表面看起来是在谈论原始人，而实际上描述的却是文明人，也即社会状态中的人。[①] 那么，自然状态（the state of nature）究竟是一个什么状态呢？

第一节 卢梭的自然状态与孤单的初人

实际上，为了真正了解人类最初的自然状态，卢梭确立了两条原则，首先就是必须避免以在社会状态中才有的观念与现象去理解、看待原始人类；其次是，我们无需通过考察自然如何产生出人，而只需从自然刚产生出来的人来考察人的初始状态，因为我们没有必要、也不可能对自然如何产生出人类的每个细节，或哪怕主要环节进行考察。[②] 就第二条原则而言，隐含着把人作为自然的最后结果来接受的观念。在这里，人是自然的直接的结果，而就人是自然万物中最完善的存在者来说，人则是自然最高的结果，虽然他并不一定是自然的最高目的。因此，诸如自然如何产生出人？它是否是从爬行的四脚动物演

① 参见卢梭：《论人与人之间不平等的起因和基础》，李平沤译，《卢梭全集》第 4 卷，北京：商务印书馆，2012 年，第 230 页。

② 参见卢梭：《论人与人之间不平等的起因和基础》，李平沤译，《卢梭全集》第 4 卷，北京：商务印书馆，2012 年，第 233 页。

变出直立行走的人来？如果是，它又如何一步一步完成这一工作？这些问题在这里并不重要，因为不管能不能对这些问题给出准确回答，都不妨碍我们对作为自然之最后结果的人的原初状态的了解。作为自然直接的最后结果，人在他被自然刚产生出来时的状态，就是他最真实的自然状态。虽然这种状态对于今天的我们来说已成湮没无闻的久远过去，甚至在神话记忆中都难觅其踪影，但是，根据第一原则，我们却仍能呈现这一状态。因为根据这一原则，自然状态一定是非社会性的状态——实际上，根据这一原则，卢梭把人类历史截然划分为两个完全不同的分阶段。当卢梭认为，不能以在社会中才会有的现象与观念去理解自然状态中的人时，他心目中的“自然”不仅是一种与“社会和社会性”完全无关的自然，而且是一种与社会以及社会性相排斥的自然，或者说，社会乃是不自然的，而自然则一定是非社会的。因此，人们完全有理由从社会状态来反推自然状态。当卢梭为了写作《论人与人之间不平等的起因和基础》而在圣热耳曼森林里漫步冥想时，他实际上就是这样做的。所以，他写道：

> 如果……完全按照人从自然中创造出来时的样子来观察他，那么，我发现，人这种动物既没有某些动物强壮，也没有某些动物敏捷。不过，从总体上看，他的身体构造却是所有动物中最完善的：我看到，只要他能找到橡树果充饥，找到小溪解渴，还能在一棵橡树下悠然自得地睡觉，

那么，他的全部需要就都满足了。[①]

在这里，虽然“自然人”在身体结构上优越于其他动物，但是，在这一点上仍然与动物无别，那就是：他的生活就满足于满足他的生理需要。也就是说，他的需要就是生理需要，除了生理需要的欲望，他没有任何其他欲望；只要生理需要得到满足，他就再没有任何欲望。而就生理需要是一种要求得到填充的生理匮乏而言，自然人的欲望就只限于填充这个生理空洞。

卢梭实际上区分了需要（需求/wants）与欲望（passions），前者是直接源于生理的周期性匮乏，一旦这种匮乏被补足，需要就消失，需要就不再需要。而欲望则既与生理匮乏相关，有生理匮乏就会产生欲望，在这个意义上，欲望也根源于生理匮乏；但是，欲望还与人的“知识”相关，随着人产生了对事物的认识并不断积累这种知识，人的欲望、爱好也就超出了需要，并且越来越多，直至欲壑难填，无以穷尽。欲望推动着智力与知识的发展，而智力的提高与知识的增多则激发着欲望的膨胀。简单说，知道的越多，欲望也就越多。人一旦有了知识，他的欲望也就超出了他的生理需要。但是，由于最初的人，也就是自然刚产生出来的“自然人”，他没有任何知识，所以，他除了生理需要外，别无欲望。卢梭分析说：“原始人因为没有任何知识，只具有来自自然冲动的欲望，所以他的欲望不会超过他的

① 卢梭：《论人与人之间不平等的起因和基础》，李平沤译，《卢梭全集》第4卷，北京：商务印书馆，2012年，第234页。根据英译本有所改动。

身体的需要。在这个世上，他只知道食物、女人和睡觉是好的，而害怕的唯一灾难则是疼痛和饥饿。”[①] 这意味着，在没有知识挑起额外的欲望之前，自然人只有三种生理性需求的欲望，即对食物、异性与睡眠的欲望。他的生活就围绕着这三种生理需要的满足而展开。因此，在自然状态里，人的生活的全部内容就是生理需要的满足，他的全部存在活动就是生理活动。

同时，由于生理需要都是眼下迫不及待的渴望，或者是当前有待于弥补的匮乏，因此，只有生理需要的“自然人”甚至就只生活于“现在”，只存在于当前或眼下。正如卢梭自己所说：“他唯一关心的是眼前的生存。对于将来（即便是就要临近的将来）他也从来没有想过；他的计划同他的视野一样，是很有限的，就连当天黄昏以前要做些什么事，他也预见不到。”[②] 如果说“自然人”看不见“明天”，打不开“未来”，因而也就没有“希望”与“期待”，那么，他同样也看不到过去而无法

---

① 卢梭：《论人与人之间不平等的起因和基础》，李平沤译，《卢梭全集》第4卷，北京：商务印书馆，2012年，第244页。根据英译本有所改动。

② 卢梭：《论人与人之间不平等的起因和基础》，李平沤译，《卢梭全集》第4卷，北京：商务印书馆，2012年，第245页。在这里，卢梭还引证了一个人类学材料：加勒比的土著人上午卖掉了他的棉被，到了傍晚又为要把它重新买回而伤心落泪。卢梭由此得出结论说：这个加勒比土著连晚上还需要棉被都想不到。实际上，卢梭很可能是基于人类学家记述的这一材料得出原始人只关注现在，而不筹划未来这一结论。但是，即使这一材料记述的是一个事实，也得不出这一结论。因为这个加勒比土著完全可能并非预见不到晚上还需要棉被御寒，而只是抵抗不住白天一醉方休的诱惑，只好把唯一值钱的棉被卖掉。他就像一个法国赌徒，明知道把在巴黎唯一拥有的一套房子卖掉之后，他将居无定所，但是，他实在抵不住狂赌一把的冲动，所以，他一早起来就把房子卖了，然后兴冲冲地走进赌场。事实上，只要是人，他就不可能只生活在当下，而不打开未来。

重演历史。只要是对当下的生理需要没有直接意义的事物都成为不在场的事物而无法进入“自然人”的视野之内，因而都成了“无”。而一切过去了的事物，一切不再出场的事物，与一切尚未出场的事物一样，对于“自然人”的视野来说都属于“无”而不在他的生活世界里。因此，虽然他成年累月地在森林里奔走、游荡，但是，他永远只有一天的生活，甚至只有不到一天的生活。简单说，他整个一生实际上就只有一天的生活，只生活于一天之内。所以，他只有眼前，而没有时间，没有历史；他只生活在当前，而不存在于历史。由于没有过去而没有历史，所以，自然人也就没有经验可以参考，没有教训需要吸取，更没有传统需要维护或突破，因而他也不会有因过错而忧伤沮丧，不会有因犯错而歉疚忏悔；同样，由于没有未来与期待，所以，自然人也就既没必要为不确定的明天与未来而忧心忡忡，也无需为可靠的明天或更美好的未来准备种种花饰，或者筹划尽可能充分的条件，并为此劳顿不已。

所以，在卢梭看来，大自然赋予自然人的是一种简朴、单调而日复一日的快乐生活。他赤身裸体，没有衣裳，没有固定居所，却自由自在；他没有一切我们认为必要的奢侈品，却生活得轻松幸福；他既不为失去的岁月而忧伤，也不为谋划未来而烦恼，阳光、乐观、满足、无忧无虑是他生活的全部色彩。

虽然自然人在只满足于生理需要而只生活于眼前这两方面与动物无别，但是，卢梭在这里还是认为自然人暂且有一点（因为后面他认为还有其他方面）不同于其他动物：那就是自然人具有其他动物所没有的学习能力：他能从每种动物那里学会出于这一动物的本能固有的本领，这使人的技能大大超过了任何一种动物，因为所有其他动物都只能拥有局限于其本能的技能。[①]这使自然人能够独自自如地应对遭遇到的大部分动物以及各种自然境况，而无需他人的帮助或协作。因此，在卢梭看来，自然人必定是以独居的方式生活着，而不是也无需以群居的方式生活着。所以，在谈论自然状态中的人时，卢梭通常只用第三人称单数（he），而很少用第三人称复数（they）。

卢梭当然不会否定人是哺乳动物。他也承认，人与其他哺乳动物一样，是在母亲的哺乳中成长的，而且人的幼年时期要比动物更长，也就是说，他依赖母亲的时间要比其他动物更长。这实际上也意味着他有相当长的时间与其兄弟姐妹相处过。虽然如此，卢梭却认为，自然人一旦能独立生活，他或者就毫不迟疑地离开母亲与弟妹们，或者就被母亲决然地赶走，就像驼鹿世界里发生的那样。卢梭仿佛把自己想象为从遥远的自然状态中走出来的见证人，以致他以亲历者般的确信认为："分散在森林中与各种动物杂处的人类……既没有固定的住所，彼此又互不需要，而且在一生之中也许只能相遇一两次，既不彼此认识，也不相互交谈。"[②]也就是说，自然状态中的人是离群索居的，他以原子式的个体孤单地散居在森林里，形单影只地游荡在动物世界中。所以，"当初的原始人的生活是孤单的、闲散的

① 参见卢梭：《论人与人之间不平等的起因和基础》，李平沤译，《卢梭全集》第4卷，北京：商务印书馆，2012年，第244页。

② 卢梭：《论人与人之间不平等的起因和基础》，李平沤译，《卢梭全集》第4卷，北京：商务印书馆，2012年，第247页。

（solitary and indolent）”[①]。

孤单与闲散可以看作卢梭对原始人或自然人的生活方式最基本的刻画。他以“闲散”来表明，自然人的生活没有任何规划与筹谋，他一旦满足了自己的生理需要，就再无任何要关心的事情。因为他没有“明天”，没有“未来”，所以，他只考虑眼下的需要，而不需也无法在关心眼下需要之外还去紧锣密鼓地筹划未来，或忧心忡忡去为明天做准备。自然人只要吃饱、喝足，他剩下的唯一一件事就是睡觉。所以，自然人“总是喜欢睡觉”，也不能不喜欢睡觉[②]，因为他无事可做。当然，如果是发情期，那他还需要性爱，这是唯一一件在吃喝之外“多出来”的事情。不过，即便是在这件历来甚为急迫的事情上，卢梭心目中的自然人也并不有任何事先的筹划，也不会有诸如“寤寐求之”而“辗转反侧”一类的烦恼，因为他压根就不认识任何人；在这件事情上，他也只是像觅食一样，全凭偶然的运气，在漫无目标的游荡中碰上谁就是谁。

而“孤单”则是被用来表明，自然人是一种非社会性的存在，他不以与他人共在的方式存在着，而是作为个体封闭于他人之外而生活着。自然人之间的关系只是一种外在的关系，只是一个个相似但相互分离的肉身之间的偶然关系。自然人的孤单不只是在于他的离群索居，而且更在于他的封闭性。他不能

---

① 卢梭：《论人与人之间不平等的起因和基础》，李平沤译，《卢梭全集》第 4 卷，北京：商务印书馆，2012 年，第 240 页，据英译本有所改动。

② 参见卢梭：《论人与人之间不平等的起因和基础》，李平沤译，《卢梭全集》第 4 卷，北京：商务印书馆，2012 年，第 240 页。

敞开自己：不是不愿意，而是无法向他人敞开自己，也无法向任何他者敞开自己。因此，他也无法让他人他者敞开自己，因为只有能自我敞开的存在者才能让他者敞开自己。什么样的存在者才是能自我敞开的存在者？只有能打开过去、现在与未来的存在者，才是能自我敞开的存在者。因为只有能同时打开过去、现在与未来这三个向度的整体时间，他才能既向未来打开自己的可能性，也向过去与现在打开各种可能性，让自己置身于包含着一切可能性于自身的整体可能性之中。置身于这种没有遗漏的整体可能性的存在者，才是自我敞开着的存在者。唯其如此，他也才能把他者带进整体时间中而让他者敞开自身。一切存在者或者是随着打开整体时间本身而敞开自身，或者是随着被带进整体时间中而敞开自身。由于在卢梭看来，自然人只生活于眼前而没有过去与将来，因而他实际上打不开整体时间而不在时间中。所以，自然人无法敞开自己，也无法相互敞开。因此，他们不仅没有相互帮助与协作的需要，更没有相互理解、相互关爱、相互承认、相互尊重的需要。因为所有这一切相互性的共在都要以能敞开自己而相互呈现自己为前提。所以，当卢梭把自然人的生活看作只满足于满足生理需要而只生活于现在时，单子式自我封闭的孤单也就必然成为自然人的生存本质。相比之下，离群索居只是现象，孤单者通常离群索居，而离群索居未必孤单，因为真正共在者可以是天涯咫尺，海角犹邻。

这里，我们实际上可以看到，卢梭非常敏锐地捕捉到了时间与人的本质存在方式之间的模糊关联：只存在于现在的自然人是以孤单与闲散的方式生活着。不过，他并没有真正洞见二者之间的必然关联，更没有洞见到人的整体时间性存在，所以，他能够非常固执地把人阻挡在社会性共在与在世性存在之外，而压根没有意识到，流连于现在而只抓住眼前，乃是人隔离了自身的一种非本己的存在，它恰恰是一种庸常的而非本原的存在。

由于孤单而离群索居，自然人或原始人之间除了为了性爱偶尔碰到一起外，他们之间“没有任何来往，也没有什么来往的必要”[①]。“的确，我们很难想像在这样的原始状态中，一个人之需要另一个人，比一只猴子或一匹狼需要另一只猴子或另一匹狼更迫切；也很难想象另一个人将出于何种动机去满足这一需要；即使另一个人愿意去满足这一需要，我们也很难想象他们之间将在哪些条件下才相互同意。”[②]与生活于社会关系中的“社会人”不同，社会人相互依赖而相互需要，他离不开他人的合作与帮助，相反，自然人完全可以独自生活，如果他不受性冲动的驱使，那么他甚至可以不与任何他人接触而完全独立地过完他的一生。自然人与动物一样，他的生活并不更需要另一个同类，甚至这种需要还弱于其他动物，比如狼。既然原始人没有来往的必要，也没有来往的事实，那么他们之间也就没有使用语言的需要，所以，如果他们竟有语言，那倒反而是不可理解的。所以，确切的情况应当是，自然状态中的人是没有语

① 卢梭：《论人与人之间不平等的起因和基础》，李平沤译，《卢梭全集》第4卷，北京：商务印书馆，2012年，第248页。

② 卢梭：《论人与人之间不平等的起因和基础》，李平沤译，《卢梭全集》第4卷，北京：商务印书馆，2012年，第254页。

言的。语言的产生必定是基于交流的需要，而人们之所以需要相互交流，在卢梭看来，则一定是因为人们在某种外因的影响下变得更加相互需要、相互依赖，否则人类不可能产生出语言这种极其复杂的艺术。

虽然自然人很少相互接触，也没有语言，因而也不会有类的概念，但是，他却能把他人当同类，并且同情同类的受苦，这就是同情心或怜悯心（compassion）。“我认为怜悯心是我们这样柔弱和最容易遭受苦难折磨的人最应具备的禀性，是最普遍的和最有用的美德；人类在开始运用头脑思考以前就有怜悯之心了；它是那样的合乎自然，甚至动物有时候也有明显的怜悯之心的表现。”[①] 也就是说，人天生就有怜悯心。这种怜悯心虽然并不能使人与动物区别开来，但是，却是卢梭理解自然状态中人与人之间关系的一个重要基点。这一点我们下面将进一步讨论。

如果初始之人的确就像上面所讨论的那样，那么，自然状态中的人与动物没有什么根本区别。因为动物也只满足于生理需要，只生活于现在，并且也大都离群索居，没有语言，没有交流。

当然，自然人与动物还是有区别的，在卢梭看来，这种区别主要就在两个方面：一个方面是，虽然人与动物都可以被看作一部精巧的机器，但是，人不同于其他动物：“动物的行为完

---

① 卢梭：《论人与人之间不平等的起因和基础》，李平沤译，《卢梭全集》第 4 卷，北京：商务印书馆，2012 年，第 258 页。

全受自然的支配，而人却不然；人是一个自由的主体，……动物根据它的本能来决定它对事情的取舍，而人却可以自由地选择什么或放弃什么。动物的行为不能违背自然给它规定的法则，即使某些行为对它有利，它也不做；而人却不然，即便某些事情对他有害，他也想做就做。……因此，使人之所以与动物不同的原因，与其说是由于人有智力，不如说是由于人有自由主动的资质。”[①] 简单说，人有自由，而动物没有。因此，人能既接受自然的支配，也能违背自然的法则，而动物只能按自然给它规定的轨迹生存。

另一个方面的区别是，人拥有“自我改善的能力（the faculty of self-improvement）。这个能力在环境的帮助下，可以使其他的能力不断发展；这个能力既存在于我们种类中间，也存在于个人身上”。这种能力在卢梭看来甚至是一种无可限量的能力。[②]

卢梭提出的人与动物的这两种区别既构成了他所理解、论证的自然人性的基本要素，也构成了他理解与论证人类如何能够进入社会状态以及应然社会状态的基点。因为一方面正是能不断自我改善的能力，使人类在陷入不得不通过相互帮助、相互协作才能继续存在下去这种环境时，能够发展出适应社会生活方式的能力，从而能自然而成功地进入社会状态；另一方面

① 卢梭：《论人与人之间不平等的起因和基础》，李平沤译，《卢梭全集》第 4 卷，北京：商务印书馆，2012 年，第 241—242 页。

② 卢梭：《论人与人之间不平等的起因和基础》，李平沤译，《卢梭全集》第 4 卷，北京：商务印书馆，2012 年，第 242 页。

由于人天生就是自由的，所以，在进入社会状态之后，虽然人们失去了在自然状态中的自由，却理应得到社会中的自由，一个健康、合理的社会应当是一个能容许并保障最大限度的自由的社会。实际上，在卢梭这里，自然状态下的自由永远构成社会自由的样板。不过，他关于人天生自由的思想也给他的自然状态思想带来了内在矛盾，这一点将留待其他地方进一步讨论。

如果作一个回顾，那么我们可以用以下这些命题来概括卢梭关于初始人性的刻画：

（1）自然人只满足于生理需要的满足，他的全部生活就是吃喝、睡觉与性爱。

（2）自然人只生活于眼前，他既没有对过去的理解，也没有对未来的筹划。

（3）因此，自然人的存在是孤单的、闲散的与自我封闭的。

（4）在自然状态里，人既能服从自然法则而本能地行动，也能突破自然法则而超越本能地自主行动，所以，人最初就是自由的。

（5）人有一种能无限自我改善的能力。

（6）人天生有怜悯之心。

我们可以说，这些命题构成了卢梭的自然人性观。与霍布斯相反，这些命题隐含着“人之初性本善”的性善论。卢梭正是基于这种人性观去理解人类的自然状态，所以，在进行了这些讨论之后，他对自然状态作了一个总结性刻画：

> 我们可以得出这样的结论：野蛮人既然成天在森林中

游荡，没有固定的工作，没有语言，居无定所，没有战争，彼此从不联系，既无害人之心，也不需要任何一个同类，甚至个人与个人之间也许从来都不相互认识，所以野蛮人是很少受欲念之累的；他单靠他自己就能生活，他只具有适合于这种状态的感情和知识；他只能感知他真正的需要，他只注意与他有关的事物；他的虚荣心不发达，他的智慧也不发达。即使他偶尔有所发明，他也无法传授给别人，因为他连他的孩子都不认识，所以，根本无人可传。技术随着发明人的死亡而消失。在自然状态中，既没有教育，也没有进步；子孙一代一代地繁衍，却没有什么进步的业绩可陈，每一代人都照例从原先那个起点从头开始；千百个世纪都像原始时代那样浑然过去：人类已经很老了，但人依然还是个孩子。①

这段生动的刻画包含了卢梭对人的自然状态的全部理解：

第一，在自然状态中，由于人们各自独立生活，人与人之间不相互需要、不相互依赖，不互相隶属，同时也由于没有私有财产，因而他们之间不可能存在着会导致奴役与被奴役的依附关系，所以，在自然状态里，人们相互间都是自由的，或者说，相对于他人而言，每个人是自由的；这里不存在奴役与被奴役、统治与被统治。

---

① 卢梭：《论人与人之间不平等的起因和基础》，李平沤译，《卢梭全集》第4卷，北京：商务印书馆，2012年，第265页。

第二，在自然状态里，人过着相同的单调生活，吃着同样的食物，做着同样的事情，所以，人们之间的差异是很小的[①]；即使自然有所偏好而使人们之间在各方面的天赋有所不同，但是，由于人们之间几乎没有什么联系，也没有什么相互需要，因此，这种自然禀赋的不同并不对人们之间的关系以及他们的生活带来任何影响——因为他们之间没有关系，换言之，被自然偏爱的人们并不在给自己带来好处方面造成对他人的等级优越。比如一个天生就比别人强壮的人，他虽然可以更快、更容易获得食物，但是，首先由于没有私有财产，所以，他并不借此积累并占有比别人更多的食物；其次这个强壮的人虽然在获取食物方面有优势，但是，由于人们并不生活在一起，所以，他并不由此获得对他人的任何优越，即使他偶尔遇到了同类并在发生争抢食物时能战胜他人，他也只是把他人赶走，而并不妨碍他人到其他地方觅食：面对自然这个大粮仓，每个人从中都可以获得且只是获得足以解除饥饿的食物。所以，在自然状态下，人是完全平等的。在这里，人们之间的自然差异并不带来地位、利益的任何等级关系；这些自然差异只是进入社会之后，由代际间的教育、知识技能的传承以及各种习俗的塑造等方面的不同，才被不断扩大，并进一步带来各种差序关系。

第三，在自然状态下，人们各自过着自给自足的生活，每个人都只关心自己的生活与利益，但是，这样一种自然状态却

---

① 参见卢梭：《论人与人之间不平等的起因和基础》，李平沤译，《卢梭全集》第 4 卷，北京：商务印书馆，2012 年，第 266 页。

不是像霍布斯以为的那样，是一种战争状态，相反，在卢梭看来，恰恰是一种和平状态。因为在这样的自然状态里，人们没有相互需要，每个人都只是通过自己向大自然索取所需要的东西，既不可能向他人索要——因为他人与他一样，身上一无所有，也不可能通过他人去索要——因为通过他人去索要要比通过自己直接去索要增加更多的麻烦，所以，虽然他们每个人都只为自己的生存而奔走，但是，他们之间并不因此而陷入战争当中。

这里，卢梭特别诉诸同情心来说明自然状态下人的不争：同情心是人身上的一种自然美德，它让每个人都不愿意看到同类受苦受难，这使任何一个强壮的人在有其他办法弄到食物的情况下，都不会去抢夺老人和孩子来之不易的食物。[①] 也就是说，同情心会引导人类遵循“谋求自己的利益，尽量不要伤害别人”这样一种虽不崇高却也明智的自然法则，从而抑制了人类从只关心自己生存的自我中心走向相互争斗的冲动。所以，在自然状态下，独居的人们即使相互遭遇并在利益上相互冲突，他们也并不必定就诉诸战争行为，相反，倒更可能遵循同情心法则而走向相互妥协。至于霍布斯认为自然状态中的人们还会为虚荣与荣誉而战，那更是一个错误，因为只有进入社会性生活，在比较与集体的关系中，才会有所谓的虚荣心与荣誉感。所以，在自然状态里，人类处于和平状态。

---

① 参见卢梭：《论人与人之间不平等的起因和基础》，李平沤译，《卢梭全集》第4卷，北京：商务印书馆，2012年，第261页。

这里，关于和平状态，最容易引起质疑的有两点：首先是，在自然状态，人即使欲望很少，但也不会只有食欲，还会有性欲，所以，人们即使不会为了食物而争斗，也不可避免地会像动物那样为获得异性交配权而争战。对此，卢梭回应说，在两性关系上，不能由动物来推断人类，因为在动物世界，往往雌性少于雄性，而人类正好相反；更为重要的是，动物世界里的雌性动物一年通常只有一至两次发情期，这使一大部分雄性失去了交配机会，所以，动物不得不为获得异性而争战，而人类女性则时刻都处于发情期，至少没有特定的排斥期，这使自由游荡的每个男性都充满邂逅异性的机会，所以，人类不会为了争夺异性而陷入战争。另一个质疑是，在自然状态下，以自然赋予的优势去强迫他人为自己服务为何反而会给自己带来更多麻烦呢？卢梭举例论证说：设想，我遇到一个比我强壮而又邪恶、懒惰和凶狠的人，他强迫我为他提供食物，以便他自己能悠闲自得，但是，如此一来，他必须时刻盯着我，而睡觉时他必须想尽办法把我关起来，以免我逃走或伤害他甚至杀死他。①而这一切给他带来的麻烦远比他要避免的多得多，换言之，他自己直接去获取食物要比强迫别人为他服务来得简单、轻松和自由。

所以，在卢梭看来，只要我们不按已习惯生活于社会中的人类习性与观念去理解初始人类，就可以发现，人类最初就生

① 参见卢梭：《论人与人之间不平等的起因和基础》，李平沤译，《卢梭全集》第4卷，北京：商务印书馆，2012年，第267页。

活在自由、平等、和平的自然状态中。

第二节 对“他人”的发现

上面的讨论不仅涉及卢梭关于自然人性与自然状态的理解，实际上，也已涉及他对人类历史的理解：如果没有进入社会，人类将永远停留在同一状态，既没有进步与改善，也不会有堕落与腐化，人类将永远生活在自由、平等与和平之中。只是由于人们告别了孤立的个体性生活方式，进入了密切的相互需要与相互依赖的社会性生活，从而使代际之间进行知识、技能、思想等精神层面的传播和积累成为可能之后，人类才启动了长江后浪推前浪式的持续进步，并因而迈向了各种不平等。在这个意义上，只有进入了社会状态，人类个体才生活在历史中，才进入历史而开始了不平等的历程。简单说，没有进入社会状态，人类生活将亘古不变而没有历史，没有罪恶，也不会有各种不平等。如果反观于动物世界，这一点似乎就显得十分明确：动物世界里代际间的生活只是简单的重复，而没有生活经验的积累与生存状态的改善，因而几乎总处在由环境决定的同一状态之中。

那么，孤独的人类个体如何进入社会而进入不平等呢？如果对卢梭的文本进行细致深入的分析，我们可以发现，人类由自然状态进入社会有一个重要环节，那就是对“他人”的发现。

正如前面的讨论所表明的，在卢梭所理解的自然状态里，每个人都独自生活，因而在每个人的生活里都没有“他人”，也无需“他人”。他者最多只是作为邂逅者偶尔在生活中出现，比如作为性爱的对象出现，或者作为性爱的竞争者以及食物的争夺者出现。这样的他者实际上并不是作为“同类的他者”出现，而只是作为“异在的他者”出现。所谓“异在的他者”乃是指这个他者与自己并没有内在的同一性，或者更确切说，这个他者没有被视为与自己有内在的同一性，而只是（被视为）一个或者单纯地反对自己、阻碍自己的存在者，或者单纯只是可以满足自己的欲望、填补自己的匮乏的一个对象。简单说，异在的他者是一个不可归为自己而只是对自己有肯定性或否定性功能的存在者。而同类的他者实质上乃是“另一个自己”，这个他者被当作与“我的”自己一样却又独立于“我的”自己的一个存在者。或者说，这个他者的“自己”与我的“自己”被视为一样的自己却又相互独立。

所以，在与异在的他者的关系中，没有另一个“自己”，只有特殊的、当下的、唯一而自在的“自己”：在这里，没有自我认同、自我理解的自己，只有被动自我中心的自己。这种被动自我中心的自己封闭于自己的自然欲望而完全围绕着自己的自然欲望运动，就如石头完全按自己的本性运动一样。只有在与同类的他者的关系中才有类的、普遍的“自己”：在这里，自己是在自我理解、自我认同中才出场的自己，并且在这种自我理解中“看出”同类的他者而把同类的他者理解为另一个自己，在自我认同中把同类的他者承认为另一个自己。

按卢梭的理解，在自然状态里，不管是在生活中，还是在观念一意识里，人类最初显然都没有同类的他者，他们都是被动自我中心的孤单者。但是，正如前面指出的，这种孤单者却是一种特殊存在者：能够学习而改善自己，并能突破本能而自由地行动。正是这两种能力使卢梭有关自然状态进入社会状态的论述具有了内在合理性，尽管他本人并没有充分意识到这一点。

由于孤单者具有学习的能力，所以，“尽管他看待他的同类，不像我们这样看待我们的同类，他同同类也像同其他动物一样很少交往，但他并没有忘记观察他们。时间一长，他就发现，他们之间，他自己同女人之间，有许多相同的地方，并从而推断出他还没发现的相同之处。当他发现，在相似的情况下，其他人的行为也与他一样时，他就会认为他人的想法以及对事物的感受完全与他相同。这个重要的发现一旦在他的心中扎下了根，他就会根据比推理更准确且比推理更迅速的直觉来作出判断：为了他自己的利益和安全，他必须按照最好的行为规则行事，才能和他人相处”[①]。这里，我们且先不管“这个重要发现”是否是像卢梭以为的那样是通过“观察”获得的，还是通过与他人的交往获得的，或者有更深更完整的基础。我们这里要分析的是这个发现的内容是什么。

显然，在这个发现里有三个核心内容：（1）竟有与自己一样的他人——他们与我有一样的思考方式、一样的感受能力以及一样的行为能力；（2）既然有与我自己一样的他人，那么，

---

① 卢梭：《论人与人之间不平等的起因和基础》，李平沤译，《卢梭全集》第4卷，北京：商务印书馆，2012年，第273页，译文据英译本有所改动。

我知道他人会如何思考、感受与行动，他人自然也知道我会如何思考、感受与行动，因此，我与他人之间，人们之间，能够设身处地地相互理解、相互承认、相互预期；（3）基于这种相互承认与相互预期，我与他人之间，人们之间，能够确立并遵循某种规则，以最好地实现和维护自己的利益与安全。

正是包含着这三方面内容的发现使人们之间能够进行某种合作，并愿意进行合作。因为有这个发现之后，人们会进一步发现，人们之间要么有共同利益，要么有利益冲突。在前一种情况下，相互合作是顺理成章的事情，通过这种合作，可以更好地实现共同利益，虽然这种合作在卢梭看来只是临时的；而在后一种情形下，人们通常或可能选择以武力解决问题，但是，所有使用武力者都知道别人也同样可以使用武力来对待他，所以，久而久之，人们会把武力控制在最低限度之内，直至完全放弃武力解决利益冲突，而最低限度地使用武力与放弃武力解决问题，实际上就是人们达成的一种合作：在利益冲突时，如何最好地相处。

所以，对他人的发现，把人类带进一个新的时代，那就是能够进行合作并愿意进行合作的时代，而这种合作又推动人类交流、交往的范围的扩大。实际上，这在根本上意味着，对他人的发现已经使人类进入社会状态，因为社会性的本质就在于其成员个体能打开相互性而存在于相互性：相互发现（承认）、相互理解、相互预期、相互对待、相互合作。人们一旦能够相互发现，就不可避免地会进入各种相互性合作之中，而不只是临时性的偶然联合。

不过，卢梭认为，对他人的发现虽然使人类进入各种合作成为可能，但是，这种合作最初都只是具体的、临时的，一旦现实不再需要，这种合作就解体，人们重归孤单的状态。所以，在卢梭这里，对他人的发现还并不意味着就进入社会状态。虽然如此，对他人的发现，在卢梭这里无疑构成了人类进入社会的一个重要环节。因为对他人的发现，不仅促进了语言的发展，而且促进了初民的全面发展：

> 最初的进步，终于使他们加速向前发展。头脑愈开窍，技术也随之愈完善。不久以后，他们就不再随便睡在树上，也不再随便躲进洞穴避风雨。他们开始用又硬又尖的石头制作斧子，用以砍树、挖土，再以树枝搭建茅棚，并敷上黏土、稀泥以固之。这是人类第一次划时代的变革：他们分别建立了家庭，并拥有了某种财产。[①]

在卢梭看来，只是那个最强壮或最聪明的人建造了人类第一所房子，并找来了一个或多个异性与之长期合作——共同生活并生儿育女，人类才进入了“社会”。简单说，人类建立了家庭这一较长期的合作组织，才意味着进入社会状态。所以，卢梭在另一个地方说：“一切社会之中最古老的而又唯一自然的社会，就是家庭。”[②]

---

① 卢梭：《论人与人之间不平等的起因和基础》，李平沤译，《卢梭全集》第4卷，北京：商务印书馆，2012年，第273页，译文据英译本略有改动。

② 卢梭：《社会契约论》，何兆武译，北京：商务印书馆，2010年，第5页。

这里有两点需要提示出来：首先，第一个建造房子的人之所以能组建“家庭”这一卢梭心目中最早的“社会”，显然有一个前提，那就是他与所找的异性能够相互合作并愿意相互合作，而这以相互发现对方为另一个自己为前提，也即以发现他人为前提。其次，家庭这个最早的“社会”被卢梭视为一种“自然的社会”。这意味着，从自然状态进入政治社会有一个中间环节，那就是“自然社会”。这是卢梭不同于霍布斯的一个地方，在后者那里，人类从自然状态直接就过渡到政治社会，这盖因前者在一定程度上洞见到任何社会都需要以人相互发现而能相互承认、相互理解为基础，而后者未有这种洞见。从这两点提示我们可以进一步看到，“发现他人”首先把人类带进的是一种相互性的伦理社会，而不是政治社会。这意味着，政治社会并不是直接来自于非社会性的自然状态，而是奠基在伦理社会之上。

在卢梭看来，当人类过起了家庭生活之后，更大的变化也随之而来。首先是因为长期生活在一起而产生了两性之间的爱情，以及父（母）子之间的亲情；其次出现了性别分工，即男性主要负责在外获取食物，而女性则在家里操持家务、照料子女，随着分工的深化，两性的身份与形象差别越来越大；第三，家庭生活使经验、知识的传承成为可能，由此不断改善与提高人类的技能，这使人类越来越过上了安逸的生活，但是，这种安逸的生活一方面使原来出于兴致的享受逐渐成为一种需要（比如穿衣、喝茶之类），另一方面则使人失去了强悍与粗犷，而这进一步使人陷入了更大程度上的相互需要与相互依赖。

这些变化既促使家庭内部更具有凝聚力，又促使人类以家庭为单位走向聚居，由此便形成了一个更大的人群社会即民族。进入这种由共同的生活方式与地理环境规定的人群社会之后，聚会、娱乐、交谊成了生活的一部分。在这种场合里，原来独居的人开始关注别人，也希望得到别人的关注。而那些最能歌善舞、最漂亮或最强壮、最灵巧或最有口才的人会受到最多关注。在卢梭看来，这是人类迈向不平等的第一步，也是罪恶的第一步。[①] 因为人类从此陷入了相互比较、相互评估而相互定级的不幸处境。

不过，这种不平等更多还只是停留在观念上与评价上，还没有落实到规范上，即尚没有落实到制度与行为规则（诸如礼）上。所以，在民族集团这个社会里，虽然出现了在自然状态中没有的各种麻烦与危险，诸如评价上的伤害、复仇、嫉妒等等，但是，一些社会生活所需要的道德品质也开始在人们身上萌芽，比如为了协作而需要的守信以及对具体约定的服从等，这些新品质与同情心这一虽减弱却仍留存的自然品质倒是使人类“恰好处于原始状态下的闲散与后来强烈的自爱的中间状态，因此，这是人类最幸福的时代……只是由于某些后果严重的偶然事件相继发生，人类才脱离了这种状态”[②]。

如果我们把人类进入的第一个社会即家庭视为“一级社

---

① 参见卢梭：《论人与人之间不平等的起因和基础》，李平沤译，《卢梭全集》第 4 卷，北京：商务印书馆，2012 年，第 275—276 页。

② 卢梭：《论人与人之间不平等的起因和基础》，李平沤译，《卢梭全集》第 4 卷，北京：商务印书馆，2012 年，第 277 页，译文据英译本略有改动。

会”，而把以家庭为单位的民族社会视为“二级社会”，那么，根据卢梭的论述，只是进入“二级社会”，人类才出现初步的不平等。但是，这种不平等主要是与个体的能力、特长相关，而与他的身份无关。更为重要的是这种不平等是变动的，而不是固定的，因为个人的能力、专长以及评判这些能力的观念是变化的。所以，进入“一级社会”与“二级社会”，人类尚未受到不平等的损害，人们仍保持高度的自由而享受着自由交往的生活。

这个被卢梭称为人类黄金时代的社会，被一个最重要的偶然事件打破，这就是冶铁技术的出现与铁具的使用。铁具在农耕的运用使人类从大地获取粮食成为最可靠的途径，并由此推动了人们对广阔土地的使用、分配与占有。人们最初是通过劳动实现对土地上的收获的占有，后来逐渐延伸为对土地本身的占有。人类由此明确确立起了以家庭为主体的私有财产。不过，私有财产本身并不必然带来不平等，因为如果所有人的能力是一样的，那么他们各自劳动的业绩与产出也会基本相同，即他们的财产也会是一样的。自然能力上的差异与私有财产的结合才把人类带进了一个贫富悬殊的等级社会。与前两个社会相比，我们可以把这种由财富规定的不平等社会称为“三级社会”。在这个“三级社会”里，不仅有富人与穷人之间的矛盾，更有富人之间的争夺，这使人类陷入了一种战争状态。

在这种战争状态中，富人除了与穷人一样有失去生命的危险之外，还有失去财富的忧虑。所以，为了摆脱这种战争状态，富人以虚假的宣传骗取穷人的信任与同意，建立起一套永远有利于富人的政治法律制度。这种制度不仅以法律确认了不平等，而且以法律维护、巩固了不平等。人类由此进入了由制度来规定与维护的不平等社会。人们结束了战争中的“三级社会”，却进入了一个位格不平等的“四级社会”，也即在政治与法律身份（地位）上不平等的社会。不过，如果说从“一级社会”到“三级社会”是“自然进程”的结果，那么，“四级社会”则是一个契约的结果，只不过这里的契约是在有一方被欺骗的情况达成的，因此，“四级社会”不是真诚而自由的契约的结果。

所以，需要进行二次契约，以便还人类以自由与平等。

第五章　对强力的否定与人民主权理论的确立

——论卢梭的政治哲学（下）

国家由契约产生，这是近代政治哲学的一个基本洞见。所以，契约行为成为近代理解国家的正当性与主权权威的基点。在所有关于国家产生的契约论里，都隐含着主权在民的观念。但是，从契约论到人民主权理论的真正确立，需要有一个重要的理论环节，那就是要彻底颠覆强力的正当性。因为如果强力本身具有正当性，因而可以成为人们的行为与权利的根据，那么，在强力胁迫下的沉默也可以被视为一种默认的契约行为。而基于这种契约的国家显然不可能是所有成员的国家，而只是拥有足以胁迫他人的特殊强力的特殊个人或特殊集团的国家；这样的国家的主权当然不可能来自其人民，而只可能是基于特殊集团的意志。

这意味着，只有排除了强力本身的正当性，才能真正保障订立契约者的自由本质而确保由此确立起来的国家为所有成员的国家，其主权才真正是出自所有成员的共同意志，而不是基于部分人的意志。不过，对强力本身的正当性的彻底否定，是卢梭在《社会契约论》里才完成的一个首要工作。正是基于这种否定，近代政治哲学才真正完成了人民主权理论的建构。所以，在讨论卢梭的主权理论及其问题之前，我们要首先讨论他如何否定强力本身的正当性问题。

第一节　强力本身不具有正当性

每个人都拥有包括身心在内的某种力量，人们既可以用这种力量来为自己谋取利益，也可以用它来强制性地抵御或要求、命令乃至侵害他人。所以，每个人拥有的力量随时都可以成为一种强力。这种强力既以个体方式存在，也以诸如部落、家庭、民族、政党、国家等方式存在。在近代启蒙思想之前，这种强力本身几乎就被当作政治实践领域里的权威的正当性根据。所谓“成者为王败者寇”、“窃钩者诛，盗国者侯”就是对这种强力正当观的最直接揭示。

这种从力量或强力引出正当性的观念，甚至在近代政治哲学中还曾一度留下痕迹。在霍布斯、斯宾诺莎等人那里，每个人拥有的自然力量被看作是一样的，由此推定每个人拥有平等的权利。这里，人们对平等权利的主张的根据，乃是每个人拥有一样的强力。

但是，如果强力可以成为权利的根据，甚至成为权利本身，那么强力本身就具有正当性，就可以成为自己的任何行动的合法性理由。卢梭在《社会契约论》里对政治哲学的一个重要贡献，就是打破了这种悠久的强力正当观，否定了强力能构成权利及其根据，从而在根本上否定了任何强力本身具有正当性。

在他这里，强力或力量不再是权利的来源，也不可能转化为权利，因而，强力不可能自己为自己给出正当性。

如果强力可以转为权利，那么，也就意味着，当一个人或一些人拥有足够的力量来迫使其他人服从时，这个人或这些人就有理由（权利）强迫他人服从自己，也就是有理由在他人身上安放枷锁。但是，如此一来，基于同样的理由，这些他人只要拥有足够的力量进行反抗，那么，他们也就同样有理由打破被强加在自己身上的枷锁，恢复他们的自由。这在根本上表明，把强力当作权利的来源，并不给强力增加任何东西：既不给强力增加任何正当性，也不给强力增加任何应当被尊重与被承认的行动空间。在这里，人们并不是出于认同或义务而服从强力，而只是出于明智而服从它，比如为了保命或不遭受酷刑。

所以，如果说强力能够产生或转化为权利，那么，“其结果也不外乎是产生一种无法自圆的胡说”[①]。实际上，如果强力可以产生权利或转化为权利，那么，人们之间就可以对自由进行买卖。因为在这种情况下，只要有人积累足够的强力，使他能够控制其他人的自由与财产，那么，他就有理由（有权利）要求他人出卖或转让自己的自由。简单说，强者凭恃其足够的强力，就有理由以他人的生命来购买他人的自由；而弱者在强力的逼迫下，不得不出卖或转让自己的自由，以换取自己的生命。

但是，对于买卖双方来说，这种买卖自由的行为都是自相

① 卢梭：《社会契约论》第一卷第3章，何兆武译，北京：商务印书馆，2010年，第9页。

矛盾的，不可能成功的。

首先我们从购买方看。购买他人的自由，意味着要获得出卖自由的他人的绝对服从，也就是要出卖自由的人完全放弃从自己的意志决定自己行为的权利，首先就是放弃从自己的意志出发决定服从还是不服从的权利，而这在根本上也就意味着放弃从自己的意志出发决定服从或不服从的义务。因为一个人既然不能再从自己的意志出发去决定服从还是不服从，那么，他当然也就不可能再成为发生服从与不服从的行为事件的原因，因而不可能再承担起服从还是不服从的义务。在一个人因为不得不放弃从自己的意志出发以决定自己的行为的情况下，他不再成为服从或不服从的行为事件的原因，也就表明，在他身上发生服从还是不服从的行为事件，都与他自己无关，与他的意志无关，因而他无须为在他身上发生的服从与不服从的行为事件负责。而这也就意味着，在他身上发生服从或不服从的行为，都是正当的，可被允许的。而这与购买他自由的最初目的是相矛盾的。因为购买他的自由的目的是他的绝对服从，也就是，在他身上不发生任何不服从的行为，但结果却是他没有服从的义务，或者说，他可以不为在他身上发生的不服从负责。

同样，对于出卖方来说，出卖自由或自由权也都是荒谬的。因为出卖自由的人之所以出卖自由，至少是为了活命，但是，一个人一旦出卖了自己的自由，也就意味着他出卖了自我保存的权利，从而把自己的生命置于没有任何保障的危险之中。出卖了自由，实质上也就出卖了包括自己的生命在内的一切，所以，为了生命出卖自由永远只是权宜之计，而不可能是有效的买卖。

所以，不管是从购买方还是出卖方看，对自由或自由权的买卖都是无效的，不可能完成的。但是，在“强力可以转化为权利”这一前提下，对自由的买卖或转让则是不可避免的。这意味着，“强力可以转化为权利”这一前提是不能成立的。这也就是说，任何强力本身都不具有正当性：它本身没有任何权利要求他人服从。因此，不管是以个体方式存在，还是以集体方式存在，也不管是来自枪杆子里，还是来自经济或政治领域，任何强力或力量本身都不能以自己的伟大或强大来证明自己的合法性。因此，任何强力本身不管看起来多么伟大辉煌，都不能自动成为有权利要求人们服从的权力。

否定了强力本身的正当性，也就否定了强力本身拥有任何要求人们服从的权力与权威。这意味着，人们既不能把自己的强力本身当作要求他人服从的权威，也没有义务把任何他人的强力本身当作权威来服从。如果有什么权威与权力是我们有义务服从的，那么这样的权力或权威必定是来自我们每个人自身，而不可能来自我们每个人自身之外的任何地方。因此，如果有一种被称为国家或共同体的东西是其每个成员都有义务服从的权威，那么这种权威一定不来自于其成员个体之外，而必定是来自其每个成员个体自身，否则人们就没有义务服从这一权威。这一方面是说，国家的权威是一种公共的权威，因为它是每个成员都有一样的义务加以服从的权威；但是，另一方面，国家的这种权威又只是来自每个成员个体身上，因此，国家的权威实质上也就是每个成员个体的权威，人们服从国家的权威就是服从成员个体自已。

实际上，否定了强力本身的正当性，才真正有可能在理论上理解、承认与接受人类个体的独立自由与平等权利，并在实践中真正加以确认和落实。契约也因此才真正是可能的，因为真正有意义的契约必须以理解和确认订立契约者的自由存在为前提，否则任何契约都是没有意义的。人们不会与没有自由意志而只凭本能生活的存在者（比如动物）缔结任何约定。只有在契约者个体是自由的这一前提下，由契约确立起来的共同体的权威才真正是源于其所有成员个体的权威，成员对此权威的服从，也才是对自已的服从。除此之外，任何契约都是反契约。

这里，已清楚显明，只是在否定了强力本身的正当性这一前提下，才能在理论上真正确立起关于国家的主权或权威来自于其所有成员的“人民主权论”。换言之，只有在这一前提下，契约论才能真正通向人民主权论。在这个意义上，我们说，在理论上对强力本身的正当性的彻底否定，是卢梭在政治哲学里一个不为人们所重视却至为重要的贡献。即使是时至今日乃至未来，卢梭的这一贡献也仍值得人们一直记起。因为人类在几千年历史里，几乎已经习惯于崇尚力量，习惯于以强力说话。虽然经过启蒙运动的百年洗礼，人类的大部分已在政治实践领域突破了这种习惯，但是，人类在大部分领域仍然习惯于以力量来衡量一切，以强力来标榜优越。这对政治领域永远是一种诱惑与暗示。

这里要附带指出的是，虽然强力本身不是正当性的东西，但这并不意味着强力不能成为正当性的东西。枪杆子里出来的政权或强力集团本身不具有正当性，因而不具有合法性，但是，它也可能被改造得具有正当性而成为合法的政权。不过，在卢梭看来，任何要获得正当性的强力集团都必须接受契约的洗礼，接受公共意志（公意）的洗礼，因为只有“约定才可以成为人间一切合法性权威的基础”[①]。这里，约定就是一种契约行为。任何强力只有当它接受共同体里全体个人以有效选举的方式完成的契约行为的洗礼，才能获得正当性而得到人们的承认与认同，从而成为具有合法性的权威，人们也才有服从的义务。因为接受这种契约行为的洗礼，也就意味着这种强力接受了订立契约者的公共意志的检验与约束，以此公意为尺度且要忠于此公意，因此，人们服从此权威，也就是服从自己（与他人共同）的意志。

简单说，只有基于契约产生的或接受契约洗礼的权威，才有权利要求参与订立契约的成员服从，而参与订立契约的成员也才有义务服从这一权威。

这里的关键是，如何通过契约产生权威，或者既有的强力如何接受契约的洗礼？如果说契约是要通过有效的表决或选举来完成，那么，什么样的选举才是真正有效的选举？由于选举是公意形成并得到承担与落实的必要环节，因此，有效选举至

---

① 卢梭：《社会契约论》第一卷第4章，何兆武译，北京：商务印书馆，2010年，第10页。

少要有这两个条件：（1）选举人能公开、安全、独立地进行选举，（2）有多元的强力一力量中心，以使选举人能够作出比较与鉴别，并最后决定由哪一个强力来接受自己的委托和约束。如何确立这两个条件，需另文讨论。这里我们要指出的是，对于有效选举来说，这两个条件缺一不可，否则一切选举都是假的和无效的，因为它不可能形成主流公意。因此，在没有这两个条件的地方，任何强力都无法接受公意的检验与洗礼，因而都不可能获得正当性而成为合法的权威，不管它看起来是多么强大。这种无法接受或拒绝接受公意检验与约束的强力，不可能得到持久的维持，稳定永远是它的一个迫切问题，因为不以公意为基础，也就得不到公意的承认与服从；它的任何稳定都只是临时的，因为它的稳定不是基于人们因认同而服从它，而是基于人们因害怕而暂且放弃反抗它。

第二节 社会契约的"公式"与人的二阶身份

既然任何强力本身都不具有正当性理由成为人们有义务服从的权威，那么，诸如国家或共同体等人们有义务服从的权威机构显然就不可产生于强力，而只能由自由的契约来产生。只有基于自由的契约，人们才有义务服从通过这种契约而产生的组织或机构，因为人们服从这样的组织，也就意味着服从自己，并确认和尊重他人与自己同样的权利。

但是，人们为什么要订立这种契约呢？这也就是国家产生的动因问题。霍布斯认为人们走向契约，是为了走出战争状态，而在洛克看来则是为了走出诸多不便状态。卢梭所理解的自然状态虽然接近于洛克，但是，在卢梭看来，人们之所以走出自然状态，缔结社会公约，则是因为在自然状态中不利于人类生存的阻力已超过每个人在这种状态下为了自存所能运用的力量。因此，不借助于个体之外的其他力量，人类就必然自行消灭。但是，人类个体并不能产生出新的力量，于是，只有通过结合来增强自己的力量，以克服生存阻力。①

这里，"更好地自我保存"仍然是走向契约的基本动因。在这一点上，卢梭实际上与霍布斯、洛克没有什么不同。但是，由于卢梭非常明确地看到任何强力本身都不具有正当性，因此，在卢梭这里，为了更好地自我保存而进行的契约行为理应是一种自由的契约行为，而不应基于任何强力或以任何强力作为后盾。既然能够获得更大力量来自保的契约是出于每个个体的自保意愿而自由订立的，那么，这种契约不管有多少具体内容、具体条款，它都首先要解决一个根本问题，那就是："如何找到一种结合形式，以使这种结合能够以全部共同的力量来卫护和保障每个结合者的人身和财富，并且由于这一结合而使得每一个与全体相联合的个人又只不过是在服从其本人，并且仍然像以往一样地自由。"② 也就是说，在卢梭看来，如果人们要通过契约来形成一个具有更强大力量的整体，或者说形

① 参见卢梭：《社会契约论》第一卷第 6 章，何兆武译，北京：商务印书馆，2010 年，第 18 页。

② 卢梭：《社会契约论》第一卷第 6 章，何兆武译，北京：商务印书馆，2010 年，第 19 页，这里的译文根据 Maurice Granston 英译本略有改动。

成一个合法的共同体，那么这种契约一方面必须能够形成超出任何结合者个人的更强大力量来维护与保障每个结合者个人的人身和财产的安全，另一方面又必须能够使每个结合者个人在服从这个更强大的共同力量的同时，也是在服从自己，仍然保持其自由。

实际上，这意味着，如果人们要通过契约而联合起来，就必须首先满足一个基本条款，否则任何联合都不具有有权要求人们服从的正当性，这个条款就是：通过契约结合而形成的共同力量必须以所有结合者的共同意志为尺度，这种超越个体的共同力量在维护和捍卫每个结合者个体的安全与自由的同时，不得反过来损害每个结合者的安全与自由。任何不满足这一条款的公共契约都已违背了契约本身的内在法则，因为人们最初订立契约的内在目的乃是“更好地进行自保”，而自保的核心与基础则是确实保有自由——这一点在约翰·洛克的政治哲学里就已被确立为一条基本原则。①

所以这一条款也被卢梭称为“社会公约”(the social pact)，虽然它可能从未被公开宣示过，但是，它在普天之下都是一样的，在普天之下都是为人们所默认或公认的。②因此，它不得被修改分毫，一旦这一条款遭到破坏，一切契约也就自动失效，

① 参见约翰·洛克《政府论》下篇第三章有关“自由是每个人自保的屏障”、“因为自由是其他一切的基础”的论述。洛克：《政府论》下篇，叶启芳、瞿菊农译，北京：商务印书馆，1995年，第12—15页，

② 参见卢梭：《社会契约论》第一卷第6章，何兆武译，北京：商务印书馆，2010年，第19页。

参与契约的所有个体都自动恢复契约前的一切自由与权利。就此而言，我们也可以把构成一切公共契约之基础的这一条款视为一切社会契约行为的公式。

但是，非常奇怪的是，卢梭认为，这一条款也可以归结为这样一条规定，即每个结合者及其自身的一切权利都全部转让给了整个集体。[①] 这里，我们实在看不出有什么理由对这一公式进行这种改写，因为我们看不出有什么理由要求结合者把自己的一切都转让给一个集体。

我们知道，人们最初结合的目的是为了克服单凭个体无法应对的生存危险，以便更好地自保。但是，每个人的生活并不在所有方面，也不在任何时候，都面临这种危险。在这种时候与这些方面，每个人并无必要与他人结合成一个集体才能展开自己的生活与行为。这意味着，在这种情形下，相对于人们为了更好地自保而结合所产生的集体来说，每个结合者仍可以，也有必要保留自己的权利与自由，而不必也不应当把一切权利都转让出去。这是其一。

其二，如果所有结合者把自己包括自由在内的一切都转让给了一个集体，也就意味着这个集体获得了所有结合者在结合之前拥有而在结合时便失去的一切东西，而且相应地也获得了所有结合者因结合而奉献出去的一切力量。如此一来，这个获得了结合者的一切权利和力量的集体如何会自觉而又公正地维

① 参见卢梭：《社会契约论》第一卷第6章，何兆武译，北京：商务印书馆，2010年，第19页。

护和捍卫每个结合者的安全与权利，而不会反过来损害结合者的自由与财产？从另一个角度说，既然每个结合者把一切都奉献给了集体，他又有何自由与权利需要维护？

这里特别值得指出的是，实际上，任何一个由众多个体结合而成的集体都不可能在所有事情上都由所有结合者达成完全一致才行动。一个一票否决的集体将是一个难以有效行动的集体，它因难以运转而难以维持，因此，它也不可能真正承担起结合的目的，即以更强大的力量克服所有结合者个体的生存阻力。一个集体要真正有效行动起来，要么遵循少数服从多数的原则，或么遵循多数服从少数的原则。实际上，当人们试图通过契约结合成一个集体时，就已经默认了少数服从多数的原则，否则契约就是没有意义的，因为少数服从多数的原则是使通过契约结合而成的任何集体能够有效行动起来的前提。所以，试图结合成一个更强有力的集体的社会契约，除了首先要以上面的契约公式为基础外，同时还要遵循"少数服从多数"的原则（当然，这条原则是有限度的，我们后面还会进一步讨论）。但是，少数服从多数的原则实质上已是一种委托原则（多数服从少数的原则也一样）：在我可能不同意大多数人的行动方案的情况下，我放弃以自己的行动方案统一所有成员行为的要求，而把此时此事的行动决断权委托给多数人。这意味着，能有效行动的集体都必定遵循着某种委托制。换言之，任何一个能运转起来的集体都必定是由部分人（多数人或少数人）决定的。这是一切集体能真正行动起来的根本所在。而这一点恰恰是卢梭等人没有洞见到的，这使他和马克思都过于相信集体而赋予集体过高的地位与使命。

实际上，集体对于人类来说是不可或缺的，但同时也是最需要加以防范的。因为它在运转过程中总是由部分人来承担与决定的。所以，如果按卢梭的主张，每个结合者都要向集体转让、奉献自己的一切，那么，人们向之转让一切的实际上只是部分人，而不是抽象的集体。也就是说，如果人们为更好地自保必须向集体转让一切，那么，人们实际上是向部分人转让一切，奉献一切。在一个集体里，不可能会有所有人都向这个集体转让、奉献自己的一切，因为总有部分人向集体奉献一切，也就是向他们自己奉献一切。但是，这部分接受并决定着如何使用结合者没有保留地转让自己的一切的人们如何会持久地维护和保障转让了自己的一切的另一部分人的权利与自由呢？而转让了自己的一切的人们还有权利和自由需要保护吗？实际上，只要人们生活在一个要求其成员转让、奉献自己的一切的集体里，人们随时都可能失去自由和一切权利，而不能奢望这个集体能真正维护与捍卫其成员的权利和自由。因为只要人们把自己的一切都转让给了一个集体，那么这个“集体”也就可以以任何名义无视其成员的任何权利，可以以任何名义来驱策和奴役其成员。所以，绝对不是像卢梭以为的那样，人们保留了某些权利的结合必然转变为暴政[①]，相反，恰恰是要求人们没有保留地转让自己的一切的结合必然会导致暴政与奴役。对于人类

---

① 参见卢梭：《社会契约论》第一卷第6章，何兆武译，北京：商务印书馆，2010年，第20页。

个体的生存来说，如果说自然界里的生存阻力是危险的，那么为了更有力地克服这种危险而结合起来的集体对于个体的生存来说也同样是有危险的，甚至有时是更大的危险。所以，对自然的危害的防范是人类总要面对的任务，而对集体的危害的防范同样也是人类永远要面临的课题。

如果遵循前面所给出的社会契约的基本条款，并洞见到任何通过契约而成的集体或共同体在现实运作过程中总是由部分人来承担与代表，那么，人们就不会主张订立契约者向集体转让自己的一切，相反，倒是恰恰必须阻止任何集体向成员索要其一切权利与其他不可索要的东西。真正说来，如果想达成这样一种社会契约，即通过这种契约，人们服从公意（公共意志或普遍意志）同时即是服从自己，人们组成更强有力的集体却不被这个集体所损害与奴役，那么，就只有一种可能，那就是联合者只让渡、转让自己身上部分可让渡、可转让的权利与其他东西，而保留一切不可让渡、不可转让的自由与生命，否则，集体必然反过来损害其中的个体。

不管是在契约社会里，还是在伦理社会里，个体之人的自由与生命都是不可转让、不可让渡的。哪怕对方是上帝，我们的自由也是不可转让的。因为一个人一旦把自己的自由转让给了他者，那么也就意味着他者可以任意奴役这个人，包括取其生命。更为重要的是，自由是每个人的本性，人们不可能像取走他身上的衣服或毛发、器官那样取走他的自由。试图剥夺或取消一个人的自由，等于要否定一个人的本性。但是，契约行为本来恰恰是为了每个订立契约者更好地按自己的本性生活。

因此，任何个人或集体都没任何理由要求一个人转让其自由，只要他不妨碍别人同样的自由。①

那么，究竟哪些东西是可以转让的？或者更确切地问，人们可以且必须转让哪些东西？就人们是为了更强有力地自保而走向契约这一点来说，契约首先是基于这样一种存在于每个个体身上的普遍意志，它指向了使人们能够真正更强有力地进行自保的三方面内容：（1）更好地维护与捍卫所有成员个体的生命与财产的安全；（2）更好地维护与保障每个成员个体不可让渡的自由；（3）维护与发展惠及全体成员的公共利益。基于这一普遍意志，契约行为就是要去确立和建构能够保障实现这三方面目标的关系法则，从而形成一个共同体。正因为如此，人们服从共同体及其法则，也就是服从每人自己的普遍意志。

根据这个普遍意志指向的三方面内容，人们必须且可以向共同体让渡或转让的权利有：（1）以强力维护和捍卫自己的自由、生命与财产安全的权利（把它交给国家这个共同体——在比如紧急状态等特殊情况下除外，所以，受到威胁可以报警）；（2）以强力惩罚施害者或损害者的权利（由国家这个第三方做出相应惩罚，所以，受害者一旦受到损害，可以通过司法途径寻求公正，而不可私设刑堂，由自己直接做出处罚）；（3）维护

① 卢梭在个体是否需要向集体或共同体转让自己的一切这一问题上也是犹豫不定的，他在前面的引文里认为要转让自己的一切，但是，在同一本书里又写道：“我们承认，每个人由于社会公约而转让出去的自己的一切权力、财产、自由，仅仅是全部之中的其用途对于集体有重要关系的那部分。但是，也必须承认，唯有主权者才是这种重要性的裁判者。”（卢梭：《社会契约论》第二卷第4章，何兆武译，北京：商务印书馆，2010年，第38页）

和发展与他人共同的公共福利（比如教育、交通及其他社会福利）的权利。这三种权利一方面都是每个人因其自由而拥有的，因而是同等地属于每个人的，另一方面又都是个人在与他人进入关系时才产生或展现出来的，因而可以在相互关系中进行转让或让渡。但是，人们之所以转让这三方面的权利，乃是为了通过契约创造出一个拥有比个体更强大力量的共同体，以便更好地维护与保障每个人自己的自由存在，也就是更好地保障每个人不可转让的自由和生命本身。

因此，如果真正忠于社会契约的基本条款，那么，人们只能这样订立契约：订立契约者在转让自己可以转让的权利的同时，保留并维护每个成员个体不可转让的自由以及基于这种自由而拥有的一切不可转让的权利。这里，我们可以把这一结论当作所有社会契约真正的、更准确的公式。根据这个公式，订立契约者通过转让个体身上一些可以转让的权利，才能创造出一个更强有力的集体或共同体，以便更好地维护与保障个体的安全；同时通过保留与维护每个成员个体不可转让的自由与权利，为通过契约创造出来的共同体划定一个不可逾越的界限，以防止这个比成员个体强大得多的共同体对成员个体的损害与奴役。

我们要特别指出的是，在这里，不管是订立契约者可转让的权利，还是不可转让的权利，都是出自每个人的自由，因而都是一样而普遍的；在组建共同体时，没有人需要转让更多权利，也没有人能够保留更多或更少的权利。同样，基于可转让的权利的意志与基于不可转让的权利的意志也都是一样而普遍的。就前者而言，人们之所以转让可转让的权利，乃是基于来自每个订立契约者的共同意志 —— 更好地自我保存，这也就是所谓公共意志，因为公共机构或共同体正是基于这一意志通过契约产生出来的，这种公共意志当然属于可普遍化的普遍意志；就后者来说，虽然每个人保留下来的是不可转让、不可让渡的自由，因为这种自由完全是属于个人的，他者与共同体都无权干涉与侵入，但是，这种不可转让的自由对于所有订立契约者个体来说又完全是一样的。因此，基于这种自由的一切意志行为都必须以承认并尊重他人同样可能的意志行为为界限，否则就是对他人同样不可转让的自由的否定。在这个意义上，出于每个人不可让渡的自由的意志一方面是个人的，另一方面，就这一意志必须以承认并尊重他人同样可能的意志为界限，或者说，必须以同他人同样可能的意志相协调而不相矛盾为界限来说，这一个人意志同时也是一普遍意志，因为它是一可普遍化而不陷入矛盾的意志。这意味着，人类之所以能够通过契约进入共同体或国家，乃是由于人类个体能够把自己的生存提高到一种普遍性，把自己的意志提升为普遍意志。[①]不过，能够把自己提升到普遍性，与意识（觉悟）到自己能够且必须把自己提升到普遍性，不是一回事。前者还只是一种自在的存在状态，后者才进入一种自觉的存在方式。

既然自由契约都蕴含着上面所分析的契约公式，那么也

① 这一点不是苏格兰启蒙思想家，也不是法兰西启蒙思想家，而是德国启蒙思想家揭示的。

就意味着，人们依照这种契约公式结合而成的共同体，一方面承担着所有成员让渡或转让出来的那些普遍权利（主要也就是上面提到的三方面的权利），另一方面它承载着一个公共意志——更好地维护与保障每个个体的自由与生命安全，或者说，它被这个公共意志所贯穿，被这一意志所统一。这个承担着一系列普遍权利而被公共意志所贯穿和统一的共同体也就成为一个"大我"，成为一个公共人格（the public person）。我们也可以说，作为通过契约创造出来的共同体，这个公共人格就是一个拥有一系列普遍权利的公共意志，或者说，是一个拥有一系列普遍权利的意志主体。在卢梭看来，当这个公共人格作为被动的主体看时，它就被称为"国家"，当作为主动的主体看时，它就是"主权者"—"独立的管理者"（the sovereign）；相对于这个国家或主权者，所有结合者作为集体，他们就是"人民"，作为主权者权力（the sovereign power/ 主权者权威）参与者的个体，他们则是公民（citizens），而作为国家法律的服从者，他们就是臣民（subjects）。[①]

这里，主权者之所以能够成为主权者，显然不因为任何别的原因，也没有任何别的原因，而仅仅因为它是所有参与者通过契约创造出来的结果。作为通过契约而形成的一个公共人格，这个主权者不管是它拥有的一系列普遍权利，还是它承载的公共意志，都是来自于所有订立契约者的让渡或转让。这个主权

① 参见卢梭：《社会契约论》第一卷第6章，何兆武译，北京：商务印书馆，2010年，第21页。

者作为独立的管理者或统治者为了承担起它的使命即更好地维护和保障每个订立契约者个体的自由、安全与福利而被赋予相应的权力，这就是主权者的权力，通常被称为“主权（者）权力”、“主权（者）权威”或“国家权力”等，有时也被直接称为“主权”，即独立自主的管辖权。这意味着，作为“所有订立契约者”这个集体，也就是“人民”，才是真正的主权者，订立契约者的契约与让渡是主权权力的唯一源泉。没有人民之外的主权者，也不存在人民之外的主权。作为所有订立契约者，人民这个集体才承担起公共意志而获得了所有订立契约者转让的权利和相应权力。因此，人民才有权成为自己的管理者、统治者；而人民中的每个个体，也就是卢梭所说的公民，则都是以公共意志的具体承载者与相应权利的让渡者以及契约公式和多数人原则的遵循者这些身份而参与主权，也即参与自我管理或自我统治，也只有这样的公民才有理由参与主权，参与自我管理。因为不承载公共意志的个体，也就不可能真正参与契约。在这个意义上，从集体角度说，只有人民，从个体角度说，则只有公民，才是真正的主权者而拥有主权权力。

简单说，只有作为全体订立契约者的人民才是直接的主权者，也才有理由直接拥有相应的主权（权力）。

这里我们有必要区分契约者与人民。契约者可以区分为先验契约者与实际契约者：先验契约者就是能订立契约而未进入现实契约的个体，这就是自由存在者，只有这种自由的个体才能敞开可能性而置身于可能性之中，因而才有能力和可能进行契约活动。如果个体之人不是自由的，那么他的决断与行为就都是必然的，因而不是他自己所能决定的，如此一来，他也就无法与他人订约，而他人与他的任何契约也都变得毫无意义。在这个意义上，只有自由的个体才处在可能的契约之中，同时也可以说，只要是自由的个体，他就处在可能的契约之中。因此，自由个体一方面首先存在于伦理关系中，同时另一方面也存在于可能的契约关系中，是一个可能的契约者；相对于现实的契约关系，这种可能的契约者可以被视为一个前契约者，或者更确切说，可称之为“先验契约者”。正是这种先验契约者使实际契约者成为可能，因为只有首先置身于可能的契约关系中的在先契约者才能在各种经验条件下进入现实的契约关系而成为实际的契约者。根据卢梭对人民的规定，显然，人民是由实际的契约者组成的，是作为全体的实际契约者。这意味着，只有实际的契约者（全体）才是主权者而拥有主权，也只有实际的契约者（个体）才成为公民而参与和分享主权。

根据上面的区分，先验契约者显然才是人的更原初的身份，它首先实际地存在于自由者间的关系中，也就是会爱者间的伦理关系中。如果我们把最本原、最简单的关系看作一阶关系，而把在这种最简单的关系中的身份看作一阶身份，那么在这里，先验契约者，或者自由存在者，显然才是人的一阶身份。相比之下，进入现实契约关系而派生出来的实际契约者则是人的二阶身份。这意味着，伦理关系先于契约关系，伦理关系是契约关系的基础[①]；同时，人民和公民不是人的一阶身份，而只是人

① 这一观点参见本书上篇第三章相关论述。

的二阶身份。因此，人不是以一阶身份，而是以二阶身份成为主权者而拥有主权。

这什么意思？这没有别的其他意思，只有一个意思，那就是有比人民和公民更根本的身份，因而有比主权者与主权更高、更基本的东西。基于自由存在者这个一阶身份确立起来的伦理关系与道德法则，先于且高于一切契约关系以及基于契约的一切法律，因而理当构成后者的基础和约束性尺度；而每个自由者基于这一一阶身份而拥有的一个普遍行动空间，也就是作为自由体的每个个人所拥有的绝对权利，作为伦理关系世界里每个人的道德权利，是契约者进入契约关系后一切可转让与不可转让的权利的唯一来源。在这个意义上，作为一个自由者的人的道德权利，也就是通常所谓“人权”，显然要先于主权者而高于主权。因为否定作为自由者的个人的绝对权利，不仅意味着否定了他的道德生活方式，而且意味着否定了人的一切可转让与不可转让的权利，从而否定了主权本身。因为如果没有可转让与不可转让的权利，人们也就不可能订立契约，当然也就不可能有因契约而产生的主权者与相应主权。

从根本上说，主权与主权者的产生和创立，其目的乃是为了每个先验契约者能够更好地自保。因为人们不是为了别的，只是为了更好地自保而走向契约，从而创立主权实体。这里的“人们”就是先验契约者，也就是置身于可能的契约关系而未进入现实契约关系的自由者。对于每个这样的自由者来说，可靠的自保就是维护与捍卫其因自由而普遍拥有的行动空间，也就是那些绝对权利。

这里我们要对绝对权利作一个说明。每个人因自由而拥有这样一个行动空间：在这个空间里，他可以完全按自己的意志行动，只要他的行动不会反对别人同样的行动；或者说，只要他的行为不会反对别人同样的行为，那么他可以想做什么就做什么；也可以说，与别人同样的行为相协调而不相矛盾，是每个人的自由行动空间的限度。这个自由行动空间就是每个先验契约者普遍拥有的绝对权利。我们之所以说，可靠的自保就是维护和保障每个人的绝对权利，首先是因为，面对他人，特别是面对通过契约而形成的强大集体，只有个人的绝对权利也即普遍的行动空间得到维护与尊重，他的人身与财产的安全才能得到可靠的保障；这样的权利或行动空间得不到保护，也就意味着人们随时都处在危险之中。其次，面对自然的危险，人们通过契约而形成的集体本身只有真正维护与保障个体的这种行动空间才能获得个体的认同，个体也才能在集体中获得归属感，这样的集体也才会具有内在的凝聚力而拥有面对外来威胁的最大力量。第三，对于每个自由者来说，只有在他的绝对权利与行动空间得到维护与保障的地方，他各方面的禀赋与权益才有获得充分发展的可能性。

因此，我们可以进一步说，主权创立的根本目的在于更好地维护与保障每个契约者普遍的行动空间，也就是那些普遍的道德权利。任何把主权置于这种普遍人权之上的主权者，都已背离了契约公式而丧失了自身的合法性；也可以说，任何肆意践踏普遍人权或者任由普遍人权受到损害的主权者都已背离自己的使命而放弃了自己的承诺，因而人们不再有义务服从它。

是否有效维护与保障普遍人权，在多大程度上有效地维护和保障普遍人权，是衡量一个主权实体是否具有合法性，以及合法性程度高低的根本标准。因此，普遍人权不仅是主权的唯一来源，也是主权的限度——任何主权都不能逾越这种道德权利。在这个意义上，只有在道德权利这一限度内，主权才是不可侵犯的、不可替代的，也才是人们需要服从的。主权是最高的权力，但不是绝对的权力。只要它合法，或者说只要它忠于自己的使命，人们就有义务服从它；也只有当它合法时，人们才有义务服从它，否则人们就有理由拒绝它或者改变它。因此，从来就没有绝对的主权，不管主权者是人民还是党团或君主。

这里，我们要指出的是，实际上只有在很小的范围内，作为主权者的人民才能够成为主权的直接承担者而行使主权。但是，在较大规模下，无法举行全民大会，而只能通过委托的方式来行使主权者的权力，甚至也是通过委托的方式来形成和扩大主权者的全体范围。在这种情况下，明显出现了主权者与主权相分离：大规模的全体人民是主权者，但他们作为一个全体却无法行使主权者的主权，而只能把主权委托给人数较少的部分人，由这部分人代表主权者来承担与行使主权。就主权者及其主权是基于全体订立契约者的公共意志与权利让渡而言，全体订立契约者也即人民永远是直接的主权者。但是，就通常需要由部分人来代表主权者行使主权而言，总是存在着代表意义上的主权者。相对于人民是永远的直接主权者来说，这种代表性的主权者只是临时的与间接的。

但是，由于卢梭没有明确作出这种区分，而是模糊地把人民与主权者直接相等同，以致他认为，由于人民不可能反对人民自己，因此主权者不会有违背人民意志的意志，不会有损害人民利益的利益，因此，主权者不需要向它的公民保证什么，它不需要也不能够有什么法律来约束自己。简单说，主权者可以给它的成员颁布法律，但是它自己没有也不需要法律。[①]并且由于主权者没有其成员全体与成员个体之外的利益，因此它在契约过程中被赋予的权力也必定忠于其成员的利益，所以，各个成员应当完全受这一权力的支配；换言之，主权者拥有支配其成员的“绝对权力”（absolute power）[②]。

卢梭有关主权者本身没有法律与主权者拥有支配其成员的绝对权力的这两点，大概是后人把他归为威权主义者的主要理由。但是，我们要指出的是，卢梭的这两个观点是基于他的人民主权论，也即基于把人民与主权者直接等同这一前提，而在他这里，人民则是参与契约的全体自由个体。就此而言，他根本上是一个自由主义者。如果结合第一节关于强力问题的讨论来看，那么这一点就显得更加明确。

实际上，如果卢梭洞见到直接主权者与间接主权者的区别，那么，在主权者对其成员是否拥有绝对的支配权问题上，他一定会做出更恰当的区别对待。而如果他洞见到“人民”只是每个人的二阶身份，而不是一阶身份，那么，他肯定不会认为，

① 参见卢梭：《社会契约论》第一卷第7章，何兆武译，北京：商务印书馆，2010年，第22页。

② 参见卢梭：《社会契约论》第二卷第4章，何兆武译，北京：商务印书馆，2010年，第37页。

主权者本身没有、也不需要任何法律来约束。作为人民的主权者至少要受来自伦理世界的道德法的约束，因为伦理关系是契约关系的基础，每个人在成为人民、公民与臣民之前，首先是自由者和会爱者。

第三节　多数人表决原则的限度

前面我们曾指出，少数服从多数的“多数人表决原则”是任何试图通过契约达成一个能有效行动的集体都必须遵循的一个原则。所以，卢梭也把它看作是人类总需要追溯到的一个最初约定。[①] 对于这一原则，即使人们没有全体公开表示过同意，也一定以默认的方式全体同意过。因此，它通常也被看作一条民主的原则。正因为如此，它甚至被视为一条没有限度的原则，似乎只要是基于这一原则，一切行为与决定都是正当的、合法的。于是，基于这原则而导致的民粹政治与民主暴政也就有了自己的合法性根据。而这恰恰又成了人们批评卢梭与民主的重要理由。

但是，实际上，多数人原则是一条有前提因而有限度的原则，它与所有其他社会约定一样，都已经以一个伦理关系世界为前提。在人们订立社会契约而进入一个政治共同体之前，人们已生活在一个伦理共同体，并认同和接受这个伦理共同体。

① 参见卢梭：《社会契约论》第一卷第 5 章，何兆武译，北京：商务印书馆，2010 年，第 18 页。

而人们之所以认同与接受这个伦理共同体，而不是逃离它，是因为人们在这个共同体里有一个最低的相互承认与相互尊重，这就是相互承认并相互尊重对方的自由、生命与基本的共同利益。这是自由者间的底线原则，也是普遍之爱的原则。伦理共同体及其成员既可能从来没有明确宣布过它，也可能从来没有自觉地意识到它。但是，它却必定在不同程度上被所有伦理共同体所遵循。因为一个伦理共同体如果没有这个原则，人们就会逃离它或者背弃它。

如果说人们是为了更好地相互保障自由与生命而进一步走向契约，从而构建出一个政治共同体，那么，显而易见的是，正如这个政治共同体是以伦理共同体为前提一样，它首先必须以伦理共同体的底线原则为原则。否则，人们也就不可能以任何方式赞同少数服从多数的原则。因为如果自己的自由、生命和基本利益都得不到共同体里的他人的承认与保障，那么在这个共同体里赞同少数服从多数这一原则就无异于把自己置于任人宰割的危险境地。因此，自由、生命与基本利益是多数人原则运用的界限，或者说，人们不能单凭这一原则来对一个人的自由、生命与基本利益作出裁定。

从实质上说，多数人原则并不是一条关于权利与利益的原则，而只是一条在不能达成全体一致的情况下解决意见分歧的原则。这种意见分歧并不是关于个体如何享有不同权利与利益的分歧，而是关于如何更好地维护和实现普遍权利与普遍利益的分歧。所以，愿意服从多数人意见的少数人并不是放弃自己的权利与利益，甚至不是放弃自己的意见，而只是放弃按自己的意见去共同行动的要求。因此，少数人虽然放弃了按自己的意见统一共同行动的要求，却仍然与多数人有一样的权利要求维护和获取自己不可替代的权利与利益。否则，人们就不会同意和接受多数人表决的原则。这意味着，多数人原则不能被用来损害部分人那些不可转让的普遍权利与普遍利益，否则它就已经违背了使自己能成立的前提。

所以，我们要说，正如多数人的意见并非就是真理一样，依据多数人原则给出的行动及其结果也并非就是正当的。只有在一个限度内，多数人原则的运用才具有正当性。这个限度就是，这个原则不能单独被用来对任何个人的普遍自由以及因这种自由而拥有的普遍利益进行裁定；换言之，这个原则必须以尊重和维护每个人的普遍自由与普遍利益为前提，否则这个原则本身就不具有正当性。多数人原则的这个限度，实际上也隐含着对主权者权力的限制：任何主权者都不得单纯以多数人原则为理由无视、损害乃至剥夺成员个体的普遍自由与普遍利益，除非成员个体损害了这种普遍自由与普遍利益。因此，在这个限度内，多数人原则将避免民主暴政；而如果辅以启蒙文化，有限度的多数人原则也将有效避免民粹政治。

第六章　从道德法则到权利法则

——康德对权利的超验演绎

实际上，自由问题是康德哲学最核心的问题。人的自由—自在的存在既是使现象界成为一个完整而可靠的法则世界的前提，更是一切道德法则的根据，而最后则是每个个人之绝对尊严与不可让渡的绝对权利的基础。人是自由的，因而每个人自己就是他的存在的目的本身，而作为目的本身存在，这是人的全部尊严的源泉；同时，因为人是自由的，所以他赋有这样一个不可侵犯、不可让渡的权利属性，即必须被允许按自己的意志行动。这一权利属性是每个人的一切其他权利的基础。因此，当康德在为自由辩护的时候，他同时也就为每个人的绝对权利与绝对尊严奠定基础。这是康德哲学在推动欧洲乃至全世界的人权观念与人权实践的深化方面具有持久力量的原因所在，当然也是它对近现代政治学说具有持久影响的原因所在。

政治学说要解决的一个基本问题就是国家的制度安排，而这个问题又取决于立国的基本原则，即根据什么最高原则来进行制度安排，以便建立一个正当的国家。就近代以来的政治学说而言，国家的制度安排问题涉及两个基本方面，即国家权力（Staatsgewalt）与公民权利（Bürgerrecht）。对于近代政治学理论来说，一个国家的正当性不仅与国家权力的来源问题相关，而且更与国家权力同公民权利的关系相关：一个正当的国家——即便它不能够是最好的，至少也能够是最不坏的——不仅它的一切权力都必须是来自于组成这个共同体的全体公民让渡和委托出去的权利，即“强制权力”（Befugnis zu zwingen），而且这个来自于公民委托的权力除了必须担当起维护与保障每个公民没有让渡出去的权利外，还不能反过来损害乃至剥夺每个公民不可让渡的权利。近代政治学有关国家权力的分权理论，其根本目的就在于探讨如何防止来自公民委托的国家权力反过来损害公民的权利。在这个意义上，对于近代政治学来说，国家的制度安排问题在根本上就是如何保障与维护属于每个公民个人的普遍权利。因此，我们也可以说，个人的权利法则，即个人不可让渡的权利神圣不可侵犯，实际上构成了近代主流政治学的一条立国原则。不管是主张民主政体还是共和政体，个人的权利法则都是人们所主张的政体的唯一合法性源泉。

但是，个人的这种权利来自什么地方？为什么每个人作为公民个体都拥有同样不可侵犯、同样必须得到尊重与维护的绝对权利呢？这种公民个体在权利上的平等的根据是什么？政治学可以把个人具有平等的、不可让渡的绝对权利这个观念预设为前提而不加追问。但是，这样一来，政治学以这个观念为前提建构的有关制度安排的理论就无法说明自己最后的合理性根据，因此它也就没理由要求获得普适性。换言之，人们有理由只把这种政治学的制度安排当作一种可能的权宜之计而拒绝它。

但是，政治学的目的就在于提供具有普遍性的制度安排理论。在这个意义上，政治学无法回避对自己的前提的追问。而对政治学前提的追问首先就是所谓政治哲学。

实际上，在康德这里，并没有政治学与政治哲学的区分。那些由今天所谓的政治哲学与政治学分别加以讨论的主要内容，在康德那里，被统一在“权利学说”（die Rechtslehre）之下进行讨论。① 而权利学说又分为“公共权利”和“私人权利”，前者大致相当于今天狭义的“政治学”。但是不管是前者还是后者，它们都以普遍的权利原则为基础。而普遍的权利原则又以自由为基础。

因此，这里我们首先要从权利学说的角度阐释康德的自由概念，进而阐释普遍的权利原则如何从基于自由意志的道德法则中演绎出来。在此基础上，我们将探讨康德政治哲学的一个基本思想，即为什么一切正当的政治学说都必须建立在自由概念基础之上，因而也就是说，必须建立在普遍的权利原则之上。

通过“实践理性批判”，自由被确证为包括道德法则在内的一切法则的前提。所以，在“道德形而上学”里，自由概念是被作为“权利学说”和“德行学说”的预备概念（Vorbegriffe）放在总导论里进行讨论。在这里，康德说：

> 自由概念是一个纯粹的理性概念。因此，对于理论哲

① “权利学说”又与“德行学说”（die Tugendlehre）共同构成了“道德形而上学”（die Metaphysik der Sitten）。这意味着，权利学说与德行学说如何共同构成道德形而上学理应构成有关康德政治哲学研究的一个问题。这里限于篇幅，作者将在另处讨论。

> 学来说，它是超越的（transzendent），也就是说，它是这样一种概念：在任何可能的经验里都不可能给出与它相应的事例。所以，自由不可能构成我们的任何一种可能的理论知识的对象，而且对于思辨理性来说，它无论如何都不是一种构造的原则，而只是一种范导的、纯消极的原则。但是，在理性的实践运用中，自由（概念）却可以通过实践原则来证明自己的实在性（Realität）。作为纯粹理性的一种因果性法则，这些实践原则在决定行为意志（Willkür）时完全独立于一切经验性条件（即一般的感性事物），并因而证明了我们身上的纯粹意志，而道德（伦理）概念和道德（伦理）法则就来源于我们身上的这种纯粹意志。①

一切经验概念，比如“杯子”、“光”、“电波”等等，都可以在时空中找到相应的经验对象或者事例来说明；至于诸如量、质、关系等超验概念，由于它们是使一切现象事物成为可规定、把握的概念事物的前提，所以，它们通过图式也可以在感性时空中找到相应的对象来说明。或者也可以说，超验概念可以通过构造出可认识的经验对象来显明自己对经验事物的客观有效性。但是，我们在任何可能的经验中都给不出一个与自由这个

---

① Immanuel Kant, *Die Metaphysik der Sitten*, *Kants Werke*, Band VII, Herausgegeben von Ernst Cassirer, Berlin, 1916, S. 21. 中译本可参见沈叔平从英译本转译的《法的形而上学原理》，北京：商务印书馆，1997 年，第 23 页。此处译文与德文原著多有出入。另参见《道德形而上学》（注释本），张荣、李秋零译，北京：中国人民大学出版社，2013 年，第 19 页。本文在写作和发表时张荣、李秋零的译本尚未问世，这里重新修订本文，并标注新译本对应页码供读者参考。——编者注

概念相一致的对象或事例来说明自由。因为任何经验中的事物都是在感性时空中给出来的，而能在感性时空中给出的任何事物都不是自由的，或者说，都可以且只能从非自由的因果关系去理解、认识。在这个意义上，我们说，不可能在任何经验中给出与自由概念相一致的事例。因此，自由没有经验对象，它当然也就不能成为任何知识的对象。这意味着，对于理性的思辨运用（也即通过使用概念来获取知识的运用）来说，自由概念不具有量、质、关系这类超验概念那样的功能，能在感性时空领域构造出对象，所以，对于理性的这种运用来说，自由概念不是一种构造的原则。在这个意义上，自由概念不像超验概念那样对经验事物具有客观有效性。

但是，作为理性存在者，我们的理性不仅仅具有运用概念进行认识的功能，它还有通过决定意志而给出行动的功能（这甚至是一种更重要的功能），这也就是康德所说的理性的实践运用。作为理性存在者，我们知道，在我们的生活、行动中，有一系列要求我们必须遵守的道德法则。我们的生活与整个社会文明都建立在这些法则的基础之上。如果没有这些法则，我们的生活共同体就会立即瓦解，我们的生活将不再是人的生活。而这些法则的存在及在感性时空中的现实生活里的实际效应表明，给出这些法则的理性是自由的，因而作为理性存在者的我们是自由的。因为如果理性不是自由的，因而如果人不是自由的，那么，那些构成我们生活之基础的一系列法则就是不可能的，也是毫无意义的。因为，如果理性不是自由的，那么，也就意味着，那些构成人类生活之基础的基本法则不可能由理性从自身中给出来，而只能从理性之外的地方给出来。但是，这是不可能的。因为理性从自身以外的任何地方都不可能引出那些法则。退一步说，即便理性能从自身之外引出那些法则，但是，由于理性不是自由的，因而人的生活与行动也不是自由的，所以，那些法则对于人来说也是毫无意义的。一切法则都来自于自由，也只有对于自由存在者才是有效的。

实际上，理性在自己的实践运用中，就是通过从自身给出的这些法则来规定我们的意志，从而规定我们的行动。这些实践法则也可以被看作是一种特殊的因果性法则：它们从理性出发直接决定了行为的发生，但是理性本身不再有原因。在这个意义上，我们可以把理性的实践法则看作是一种自由因法则。也就是说，这些法则在决定意志行动时，完全独立于一切经验性条件或感性事物，不受任何经验事物的影响。

因此，一方面，实践法则的存在证明了我们身上的自由理性也即能只从自己决定行动的自由意志的绝对性，而这些法则具有使人类生活成为可能的那种客观效应则证明了自由概念的经验实在性。在这个意义上，我们是从实践法则那里认识到我们的自由。但是，另一方面，一切实践法则都是建立在我们的自由基础之上，以我们的自由为前提。所以，康德接着说：

> 从实践的角度看，被称为道德法则的那些无条件的实践法则都是建立在积极的自由概念上。由于我们的行动意志（Willkür）受到感性刺激，因而与纯粹意志（der reine Wille）本身不一致，甚至经常与之冲突，因此，那些无条

件的实践法则对于我们来说就是命令（诫律或禁令），而且是绝对的无条件命令。它们由此也与技术性命令（工艺规程）区别开来。[①]

所谓“积极的自由概念”，也就是指能直接从自身作出决断而给出行动的意志自由或理性自由，它与消极自由概念的区别在于，后者作为现象界的最后原因的自由因，是自由理性为了确保现象界的整个因果关系的可靠性而给出的一个理念，它只是现象世界的整体可靠性的担保，并不能给出对象或行动。或者也可以说，消极的自由概念是从理性的思辨运用角度理解理性自由的概念，而积极的自由概念则是从理性的实践运用角度理解理性自由的概念。

康德这里是要说，作为道德法则，一切无条件的实践法则都是建立在这样一种积极的自由，即能直接从自身给出行动的理性自由之上；但是，由于人并不仅仅是理性存在者，他同时还是感性存在者，他的各种行动意志往往受到感性事物的刺激和诱惑，因此，并不与自由理性（自由意志）相一致，甚至经常冲突。因此，对于拥有与自由意志不一致的各种意愿的我们来说，那些无条件的实践法则就是一种命令，而且是一种绝对命令，即没有任何余地可以灵活处理的命令。不管我们身处何

① Immanuel Kant, *Die Metaphysik der Sitten*, *Kants Werke*, Band VII . Herausgegeben von Ernst Cassirer, Berlin, 1916, S. 22. 中译本可参见沈叔平从英译本转译的《法的形而上学原理》，北京：商务印书馆，1997 年，第 23 页。另参见《道德形而上学》（注释本），张荣、李秋零译，北京：中国人民大学出版社，2013 年，第 19 页。

地，也不管我们受制于什么样的感性条件或受什么样的感性事物的诱惑，自由理性都会置之不理而只从自身法则出发规定我们的意志和行动。这并非说，人会完全按理性依其法则所规定的意志去行动，相反，人也可能拒绝听从理性所规定的意志去行动，而听从由感性事物激起而与理性法则相违背的欲望去行动。正因为人也可能听从受外在事物支配的感性欲望去行动，那些理性法则对人才是一种“命令”：应当这样（符合理性法则）行动，而不应当那样（违背理性法则）行动。如果人像神那样是纯粹的理性存在者，他的一切行动都自动符合理性法则，那么，这些法则对他来说也就失去了命令的意义。

这也就是说，道德法则对于我们来说之所以是一种命令，是因为我们有可能并不如理性所要求的那样行动，而是听从感性事物的支配或诱惑；而这种命令之所以是绝对的命令，则是因为它们是理性独立于一切感性条件而给出的实践法则，换句话说，是理性无视一切感性条件而颁布的法则。因此，不管人们处身于什么样的感性条件，理性都要求遵循那些法则；或者说，人们从感性世界找不到任何理由来为自己不遵循那些理性法则辩护。这就是道德法则的绝对性与坚定性所在。作为绝对命令，一切道德法则既是劝令，也是戒令：一方面劝告应当怎样行动，另一方面禁止违背劝令的行动。因此，根据这类命令，一些行为被规定为允许的或不允许的，而其中有些行为甚至是道德上必须的，也就是说是强制性的（verbindlich），是一种约束。道德命令所规定的这类使人人受其约束的“必须的行动”

也就是本源意义上的义务（die Pflicht）。[①]而接受这种强制或约束就成了源初性责任（Verbindlichkeit）。

所以，我们也可以说，作为绝对命令，道德法则直接就是一种义务指令或义务法则。这也是为什么道德学说通常也被称为关于义务的学说的原因。不过，道德法则并不仅仅是一种义务法则，它们同时也是一种权利法则。这意味着可以从最高的道德法则那里来追问人们拥有什么样的最普遍的权利。为此，首先要问的是，自由理性给出了什么样的最高法则？

我们的一切道德法则都来自我们的自由，以我们的自由为前提。但是，我们的自由是一种自由理性的自由。这种自由理性在行使自己的自由时，也能把他人当作自己的同类而意识到他人的自由。在这个意义上，人的自由是一种包含着承认他人自由的自由，而不是可以旁若无人地为所欲为的自由。也就是说，每个人的自由理性在独立地规定他的行动意志时，它也能明确地知道，任何他人也有同样的理性能力能够独立地规定这个人的行动意志，从而给出同样的行动。这意味着，每个人所能具有的自由是一种不能与他人的自由相矛盾的自由。所以，从人的自由给出的必定首先是这样一条法则：必须这样行动，当你的行动普遍化时不会自相矛盾。用康德自己的话说就是："绝对命令（它只是一般地表达什么是责任）可以表述为：要依

① 康德在《道德形而上学》写道："义务就是使任何人都受其约束的那类行动。"参见 Immanuel Kant, *Die Metaphysik der Sitten*, *Kants Werke*, Band VII . Herausgegeben von Ernst Cassirer, Berlin, 1916, S. 23。另参见《道德形而上学》（注释本），张荣、李秋零译，北京：中国人民大学出版社，2013 年，第 19 页。

照一条能够同时被当作普遍法则的准则行动。”①

也就是说，最高命令就是要人这样行动：规定你行动的准则必须能够成为普遍法则，即能够成为所有人据以规定自己行动的准则。而这要以所有人依此准则行动时并不陷于相互反对为前提；如果所有人依此准则行动而陷于相互反对，那么就表明此准则不能成为普遍法则，因此，不是出于人的理性自由，因而不可能是道德法则，甚至是违背道德法则。所以，康德接着说：

> 因此，道德学说（die Sittenlehre）的最高原则是：要按同时能够成为普遍法则的准则去行动。凡是不符合这一条件的准则都是违背道德的。②

我们可以从劝令形式和禁令形式来进一步分析和表述这条最高道德原则。以劝令形式来表达，这条最高原则是说：应当按能普遍化为法则的准则行动；或者说，你应当这样行动，即你的一切行动准则都必须能成为普遍法则。这在《圣经》里被表述为这样一条劝令：你要别人怎样待你，你就要怎样待人。

① Immanuel Kant, *Die Metaphysik der Sitten*, *Kants Werke*, Band VII, Herausgegeben von Ernst Cassirer, Berlin, 1916, S. 25. 另参见《道德形而上学》（注释本），张荣、李秋零译，北京：中国人民大学出版社，2013 年，第 23 页。

② Immanuel Kant, *Die Metaphysik der Sitten*, *Kants Werke*, Band VII, Herausgegeben von Ernst Cassirer, Berlin, 1916, S. 26. 中译可参见沈叔平从英译本转译的《法的形而上学原理》，北京：商务印书馆，1997 年，第29 页。另参见《道德形而上学》（注释本），张荣、李秋零译，北京：中国人民大学出版社，2013 年，第 24 页。

从禁令形式来理解，最高的道德原则说的是：不能自相矛盾地行动；也就是说，你不能这样行动，即当你的行动普遍化为所有人的行动时陷入了相互反对。简单说，你不能做你自己所不愿意别人对你做的事情。这在《论语》里被表述为这样一条禁令：己所不欲，勿施于人。

显而易见，不管是从劝令的角度看，还是从禁令的角度理解，最高道德原则即最高的绝对命令都内在地包含着对他人的自由的确认与维护。因为就它作为劝令而言，当它要求你按能普遍化为法则的准则行动时，也就意味着它要求允许所有他人也可以如你那样行动。而就作为禁令来说，当它要求你不能自相矛盾地行动，因而也就是说你不能做你不愿意别人对你做的事情时，实际上也就意味着它不允许把任何一个人自己所不愿意的事情强加给他自己。换句话说，它要求允许每个人按自己的意志行动，只要他不妨碍别人的同样行动。

因此，这条最高的绝对命令实际上是要求允许每个人按他自己的意志去行一切能普遍化的行动。在这个意义上，这一绝对命令既是来源于我们的自由，也是确认和维护我们的自由。它一方面表达了人的义务——应当行一切能普遍化的行动；另一方面则表达了人的权利——它要求允许每个人按自己的意志（也即自由地）行一切可普遍化的行动。所以，最高的绝对命令既是一条义务法则，同时也是一条权利法则。用我们的话来说，它表达了人的这样一种绝对的权利属性，即每个人必得被允许按他自己的意志行动、生活，只要他不妨碍别人依同样的准则行动。

如果说人有自然的权利（或叫天赋的权利，即每个人作为理性存在者天生就有的权利）与获得的权利（即通过法律契约得到的权利），那么，所有这些权利实际上都必须以上面所说的权利属性为前提。作为绝对命令的道德法则的绝对性不仅表明人的义务的绝对性，同时也表明人的权利属性的绝对性，因而表明每个人所拥有的普遍权利的绝对性。而道德法则的绝对性则来自于人的理性自由的绝对性即无条件性。因此，从根本上说，人的一切权利及其绝对性——不可损害、不可剥夺、不可替代——都来源于自由。

在谈到道德学说为什么通常被称为义务的学说而不是权利的学说时，康德说："我们只有通过道德命令（它是义务的直接指令），才认识到我们自己的自由，而一切道德法则，因而一切权利和义务都来源于我们的自由；但把责任加于他人的能力（Vermögen），也即权利的概念是后来从道德命令展开出来的。"[1]

康德的意思是说，我们的一切道德法则、权利和义务都来自我们的自由，都以我们的自由为前提，但是，我们却是从道德法则那里认识到我们的自由，并且也是从道德法则那里认识到我们的权利。所以，在"权利学说"里，康德是根据最高的道德法则来展开他的权利概念与权利原则的。

什么是权利？这个问题实际上是问：一个人有什么样的权

---

① Immanuel Kant, *Die Metaphysik der Sitten*, *Kants Werke*, Band VII, Herausgegeben von Ernst Cassirer, Berlin, 1916, S.41. 另参见《道德形而上学》（注释本），张荣、李秋零译，北京：中国人民大学出版社，2013年，第37页。

利？对于法学家来说，这是一个既熟悉又突兀的问题。因为法学家终日与之打交道的所有法律都与人的权利相关。因此，对于法学家来说，指出一个国家在一定时期内法律是怎么说的，而在相应情况下一个当事人具有什么样的权利，并不困难。但是，法律的规定是否是公正的？人们据以认识公正与不公正（iustum et iniustum）的普遍标准是什么？如果法学家仅仅停留在各种具体的法律知识与经验性原则，而不进一步去追究这些具体的法律知识在经验之外的根据，那么，这类问题就会使法学家陷入困境。因为这类问题取决于对“什么是权利？”与“人具有什么样的普遍权利？”这些问题的回答。而这些问题不可能在具体的法律知识中找到答案，相反，一切正当的法律都必须以对这些问题的回答为基础。如果一种法学或权利学说只满足于探讨具体的经验性法律知识，那么它就无法保证自己所提供的法律知识的公正性。康德把这种止步于经验性法律知识而无视它们的公正性根据的法学称为没有脑子的法学。[①] 同样，我们也可以把那种拒绝为自己的制度安排提供形而上学根据的政治学视为没有脑子的政治学，虽然它试图充当人类的脑袋。

这意味着，虽然“权利”是一个涉及与他人的外在关系的概念，但是，我们不可能在外在的经验因素中寻找这一概念的规定与根据。也就是说，我们无法从经验中给出这个概念。这从反面表明，我们只能从经验之外，也即从内在的自由理性中

---

① 参见 Immanuel Kant, *Die Metaphysik der Sitten*, *Kants Werke*, Band VII, Herausgegeben von Ernst Cassirer, Berlin, 1916, S. 31。另参见《道德形而上学》（注释本），张荣、李秋零译，北京：中国人民大学出版社，2013 年，第 27 页。

寻找权利这个概念的规定。而更进一步说，就是只能从来源于自由理性的最高道德法则那里演绎出权利概念。根据这一最高的法则，康德给出了这样一个权利概念：

> 权利就是所有这样的条件的总和：在此类条件下，一个人的行动意志（Willkür）与他人以一条自由的普遍法则为根据的行动意志能够协调并存。①

这也就是说，所谓权利，或者说，所谓每个人具有的普遍权利，就是在不妨碍任何他人以一条自由的普遍法则为根据的行动意志这一前提下，人能够在任何条件下行一切他愿意行的事。实际上这等于说，所谓人的权利也就是他必须被允许在任何条件下都能只根据自己的意志行动，只要他的行动能够与他人以自由的普遍法则为根据的行动意志并存。因此，所谓权利概念所表达的实际上也就是我们上面所说的人的绝对的权利属性。

这里需要说明的是，所谓"他人以一条自由的普遍法则为根据的行动意志"，是说这里的他人的行动意志是受自由的普遍法则规定的意志，即能普遍化而不自相矛盾的意志。能够与他人的这种意志协调并存，也就是说不妨害他人的这种能普遍化而不自相矛盾的意志。所以，在这里，权利概念强调的是被允

---

① Immanuel Kant, *Die Metaphysik der Sitten*, *Kants Werke*, Band VII, Herausgegeben von Ernst Cassirer, Berlin, 1916. S. 31. 另参见《道德形而上学》（注释本），张荣、李秋零译，北京：中国人民大学出版社，2013 年，第 28 页。

许的广度，也即自由的广度：只要不妨碍他人能普遍化的行动意志，一切都是被允许的。

根据这一权利概念，或者说，根据我们每个人因自由而具有的那种绝对的权利属性，我们可以进一步推论说，如果一个行动并不妨碍他人能普遍化的行动意志，那么，这一行动就是被允许的，因而是正当的。也就是说，做出这样的行动是一个人的权利。

> 所以，如果我的行动或者我的状态能够与任何一个人的符合普遍法则的自由并存，那么，任何人妨碍我完成这种行动或者妨碍我保持这种状态，他对我就是不公正的；因为这种妨碍无法与符合普遍法则的自由并存。①

我的权利就是根据我的意志做出一切我愿意做出的行动，简单说就是行使我的自由。但是，权利是一个事关与他人的外在关系的概念。所以，我的这种权利显然是有限度的，这就是必须承认他人的自由并能与他人的自由并存。不过，这种我要与之并存的他人自由并不是为所欲为的自由，而是符合普遍法则的自由，也就是能普遍化而不自相矛盾的自由。因此，只要我的行动或生活能够与他人符合普遍法则的自由并存，那么，我的行动或生活就是正当的，就属于我的权利范围；任何他人

---

① Immanuel Kant, *Die Metaphysik der Sitten*, *Kants Werke*, Band VII, Herausgegeben von Ernst Cassirer, Berlin, 1916, S. 32. 另参见《道德形而上学》（注释本），张荣、李秋零译，北京：中国人民大学出版社，2013 年，第 28 页。

妨碍我的这种行动或生活，都意味着损害或剥夺我的这种权利，因而是对我的不公正。因为既然我的行动或生活与他人那种符合普遍法则的自由并存，那么他人妨碍我的这种行动或生活的行动一定是一种不可普遍化的行动，也即一定是出自不符合普遍法则的意志的行动。所以，它本身就是不正当的。

就权利是一个关于自由体之间外在的行动关系的概念而言，我们可以从权利行动的主体与权利行动的受体两个角度来进一步讨论权利问题。从权利行动的主体角度说，权利就是一个人相对于一切他人而具有的权利属性，这就是他必须被允许的一切可能行动。在这个意义上，我们可以把权利概念表述为这样一条普遍的权利法则：每个人都必须被允许根据他自己的意志行动、生活，只要他不妨碍他人可普遍化的意志。这一法则强调的是权利主体的自由空间。而如果从权利行动的受体角度看，权利则是一个人对一切他人而具有的一种强制性责任，这就是他必须承认他人具有符合自由的普遍法则的意志并且要能够与他人的这种意志并存。正是在这个意义上，康德说："所以，普遍的权利法则是：要这样外在地行动，你的意志的自由使用要能够与每个人符合普遍法则的自由并存。"①

它强调的是权利主体的自由的限度，而实际上则是加给权利行动的主体以一种对权利行动的受体的责任：这就是要尊重和维护他人符合普遍法则的自由。

① Immanuel Kant, *Die Metaphysik der Sitten*, *Kants Werke*, Band VII, Herausgegeben von Ernst Cassirer, Berlin, 1916, S. 32. 另参见《道德形而上学》（注释本），张荣、李秋零译，北京：中国人民大学出版社，2013 年，第 28—29 页。

因此，权利概念既是一条确立权利主体的自由空间的法则，也是一条规定权利主体的自由界限的法则。但是，不管是作为确立自由空间的法则，还是作为规定自由界限的法则，它都具有强制性。因为作为确立自由空间的法则而言，权利概念说的是“每个人都必须被允许根据他自己的意志决断一切不妨碍他人符合普遍法则的自由的行动”，因此，每个人都有理由强制要求尊重他行使自己并不妨碍他人自由的自由。换言之，每个人的权利使他拥有这样一种职权，即有理由强行制止对符合普遍法则的自由的妨碍。康德把这种职权称为“强制的权力”（die Befugnis zu zwingen）：根据权利概念，“如果对自由的一种行使本身是对符合普遍法则的自由的妨碍，因而是不正当（不公正）的，那么，反对对自由的这种行使的强制就是正当（公正）的，这种强制作为对妨碍自由的制止与符合普遍法则的自由相一致。因此，根据矛盾律，权利同时总是与对损害权利的人实施强制的权力（Befugnis）联系在一起”①。

因此，从根本上说，权利本身内在包含着强制的权力。从权利概念作为规定自由界限的法则而言，我们同样可以分析出这个结论。这意味着，作为权利的自由，也即自由体们在外在关系中的自由，总是包含着普遍的相互强制。只要自由体是多，而不是一，那么从自由获得的普遍权利就总是与相应的普

① Immanuel Kant, *Die Metaphysik der Sitten*, *Kants Werke*, Band VII, Herausgegeben von Ernst Cassirer, Berlin, 1916. S. 32-33. 中译本可参见沈叔平从英译本转译的《法的形而上学原理》，北京：商务印书馆，1997 年，第 42 页。另参见《道德形而上学》（注释本），张荣、李秋零译，北京：中国人民大学出版社，2013 年，第 29 页。

遍强制相联系。所以，“严格的权利也可以被理解为这样一种可能性：一种普遍的相互强制与遵循普遍法则的每个人的自由相一致”。在这个意义上，甚至可以说：“权利与强制的权力是一回事。”①

从权利主体的角度说，每个人从自由获得的绝对权利不仅使他拥有一个不可剥夺、不可替代、不可损害的自由空间，即根据自己的意志行动、生活（只要他不妨碍他人的普遍自由）；而且使他拥有一种实施强制的权力，这就是强制他人尊重和维护每个人的普遍自由的权力。这种强制的权力同样是不可剥夺、不可损害，但却是可替代的。如果说在绝对权利当中，“根据不妨碍他人的普遍自由的自身意志行动、生活”这一自由空间是不可让渡的，那么，“强制他人尊重与维护每个人的普遍自由的权力”则是可以让渡的，即可以委托出去。正是通过对“强制的权力”的让渡和委托形成了接受和承载这种委托的共同体，也即国家。不过，权利中的这两个方面并不是两个可以分离的组成要素，而是永远联系在一起的两个方面。因为失去了“自由空间”，“强制的权力”也随之消失；而如果“强制的权力”被剥夺或被取消，“自由空间”也同样会被剥夺。不管是哪种情况，都意味着权利的被损害和被剥夺。虽然人们建立国家本是为了借助一个公共机构来维护自己的“自由空间”，从而维护自己的安全，但是，人们的权利是否真正能得到维护和保障，最

① Immanuel Kant, *Die Metaphysik der Sitten*, *Kants Werke*, Band VII, Herausgegeben von Ernst Cassirer, Berlin, 1916, S. 33. 另参见《道德形而上学》（注释本），张荣、李秋零译，北京：中国人民大学出版社，2013 年，第 29、30 页。

终取决于人们所建立的国家是否忠诚于人们达成的公共意志；按康德的看法，也就是取决于这个国家是否保持为“共和体制”。出于权利原则，康德主张共和制是所有政治制度中最好的体制。

下

现实篇　权利时代与全球化

第一章　人权的划分与实现人权的文化前提

这一章我们将讨论这样的问题：虽然我们的时代被称为“权利的时代”，但是，为什么人权的发展或实现却很不均衡？人权在世界范围内的实现过程中甚至出现了一系列冲突，乃至战争，这又是为什么？如果从权利实现的程度来看待世界的话，那么，我们甚至可以说，有的地方已进入了成熟的现代社会，而有的地方则还停留在旧时代。

这里，我们首先要追问：（1）如果说人权是绝对的、普遍的，那么，为什么捍卫人权与维护人权的政治要求与政治实践只是在近代才开始？而直到今天，在我们生活的这个大地上，为什么仍会有一些国家视人权如无物？为什么仍会有一些国家的统治者虽然口头上并不反对人权甚至赞同人权，但实际上却一直在压制人权、践踏人权？（2）人权的普遍性与绝对性，是否能够直接通向单一民族主权的国家理论？或者说，人权的绝对性是否能够成为民族主义国家理论的依据？还是与之根本无关？

第一节 人权的划分

在今天世界上的文明国家里，甚至在独裁国家里，宪法上都写着每个公民都拥有诸如言论—思想—出版的自由、结社—组党的自由、示威游行的自由、迁徙的自由、信仰的自由、免除恐惧与饥饿的自由等等自由权。这些自由权利是每个人作为人而拥有的权利，而且是每个人拥有其他权利的基础，所以，它们是基本人权；如果连这些自由权利都得不到维护，那么其他一切权利都不可能得到保障。

这里，我要特别强调的一点就是，这些自由权利是每个人作为人而必须拥有的。因为它们是每个人享有人格尊严与社会公义的前提。任何以其他权利，比如生存权、发展权来取代前面这些基本人权，或者把生存权、发展权放在优先于基本人权的地位上的做法，都是对人的尊严的威胁与否定。因为基本自由权本身就包括着生存权与发展权，而生存权与发展权却不包含自由权，因此，如果把生存权或发展权置于那些基本自由权之上，那么，结果很可能会是：人们虽然拥有了生存权，却是生活在牢笼里面，而牢笼里不管多么安逸，却永远都没有人的尊严；同时，虽然人们可能的确置身于发展当中，却发现是“被发展”了，因为那并不是人们所愿意的发展，比如环境的迅速恶化，贫富差距的悬殊、社会公义的极度稀薄等等。

所以，我们要说，自由权是每个人最基本、最优先的权利。

现在我们要问：个人的这些基本自由权利是来自什么地方

呢？人们可能会说来自宪法呀，是宪法赋予我们这些基本自由权的。但是，我们要问，宪法又来自什么地方？宪法规定这些权利的根据是什么？

如果我们对人的权利进行划分，那么人有两类权利，一类是自然的权利，即那些先于一切法律契约关系的权利；另一类就是获得性的权利，即通过法律契约得到的权利。那些基本的自由权就属于自然的权利。宪法只是以明确的条文确认了这些自然权利，而不是赋予这些权利，相反，对这些自然权利的确认倒是构成了宪法本身的正当性的根据。近代以来所有文明国家的宪法之所以首先要确认这些自由权，就在于首先要确立宪法本身的正当性根据，从而确立国家制度本身的正当性理由。在这个意义上，我们甚至可以说，肯定与确立那些基本自由权的权利法则构成了近代以来文明国家的立国原则。

既然这些基本的自由权不是来自于宪法，那么它们来自哪里呢？

从哲学上来说，这一问题的唯一答案只能是：每个人这些绝对的自然权利就来自他的自由存在。

每个人的自由权来自他的自由存在，这看起来是一个同语反复的答案。其实不然。

这里我们首先要简要澄清自由本身与自由权的区别。这是人们在思想上和语言中经常会搞混的两个不同层次的概念。当我们说，每个人都有基本自由权时，我们实际上是指每个人在进入政治社会后在与国家和他人的关系上所拥有的一种行动空间，所以，自由权，以及任何其他权利，都是一个人的一种政治关系属性，一种政治关系中的存在。而自由本身，则是指每个人作为个体而能够独立自主地存在，也就是能够完全从自己出发决断自己的生活与行动，而不受任何外在的原因或意志的决定。这种独立自主的存在就是一种自由存在，它是先于一切政治关系的存在，甚至是先于一切伦理社会与伦理关系的存在。所以，我们也可以把这种自由存在看作是每个人进入关系前的一种本原身份，是每个人的本相。

从实践哲学角度说，这种自由存在首先意味着，我们每个人都具有这样一种潜在的能力，这就是能够完全从我们自己的理性出发，规定我们自己的意志，从而决断我们自己的行动与生活。换句话说，我们拥有这样一种理性能力，这种理性能力能够成为我们自己的行动的最后原因。它使我们能够从一切自然的因果关系中跳跃出来，能够中断、摆脱一切自然的因果必然性，而只从理性本身出发，给出行为的最后根据，给出行动的最后原因，也就是给出自由因。简单说，理性使每个人都能成为自己行动的主人，使每个人能够以独立自主的方式存在。这就是自由存在。

这种实践意义上的自由拥有两种否定性力量：一种是能够拒绝一切外在的强制性要求（包括自然因果性发出的必然性要求与他者发出的服从要求），也就是能够对一切服从的要求说“不”，包括对上帝的命令说“不”。

另一种否定性力量就是能够抗拒一切诱惑，能够对一切诱惑说“不”，不管这诱惑是多么强大迷人。我们每个人时刻都会面临着声色货利、安闲逸乐的诱惑，但是，我们的理性，我们的自由，使我们有能力抵抗住这些诱惑。

自由的这两种否定性力量，使我们拥有一种积极的、肯定性力量，那就是能够无视一切因果性关系，无视一切外在的强制性因素，而只从我们自身的纯粹理性即自由意志本身出发，给我们自己颁布普遍法则，并坚守这些普遍法则。一切真正的道德法则，都是出自于我们的理性，出自我们的自由存在，而不来自于任何其他地方。

这意味着，人的自由构成了我们人类的一切道德法则的前提与基础。一切道德法则都是一种禁令或劝令，它们都以“你应当如何如何”或“你不应当如何如何”这样的表达形式向人们下命令。但是，如果人不是自由的，因而也就是说，人的一切行动都是按前因后果这种因果性关系必然发生的，那么，一切禁令与劝令都将变得毫无意义而立即瓦解。因为既然人的一切行动都是必然要发生的，那么向他下命令说“你应当如何如何”或“你不应当如何如何”，就无异于对一块石头说“你在水里不应当往下沉沦”一样荒谬。所以，一切道德法则都必须以人的自由为前提。

我们知道，我们的整个人类生活都是建立在一系列伦理—道德法则之上，没有这些伦理—道德法则，我们的整个人类生活都将瓦解而陷入混乱。我们井然有序的共同体生活表明，我们的一系列伦理—道德法则，直至一系列法律规则，都是客观有效的，它们构成了我们整个人类生活的基础。但是，既然一切伦理—道德法则都以我们的自由为前提和基础，那么，伦理—道德法则的存在及其客观有效性则反证了我们是自由的，反证了我们拥有纯粹理性即自由意志这种超越性能力。如果说，我们人类生活离不开道德与法律，那么，这也就意味着人类向来就是自由的，向来就是存在于自由中。

我们是自由的，首先意味着我们每个人都是一个自由存在者。自由者是我们每个人的第一个身份，我称之为本相。每个人之为每个人自己，就在于他首先是作为这个不可替代、不可让渡的本相而存在。

从每个人是自由的，我们可以推导出表明人类个体存在之绝对性的三大绝对法则，首先就是与我们这里讨论相关的“绝对的权利法则”。

因为每个人是自由的，因此每个人赋有这样一种权利空间，那就是：他必须被允许根据他自己的意志生活、行动，只要他的行动不防碍、反对他人同样的行动。这样的权利空间，也就是必须被允许的行动空间（这里要注意的是，这里的“必须”是对允许者的强制性要求，而不是对被允许者的强制性要求。简单说，这里的“必须”是权利主体的权力，而不是对他的要求）。每个人只要是在这个权利空间内行动，那么他的一切行动就都是正当的、合理合法的，别人不能干涉的。对这样的行为空间的否定或限制，也就是对一个人的自由存在的否定。由于每个人天生就是一个自由的理性存在者，因而他天生就拥有这样一种按自己意志行动的自由权利空间。

这一权利空间是每个人的一切自然的权利即那些先于法律契约关系的权利与一切获得的权利即通过法律契约得到的权利的全部根据。也就是说，一个人享有的任何权利，不管是宪法里确认的那些自由权利，还是其他法律规定的权利，都只有从他天生拥有的这一权利空间那里得到最后说明。

每个人的自由的绝对性使他的权利空间具有绝对性，由此使他拥有的那些基本的自由权利具有绝对性，是任何他者不能剥夺、不能替代的。

这是基本人权的绝对性根据问题。

第二节　实现与维护人权的文化前提

我们生活于其中的自然世界有各种规律，但是，我们并不一定就认识这些规律。实际上，我们是在慢长的历史过程中才逐渐认识其中的一些规律。迄今为止，仍有无数未知的规律不为我们所知。不过，我们今天的生活世界就是建构在这些已知的、由各门科学知识提供出来的规律之上。

同样，我们每个人生而自由，但是，人们并非生而就觉悟到自己是自由的，因而也并非一开始就意识到自己拥有不可剥夺的人权。这正如我们对自然世界的各种规律的认识一样，我们也是在近代通过启蒙运动才逐渐认识到我们每个人都是生而能够走向独立自主的自由存在，因而每个人都拥有那些基本的自由权利。而我们今天生活于其中的、具有正当性根据的共同体都是建立在保障与维护这些自由权基础之上。

通过对近代政治学说史的考察，我们会发现，正是对自由存在与自由权利的普遍觉悟，才推动人们去思考如何捍卫与维护人的自由与权利。由于人类个体既是自由的，同时又是生活于共同体里面，每个人的生活都离不开共同体，所以，对于普遍觉悟到人的自由存在的近代政治学说来说，共同体，特别是国家如何保障与维护每个成员个体的自由以及因这自由而拥有的那些基本的自由权，也就成了它们的核心问题。对于近代政治理论来说，作为人类生活中最重要的共同体，国家的首要任务就在于如何保障与维护所有成员的基本自由权以及基于这些基本权利的基本利益。它们关于国家组织形式的构想，关于国家权力的分解与制衡的设计，都是围绕着国家如何完成这一首要任务进行的。我们甚至可以说，权利法则，构成了近代国家理论的立国原则。近代政治学说对民主共和体制的普遍向往，并非因为民主共和制度能富国强兵，而是因为它最能捍卫和维护人的自由与权利。也就是说，作为一种国家制度，民主共和之所以值得人们追求，并非因为民主本身有什么最高价值，而仅仅因为与所有其他国家制度相比，它是维护和实现被普遍觉悟到的自由与人权的最可靠途径。

这意味着，只是因为近代启蒙运动对自由与基本人权的普遍觉悟，才开始了捍卫人权与维护人权的政治要求与政治实践。如果没有启蒙运动开辟了以讨论、理解、确认人的自由与权利为核心的启蒙文化、启蒙思想，那么，我们根本无法想象近代以来人们对民主政治为什么会有如此强烈的向往，对国家权力的分解、制衡为什么会有如此坚定的执着，当然也就无法理解近代以来为什么会出现各种朝向民主政治的政治改良与政治革命，也无法理解无数试图摆脱压迫与独裁的人类解放运动。

我想说的是，实现人权、捍卫人权与维护人权的政治要求和政治实践，是有文化前提的，那就是文化启蒙。所谓文化启蒙，就是在系统地认识、自觉人的自由本性以及基于自由之上确立起一系列原则的同时，对传统文化体系进行全面转换，使一切传统文化都接受重估，接受洗礼，从而开创、造就一种启蒙文化。什么样的文化叫启蒙文化？当一种文化成为这样的文化，它就是启蒙文化：它使生活于其中的人们走向对自身的自由以及基于这种自由的绝对尊严、绝对权利和绝对责任的自觉与认识，成为维护人的自由与权利的自觉精神，从而成为维护人本身及其信仰的纯洁性与神圣性的自觉力量。唯有自由，人才会有真正纯洁的、神圣的信仰，因为唯有自由，人们的信仰才会是出于真诚与虔敬，而不是出于对面包的需要，不是出于对权威的迷信，也不是出于对利剑的恐惧。所以，对自由的自觉与坚守是启蒙文化的核心要义。在这个意义上，也可以简单说，启蒙文化的根本标志就是对人的自由存在达到这样的自觉，即足以使对人的绝对权利、绝对尊严和绝对责任的承认与维护成为一种自主的、不可避免的坚定要求。

任何一种人们生活于其中的文化或传统，如果尚未转化为一种启蒙文化，尚未达到对人的自由本质的深切自觉与系统认识，那么，在这种文化传统中，捍卫人权与维护人权就不会成为自觉的政治要求，更不会成为自觉的政治实践。换言之，在任何一种前启蒙的文化传统中，对保障与维护人权的政治要求，只能是一种“被要求”。但是，任何一种文化传统都只有通过文化启蒙才能转化为一种启蒙文化。而如果说文化启蒙的核心就在于对人的本相身份即自由存在的绝对性的自觉，那么，任何一种传统文化的启蒙一转化都只有通过文化的真诚对话和思想的自由式交流，才是可完成的。武力与强制可以造就各种精神后果，唯独造就不了对自由的觉悟与认识。

这在根本上意味着，在一个前启蒙的文化世界里，文化对话与思想交流，是实现人权的最恰当、最持久也最有效的途径；任何以武力在这个世界里推行民主与人权的努力都不可能成功，也是与人权、民主的精神背道而驰的。因为民主之所以值得向往，人权之所以需要维护，其全部理由仅仅在于我们每个人都是自由的。因为我们每个人都是自由的，所以我们每个人的生命都是神圣的、不可替代的，我们每个人的存在本身就是目的，所以，没有任何伟大的事业能够以牺牲任何个体的生命为代价，而任何武力的干涉都不能保证不牺牲无辜的个体。

不过，我这里同时要强调的是，正如近代自然科学的成就是对自然世界的认识的巨大推进一样，近代启蒙文化对人的自由本质的深切觉悟则是对人的自我认识的一个划时代的推进。不管是作为类存在，还是作为个体存在，对人的独立自主的自由本质的深切自觉，都是人走向成熟的标志。所以，启蒙被康德看作是人走向成熟必经的一个“关口”，一个出路（Ausgang）。在这个意义上，启蒙文化是所有文化的出路。不管一个文化传统多么伟大深厚、多么悠久辉煌，如果它要在今天仍发挥积极的、有助于人们走向成熟的教化作用，它就必须能够展示出启蒙精神，或者能够与启蒙精神进行有效的对接，简单说，就是必须接受启蒙的洗礼而成为一种启蒙文化。

这在根本上意味着，正如人们不能以武力推行人权与民主一样，人们也不能以文化传统的差异为借口拒绝人权、拒绝民主。因为不管各种传统文化有多么大的不同，它们都有一个共同的、必经的关口。任何以传统文化的独特性为由拒绝人权与民主的做法，都是对传统文化的亵渎，因为没有一种能传诸久远的文化是反自由、反启蒙的；任何一种悠久的文化都隐含着启蒙的精神，都遥远而蒙胧地朝向对人的自由本质的觉悟。简单说，任何一种真正的传统文化都在于教化人而使之“成人”。

这里，我想附带指出的是，自由、民主、人权这些理念首先是由西方思想家提出来的，但是，他们表达的并非只是西方文化中特有的东西。因为这些思想家是以科学的形式确立起这些理念，对这些理念进行了详尽的学理论证；他们表达的是人类对自身达到的一种新的认识，而绝不是一国一族的利益，更不是某一阶层的利益。自由、民主、人权思想之所以能够先在西方国家然后在全世界逐渐传播，成为几个世纪以来全人类社会改造运动（包括反殖民运动）的理论根据，正是因为这些思想把人类的自我认识、自我觉醒推进到一个新的历史阶段，从而推动人类根据这种自我认识去改善社会、改善自己。因此，这些理念虽然来自西方，但是，并非只适合于西方；正如近代数学和近代自然科学产生于西方，但并非只能应用于西方一样，自由、民主、人权思想作为人类达到的一种新的自我认识，也同样适用于全世界任何有人类的地方。我们没有任何理由不像接受近代数学和近代自然科学知识那样，接受自由、民主、人权这些思想，除非我们能否定我们自己是自由的，或者我们承认自己天生就是供人役使的奴隶，甚或只是会说话的牲口。

第三节　人权与民族主义的国家理论

在民族主义国家理论的诉求里，标准的民族国家，是基于种族与文化同一性的单一民族国家。

但是，我们知道，所谓民族国家，本是欧洲 17 世纪三十年战争的产物，或者更确切地说，是威斯特伐利亚和约的遗产。这三十年战争既是起源于不同教派之间的冲突，也是起源于世俗政权与教会权力之间的长期矛盾。战争结果实际上是以受到新教派影响与支持的世俗政权的胜利收场。所以，威斯特伐利亚和约的一个影响深远的核心内容就是：承认基督新教的合法地位，确认信仰自由，而更重要的是，承认并确认了法国、瑞典、荷兰、瑞士以及一系列世俗政权单位拥有包括领土、外交在内的主权。这一般被看作是民族一国家主权确立的真正开始。如果我们的确可以把威斯特伐利亚和约看作民族国家确立的开始，那么，显而易见的是，这里有两点值得关注：

第一，这里首先是有了事实的政权实体，才被确认为一个民族一国家的主权单位，也就是说，先有政治共同体，才有作为民族一国家的共同体。

第二，这里作为主权实体出现的国家并非由基于种族与文化同一性的单一民族构成。实际上，在现实中，也很难找到真正由单一民族构成的主权国家。因此，我们可以说，在“民族国家”这个概念里，“民族”更多的是一个政治的与法律的概念，而不是种族的和文化的概念。这就如我们说奥巴马是美国人，辛格是印度人一样，当我们这么说时，我们标明的是奥巴马与辛格的法律身份，而不是他们的种族与文化背景。也就是说，“美国人”作为组成美国的一个主权民族，印度人作为组成印度的一个主权民族，只与他们是一个主权国家（美国、印度）的国民相关，而与他们的种族、文化（如信仰、语言等）无关。

在这个意义上，我们要进一步说，所谓“单一民族国家”实际上首先只不过是一个基于政治与法律的构造物，而不是基于种族与文化上的同一性。

但是，随着近代民族主义与种族主义的兴起，作为法律构造物的单一民族国家，有意无意地被误解或替换为基于种族与文化同一性的单一民族国家。于是，“每个民族都有自决与自治的权利”这一命题也就成了民族主义国家理论的一个核心原则，并被要求作为一条普遍法则得到维护与实践。而当人们把它与人权联系起来以后，建立基于种族与文化同一性的单一民族国家，似乎也就获得了更正当的理由，并也由此获得更强大的推动力。结果就是，一个原本已成了民族国家的主权实体，其内部一旦出现民族矛盾（因为现实的民族国家多是由种族、文化上有差异的不同民族构成的），那么分裂也就成了正当的选择，在民族主义情绪高涨的地方，分裂甚至成了唯一正当的选择，哪怕通过战争也在所不惜；而任何试图阻止分裂的努力，都被指责为违背人权。人权理念似乎能够与民族主义的国家理论一道成了分裂主义最重要的武器。

但是，人权理念与民族主义国家理论并无逻辑上的必然联系，也就是说，人权并不构成单一民族的主权诉求的理由。

这首先是因为，从人权角度来说，人权是普遍的、绝对的，它超越所有民族、所有文化、所有地域，与任何意义上的民族或种族毫无关系。任何个人或族群在任何地方，哪怕在外国，都可以提出保障与维护自己的人权的要求，而无须考虑自己的民族、文化甚至国家的归属。也就是说，人权只与每个个人的绝对权利、绝对尊严与绝对责任相关，而与民族利益、民族属性无关。因此，在人权得到保障与维护的地方，人权并不构成作为一个民族的利益群体的其他诉求的理由；而在人权没有得到保障与维护的地方，那一定是一个所有民族、所有族群、所有个人的人权都没有得到保障与维护的地方，因此，在这种地方，基于人权的首要诉求是改善或改变政权实体的制度管理模式，而不是分裂政权实体。不管是理论上还是经验事实上都表明，分裂政权实体并不必然带来人权的改善，相反，倒很可能带来人权灾难。在没有启蒙文化作为前提的地方，对政权实体的任何分割都更可能带来混乱，而不是人权状况的改善——如果的确改善了，那只是偶然。因为只有准备好了启蒙文化的地方，保障与维护人权，才会成为必然的诉求。

而从国家主权的角度看，国家主权来自于公民对自己的权利的让渡，也就是来自于公民对保障自己不可让渡的基本自由权与维护公共利益的权利的让渡。但是，一方面由于让渡方的这些权利是普遍的，与让渡者的民族、文化属性无关，因此，这些权利本身并不指向某个特定的民族来承担它们；另一方面让渡方之所以把权利委托给了接受方，也就是使他们因这种接受而成为主权承担者，只需基于对他们的忠诚、能力与承诺的信任，而不必基于他们的种族与文化的属性。在这个意义上，主权承担者或代表者与种族、文化属性无关。所以，从人权可以推导出，每个民族的个人都有权成为自己的国家主权的承担者与代表者，这也就是通常所说的被选举权；但是，从人权却推导不出一个国家的主权者一定要由属于某一民族的人们来承担或代表。

因此，人权与单一民族主权理论并无关系，更不能成为这一民族主义国家理论的根据。这意味着，在人权不良的地方，改善人权这一伟大事业的方向不在于分裂既有的政权实体，确立众多单一民族的主权国家，而在于促进政治管理制度的改善，在于开创或造就启蒙文化。

第二章　主权在民原则下的民族共治原则

——化解“民族国家理论”的双重困境

正如每个人既有民族身份，又有人格（自由者）身份一样，从近代开始，在政治理论里，既有民族国家理论，又有权利理论。如果说民族国家理论更多是基于欧洲特殊的历史事实与历史处境被确立起来的，那么权利理论则完全是基于思想的自觉确立起来的，或者更确切说，是基于哲学对于人自身的全新认识而确立起来的。

因此，如果说民族国家理论是地方性的，那么，权利理论则是普遍性的，因为它是人类思想自我运动的产物。虽然如此，随着权利理论在世界范围内的传播与普及，民族国家理论也在世界各地扩散，或者与权利理论一起摧毁着世界各个角落的古代社会，或者独自改变着世界的传统格局。有趣的是，当民族国家理论单独地或主导地发挥作用时，它带来的是分裂与新的独裁。我们甚至可以说，世界因民族理论而产生了更多的独裁与专制。而就专制不管是对内还是对外都必定带来人群的撕裂而言，民族国家理论必定给世界带来了更多的纷争与灾难。从整个近现代史来看，事实就是如此，且迄今仍绵延不断。

为此，我们需要认真追问一下，权利理论与民族国家理论究竟有何关系？民族国家理论是否有界限？如果说人的自由身份是每个人的先验身份，而民族身份则是一个人的经验身份，那么无疑，每个人的自由身份先于其民族身份。因此，显然，权利理论应先于民族国家理论。那么，根据权利原则，应当如何处理民族国家之间的关系？又如何处理一个国家里的民族间关系？一个民族在何种情况下没有主权诉求的理由？又在什么情况下有这种诉求的理由？为了尽最大限度地化解民族纷争，避免新的民族撕裂，这些问题都是全球化的世界必须思考与处理的迫切问题。本章将根据前面两篇里论证与阐述的权利原则来讨论这些问题。

第一节　主权国家和民族国家

一、现代主权国家的产生及其正当性根据问题

民族间的关系通常存于两种情况：一种是存在于不同国家间的民族关系，一种则存在于一个国家里的民族关系。这两种情况下的民族关系都与现代国家直接相关，因此，为了理解和确立在这两种情况下民族间的关系原则，有必要对现代国家的产生及其隐含的合法性原则进行澄清。

现代国家通常就被称为主权国家，就产生的历史而言，现代主权国家是欧洲经过三十年战争而订立的威斯特伐利亚和约

（Westfälischer Friede / Peace of Westphalia）的产物。[①]这个和约主要内容之一就是确认在文化（如信仰、语言、习俗）与历史方面有较密切联系的一系列政治实体在领土、外交、军事等方面具有独立的管辖权，而不管这些政治实体治下的民众是天主教徒为主，还是新教教徒为主。这些管辖权实际上构成了后来所谓“主权国家”所拥有的主权**权力**的核心内容。现代主权国家就是由那些在领土、外交、军事等方面拥有独立管辖权的政治实体脱胎出来的，而这些政治实体都是**历史形成的**。这意味着，所谓现代主权国家实际上不是基于单一民族或单一种族建立起来的，而是基于历史形成的既有政治实体建立起来的。在这个意义上，把现代主权国家称为“民族国家”并不确切，所以，以“民族国家理论”来理解现代主权国家一开始就并不真实。

从现代主权国家产生的历史看，一个由历史形成的政治实体脱胎出来的主权国家并非理所当然地由单一民族组成，而完全可能由不同民族组成；在现实中，不管我们如何定义民族，我们都几乎找不出一个完全由单一民族组成的所谓“民族国家”。所以，从现代主权国家产生的历史事实看，一个国家的主权并非由某一个民族所独有，而是由这一国家内部

① 威斯特伐利亚和约的主要内容：（1）重申1555年的《奥格斯堡国家及宗教和约》和1635年的《布拉格和约》继续有效；（2）哈布斯堡皇室承认所有新教徒和天主教徒享有平等的法律地位；（3）神圣罗马帝国境内各诸侯国可以自己确立官方宗教，教随国立，天主教、路德教和加尔文教为官方允许宗教；（4）帝国境内各诸侯国有主权及外交自主权，唯不得对皇帝及皇室宣战；（5）正式承认荷兰、瑞士以及一些城市为独立国家。

所有民族所分享与共有。这意味着一个现代主权国家的**主权（Hoheitsrechte）不在于它的民族性**，而在于**它的独立性**。这是我们首先要澄清的。那么，这种主权的独立性来自哪里呢？这也就是现代国家主权之正当性的根据问题。

不过，在进入讨论现代国家的主权独立性的正当性根据之前，我们要先考察一下，欧洲人如何把现代主权国家“构造”为“民族国家”（nation-state）。这是近代欧洲人构造出来的一个“国家神话”，它的构造过程同时就是一个误解的过程。

二、使民族成为国家的不是“民族性”

实际上，“民族 /nation”这个词作为一个概念，它最初与“国家 /state”并没有必然的或等同的关系，而仅仅指基于某一方面或某些**特定方面**的认同而形成的群体。从根本上说，在现代主权国家形成之前，人们据以达成认同而形成一个特殊共同体的方面主要有三个：第一，特定的文化，包括宗教、思想、语言、伦理习俗、历史记忆等；第二，基于血缘关系而可以显现于外部的种族特征；第三，特殊的社会阶层，包括特殊利益与特殊社会地位。人们在社会与历史的交往过程中，基于这三个方面或者基于其中任何一个方面的认同而形成的共同体都会自觉或不自觉地自我标识为一个民族群体，因为人们在对这三个方面或者其中某一方面的认同过程中，总是倾向于把自己在这些（这一）方面与其他人群区别开来。

显而易见的是，基于第一方面的认同而形成的群体是最具稳定性与持久性的民族共同体，因为诸如宗教、语言、思想、历史记忆等文化要素既最有稳定性，又最具有内在的感召力和凝聚力。基于这一方面认同形成的民族，实际上是一种文化民族，像今天中国境内的“回族”、“汉族”等，都是一种文化民族。这种民族的民族性就在于它的文化传统的独特性。

基于第二方面的认同而形成的群体则是最具典型性与识别性的民族共同体，因为基于血缘的外部种族特征是最直观、最易识别的。所以，在崇尚乃至迷信血缘关系的时代，种族特征甚至是最容易引起认同的。仅基于这一方面的认同而形成的群体实际上也就是通常所谓的“种族”（race），所以，通过种族特征认同而形成的民族通常都会强调自己血统上的纯正与优越。不过，这种种族意义上的民族实际上是不稳定的，容易自我瓦解的。因为种族特征不仅会随着与外族的交往、通婚而发生变化，而且会随着生活环境的变化而变化；特别是，在与其他种族或民族的交往过程中，文化认同的介入将使种族特征的标识与认同的功能削弱，直至消失。中国历史上基于华夏文化的民族交融的一个重要方面就是种族特征或者消失，或者失去了标识功能。实际上，所有文化民族都是由种族民族演化而成的。

不过，如果一个民族同时是基于第一与第二方面的认同而形成的，那么，这样的民族将是既最具稳定性也最具典型性的民族，比如中国的藏族、欧洲的德意志等。它们具有双重自我认同的标识，一个是历史文化，一个是基于血缘的种族特征。前者使后者成为更稳固、更持久的认同标识，而后者则使前者成为更自觉、更强烈的认同标识。这样的民族也可以称为文化种族。今天通常所谓“单一民族”，实质上就是由这样一种文化种族直接演化而来。这种民族的民族性不仅在于其历史文化的独特性，且在于其外在的种族特性。

基于第三方面的认同而形成的群体是一种比较特殊意义上的民族。这个意义上的民族实质上就是一个阶层，它最不稳固，也最不典型。这种意义的民族主要在欧洲使用。“在孟德斯鸠的那个时代，民族概念根本就不包括普通人民。民族（nation）一词，指的是教士和贵族两个特权等级，而不包括第三等级。”[①] 这种特权阶层意义上的民族实际上是自认为代表或被认为代表一个政治社会的群体。我们可以把这种自我认同为一个政治社会之代表的民族称为“政治民族”。正是这种“政治民族”被理解为“国家”而开始了所谓“民族—国家”的构造。虽然这种意义的民族从来就不是民族这个概念的主要意义，我们甚至可以说，这种作为政治代表意义上的民族概念从来就是最不真实的一个民族概念，但是，欧洲人在构造“民族—国家”时，却恰恰就在使用这种最不真实的民族概念。我们且来看参与法国《人权与公民权宣言》起草的埃马努埃尔·约瑟夫·西耶斯对

① 王建娥：《族际政治：20世纪的理论与实践》，北京：社会科学文献出版社，2011年，第45页。在法国或欧洲其他地方，“民族”之所以被用来指特权阶层而代表政治实体（王国或国家），大概与这一特殊历史相关，即法兰西王国的国王以及世袭的统治阶层是来自作为征服者的法兰克人。公元486年，由日耳曼人中的法兰克人建立的法兰克王国克洛维一世击败了古罗马在高卢的最后一任执政官斯雅戈里乌斯，开始了对成为后来“法国人”主体的高卢人与罗马人的统治。相对于高卢人和罗马人来说，法兰克人是“外来人”，但是，他们作为统治阶层却成了所统治的政治实体的代表而成为一个代表意义上的“政治民族”。所以，西耶斯才会说：如果把法国的特权阶层送回到法兰克人居住的森林里去，那么，“民族”就仅由高卢人与罗马人的后裔组成。参见埃马努埃尔·约瑟夫·西耶斯（Emmanuel Joseph Siés）：《论特权，第三等级是什么？》，冯棠译，北京：商务印书馆，1997年，第24页。

“民族”的理解：

> 什么是民族（nation）？民族就是生活在一部普通法之下并由同一个立法机构所代表的人们的联合体。[①]

这是西耶斯在《论第三等级是什么？》一文中对“民族”的规定。这里他之所以把“民族”定义为在共同普通法之下由同一个立法机构代表的所有成员个体的联合体，根本上是要取消特权阶层作为“政治民族”的资格，从而打破它对“代表权”的垄断。在法国君主体制下，由贵族和教士组成的特权阶层享有普通法之外的种种特权。这种特权包括两方面：一方面是不受普通法的约束，另一方面是享有法律不禁止的某一或某些事务的专有权。拥有前者意味着可以突破、违背普通法，而允许对普通法的突破也就意味着允许对遵循普通法的所有个人的权利和利益的损害；而拥有后者也一样意味着对所有不拥有这一特权的个人的自由的损害，因为凡是法律不禁止的事务，本属所有个人可从事的自由。因此，只要存在特权阶层，那么，一切其他阶层的一切权利都不可能得到保障。在这个意义上，在西耶斯这里，“第三等级”实际上就是一个“无权阶级”，所以，它“必须被理解为属于普通等级的全体公民”[②]。

---

① 西耶斯：《论特权，第三等级是什么？》，冯棠译，北京：商务印书馆，1997年，第23页。译文略有改动。

② 西耶斯：《论特权，第三等级是什么？》，冯棠译，北京：商务印书馆，1997年，第25页。

作为普通等级的全体公民，第三等级之所以沦为一个无权阶级，在西耶斯看来，是因为在存在特权阶层的政治社会秩序里，第三等级“什么也不是”。具体地说，则是因为第三等级在议会里也即立法机构里没有自己的合法的、真正的代表，当特权等级把自己当一个“政治民族”时，它也就垄断了政治社会的代表权，把第三等级完全排除出立法机构。即使有第三等级出身的代表，他们也因获得了某种特权而不再属于第三等级。但是，特权阶层对代表权的这种垄断是非法的。首先特权阶层享有的两方面特权都是非法的，因为人们结成政治共同体、设立立法机构，本是为了维护和保障自己与他人一样的普遍权利，因此共同体的一切法律的目的本来都是要防止每个人的这种普遍自由权受到损害[①]，但是，现在，特权阶层却被允许可以突破普通法，而这就意味着它可以损害他人的普遍权利。这显然是非法的。特权阶层这种特权的非法性使它对代表权的垄断成为非法的。这意味着，特权阶层作为一个“政治民族”是非法的。

在西耶斯看来，只有第三等级才有资格成为政治社会的代表。因为真正的第三等级“必须丝毫不沾染任何一种特权”[②]，因

① 西耶斯在《论特权》一文里写道：“人们之所以结为群体，只是为了使他们的权利免遭恶人的算计，并在这种安全保护下，致力于更广泛地、更有力地发展他们的精神素质和身体素质，以便得到更丰富的生活享受。所以设置立法者的目的，不是为着给予我们权利，而是为了保护我们的权利。”因此，一切法律的目的“无疑是在于防止任何人的自由或财产受到损害”。（西耶斯：《论特权，第三等级是什么？》，冯棠译，北京：商务印书馆，1997 年，第 1—2 页）

② 西耶斯：《论特权，第三等级是什么？》，冯棠译，北京：商务印书馆，1997 年，第 31 页。

此，第三等级才能够不与普通（遍）法相对立而成为普通（遍）法与普遍权利的代表者和捍卫者，从而才能够成为一个政治社会的真正代表。因为一个政治社会首先需要代表与捍卫的就是每个成员的共同安全与普遍权利。在这个意义上，第三等级才有资格成为“政治民族”。而当第三等级成为这样的“政治民族”时，也就意味着它的成员必定拥有并遵从着同一部普通（遍）法与同一个立法机构。因为第三等级只有当其所有成员拥有一个能真正代表他们的立法机构，以及由这一机构颁布的一部用以保障他们之安全与自由的普通法时，第三等级才能真正承担起代表一个政治社会的职责而成为一个“政治民族”。在这个意义上，第三等级只有联合为一个政治共同体也即“国家”时，才能真正成为“政治民族”。所以，如果只有第三等级才有资格成为政治代表意义上的“民族”，那么它一旦成为这样的民族，它就是一个国家。

这里，我们可以发现，西耶斯在把整个没有特权的“第三等级”确立为一个政治社会的合法代表，从而确立为一个政治“民族”时，他实际上也就把这样的“民族”构造为一个“国家”。更确切地说，西耶斯在把第三等级确立为一个真正合法的“政治民族”时，他已经把这样的“民族”等同于“国家”来理解。所以，这里要特别指出的是，在汉译本《第三等级是什么？》里，冯棠和张芝联先生把关于 nation 的定义中的 nation 译为“国家”是非常正确的，我上面把它直译为“民族”，恰恰为了揭示，“民族”如何被构造成“国家”，在什么意义上被构造成“国家”。

从上面分析中可以看出，西耶斯是通过把整个第三等级构造为一个“政治民族”，“民族”才成为国家。也就是说，仅当“民族”作为合法的“政治民族”时，“民族”才有理由成为一个“国家”。而这种“合法的政治民族”不只是基于第三方面的认同形成的群体，而且还必须是全体没有特权的普通公民。所以，这里有两点必须指出来：第一，只有在“政治民族”这个意义上理解、使用“民族”这个概念时，民族才有理由成为国家；第二，使“民族”有理由成为一个国家的恰恰不是真正的民族性（基于文化、种族认同形成的民族性），而是第三等级的无特权性，也就是没有特权的全体成员个体的普遍性（权利、意志、安全等方面的普遍性）。

所以，如果人们是在文化、种族认同意义上理解和使用“民族”，那么，西耶斯的“民族即国家”的“民族国家”理论就会马上遭到误解和误用。当然，在世人主要是在文化、种族认同意义上理解和使用“民族”这一背景下，我们也可以说，西耶斯的“民族国家”理论一开始就“误用”了“民族”概念，虽然这种“误用”在欧洲有其事实根据，但是基于这种“误用”的“民族国家”理论在被世界接受过程中给世界带来了巨大的灾难。在没有对这种误用进行任何澄清的情况下，西耶斯这种民族即国家的民族国家观念会很自然地引向“一个民族一个国家”这种激进的民族主义国家观。这种基于多重误用的民族国家观实际上无异于一个现代的国家神话，它给世界特别是给亚洲与非洲带来了无尽的民族纠纷与冲突，使世界迄今仍笼罩在它的魔咒之中。所以，这里我们首先要特别澄清的一点就是，在西耶斯这里，使民族成为国家的理由恰恰与民族性无关。下面通过讨论现代国家主权的正当性根据，我们将进一步明确这一点。

第二节 主权的根据和处理民族间关系的原则

一、主权合法（正当）性的形成：契约还是强力？

现代国家主权都具独立性，那么，这种独立性主权来自哪里呢？这个问题也就是现代国家主权的正当性之理由的问题，或者说，是现代国家主权的合法性之根据的问题。在威斯特伐利亚和约之前，世界上任何一个政治实体的管辖权都来自超越于人自身之外的一个绝对他者，也就是“神”。也就是说，一个国家的独立管辖权的合法性或正当性最终是来自于“神”。所以，在这之前所有独立的政治实体其实都是某种“神权国家”。诸如“奉天承运”与“君权神授”都是一种神权国家观的表达。但是，威斯特伐利亚和约之后产生的主权国家却面临一个问题：每个国家的独立管辖权也即主权不再来自代表上帝的教会，那么，它来自哪里？这也是近代政治哲学面临的一个根本问题。从霍布斯的国家人造说到卢梭的人民主权理论，都是在解决这个问题。

近代政治哲学在探讨国家之产生与确立国家主权之合法性根据问题上，有契约论与强力论之争。强力论认为国家是由强力（如暴力）的征服产生的。但是，如果国家的确是由强力的征服产生的，那么，这样的国家是否具有正当性呢？如果由强力建立起来的国家具有正当性，那么也就意味着，强力本身就具有正当性。但是，如果强力本身具有正当性，因而由强力建立起来的国家具有正当性，那么，这等于说，一个国家在领土、外交、军事等诸方面拥有独立管辖权的正当性理由是来自强力而基于强力本身，或者说，一个国家拥有独立主权的正当性理由是它拥有足够大的强力。所以，足够大的强力本身成为国家主权的合法性来源。然而，如此一来，任何国家的主权实质上也就不具有真正的合法性或正当性，换句话说，任何国家的独立管辖权实质上并不具有真正的独立性。因为既然强力本身可以成为一个国家在领土、外交、军事等方面拥有独立管辖权的合法性来源，那么，任何一个更大的强力集团（不管这个强力集团是存在于一个国家之内还是存在于这个国家之外）单凭其更大的强力就有正当理由使一个国家原有的独立管辖权服从于自己，甚至有正当理由取代这个国家而由自己直接接管它的主权而行使它原来的独立管辖权。一个随时可以被正当一合法地取代的主权如何会是一个本身具有正当性一合法性的主权？而一个随时可以被正当一合法地要求服从更大强力的管辖权如何能够真正具有独立性？

显而易见，一个随时可以被合法地取代的主权不可能是一个本身具有合法性的主权，否则，它就不可能可以被随时合法地取代；同样，一个随时可以被正当地要求服从更大强力的管辖权不可能是一个真正具有独立性的管辖权，否则，人们就不可能随时可以正当地要求它服从更大的强力。这在根本上意味着，强力不可能给国家主权提供合法性根据，不可能给国家的独立管辖权确立正当性理由。简单说，国家主权的合法性不可能诉诸强力。即使国家是由强力的征服产生，国家主权的合法性也不可能来源于强力本身。因为强力本身不具有任何合法性或正当性。[①]如果强力本身就具有正当性，那么任何“和约”都没有意义，因为均势一旦被打破，“和约”就不再需要被遵守，从而一切“和约”都只不过是为了积蓄力量而临时停战的权宜之计。但是，事实显然并非如此，至少威斯特伐利亚和约在历史上并非只是权宜之计，它不仅被后世视为国际法的源头，而且构成了拥有独立主权的现代国家的起点。

这表明，强力论无法解决威斯特伐利亚和约之后形成的现代国家的主权合法性的根据问题。契约论之所以能够成为近代主流的国家理论，就在于它能够在神权国家观失效之后解决国家的产生及其主权合法性根据的问题。尽管契约论者对于前国家状态或自然状态的理解和设想并不一样，甚至是相反的，但是，他们都主张国家是由所有成员个体通过订立盟约而建立起来的。个体成员们之所以愿意立约建立一个公共机构，根本上乃是为了更好地维护与保障每个人自己的生命、财产（如果有的话）与自由——换一个说法，这些也就是每个人不可让渡的普遍自由权——的安全。为了这个目的，每个人把维护和保障自己之安全的权利，以及谋划与安排公共利益的权利——

① 卢梭在政治哲学上的一个重要贡献就是在其《社会契约论》里首次在理论上论证了强力本身不具有任何正当性。详细分析参见本书第二篇第四章，或参见作者《论人的一阶身份与主权的限度——对卢梭主权理论的质疑与修正》，《浙江学刊》2012年第6期。

这些也就是**可让渡的普遍权利**——转让给一个公共机构，使它拥有独立行使配备给它的力量的权利，以便它能够承担起保障和维护每个成员个体那些不可让渡的自由权的安全。简单说，人们为了维护与保障那些不可让渡的普遍自由权而把可让渡的那些普遍权利转让给一个机构。这个公共机构就成了国家，它独立行使配备给它的力量的权利就是国家的主权，而它有权利行使的配备给它的那些力量，也就是它有正当理由行使的那些力量，就成为它的权力。显然，国家的这种主权不来自任何其他地方，就来自这个国家所有成员个体转让的权利。正是接受了所有成员个体转让的上述权利，国家才有正当理由（合法根据）独立行使配备给它的相应力量，而可以不受任何外部意志的支配。这意味着，国家主权的合法性根据或正当性理由就在于其成员个体让渡的权利。在这个意义上，国家主权在其民，而不在神。

实际上，尽管只是在卢梭那里，主权在民的思想才被提出来，但是，契约论本身一开始就隐含着主权在民的思想。因为只要把国家看作是契约产生的，那么，国家就与所有成员个体的委托和让渡相关。因此，国家之所以有权利独立行使相应的管辖权以及一切配备给它的权力，全部理由就在于这种权利是其所有成员个体转让或委托给国家的。换言之，一个国家之所以有正当的理由或合法的根据来独立行使其管辖权，就在于其成员个体把“更好地维护与保障每个人之安全与自由”这一普遍权利让渡给了国家。这意味着，国家主权的独立性与不可侵犯性不在于其他，只在于这种主权来自其成员个体让渡的普遍权利。主权的不可侵犯性乃在于每个国家的成员个体的普遍权利的不可侵犯。

契约论之所以优于强力论，除了强力论本身不能解决国家主权的正当性根据这一问题外，还因为契约论可以兼容强力论：它可以把强力论当作一种特例来处理。也就是说，契约论可以承认，在历史上与现实里，不排除国家是由强力征服而产生的可能性，但是，这种由强力产生的国家可以被看作是由一种特殊的契约产生的，也即非自由的契约产生的。这种由非自由的契约产生出来的国家的合法性程度或正当性程度与契约的不自由度成反比：契约过程的不自由度越大，国家的合法性就越小。换一个角度说，强力在国家的形成与被接受的过程中发挥的作用越大，这个国家的合法性就越小，相反，其合法性就越大。这种国家要成为完全合法的国家必须接受完全自由的契约（比如自由的选举）的洗礼。

上面的分析表明，契约论国家观在理论上比较合理地解决了威斯特伐利亚和约之后关于国家产生及其主权合法性的问题。迄今我们只能对它进行一些修正，而未能找到比它更好的国家理论。正因为这样，契约论在成为近代人类理解国家的主流理论的同时，也成为近代人类建构国家与推动善治的主要依据。根据这种契约论，我们也能更好地理解前面澄清的一个结论：一个现代国家的主权并不在于它的民族性，而在于它的独立性。因为根据上面对契约论的分析，一个国家主权的正当性或合法性的唯一来源乃是其成员个体转让出来的普遍权利，而**这种普遍**

权利只与成员作为一个自由个体相关[①]，而与他的民族身份无关。

于是，在一个现代国家里，由于每个成员个体都首先是作为一个自由个体而是这个国家主权的源泉，同时也是这个国家主权的参与者和分享者，所以，合法的主权国家本质上乃是一个人人共治的国家。因此，如果国家的成员个体拥有不同的民族身份，那么，他的民族身份丝毫不妨碍、也丝毫不应妨碍他作为一个自由个体成为国家主权的源泉，并平等地参与和分享国家主权。在这个意义上，一个合法的现代国家，既是一个人人共治的国家，也是一个民族共治的国家，如果它的成员拥有不同民族身份，因而是一个多民族的国家的话。在这种民族共治的意义上，我们也才可能把现代主权国家称为民族国家（nations-state）。

这意味着，一个遵循着人人共治原则的现代国家，同时也应当是或应当能够是一个遵循着民族共治原则的多民族国家。所以，即使原来的主权国家的确是一个单一民族国家，一旦因为诸如跨国婚姻、合法移民等原因导致其他民族的加入，这个单一民族国家马上就不再是单一民族国家，而应当被视为多民族国家。因为它的主权不再是由只有单一民族身份的所有成员个体参与和分享的，而是由有不同民族身份的所有成员个体参

① 每个国家成员的普遍权利包括可转让的权利（比如转让给国家的那些管理安全与自由的权利）与不可转让的权利（比如信仰自由、言论思想自由等底线权利）两种，这些普遍权利仅仅来自每个人作为自由个体的存在，而不来自任何其他地方。简单说，每个人因是自由的个体，才拥有普遍的权利。这是一个可以由哲学加以论证的命题。这里我们把它作为前提来使用。

与和分享的。

二、处理民族关系的原则

根据上面的讨论，如果从基于契约论的主权在民理论出发，那么，在处理民族间的关系问题上，至少有这些原则是首先必须遵循的：

第一，在任何一个国家里，在与国家主权的关系上，由于每个成员个体都一样是主权正当性的来源，且也都一样是主权权力的参与者与分享者，因此，在这个国家里，每个人都不应因其民族身份而在政治上受到任何歧视；换言之，不管成员个体的民族身份如何，每个人与他人一样的那些普遍自由权都应当得到尊重与维护。这一点对于维护一个多民族的国家是至关重要的，因为一方面，只有让所有成员个体享有普遍自由权，才能保障他们能够真正参与主权权力（包括对国家权力的真正监督）而分享之；另一方面，只有在成员个体的普遍自由权得到尊重与维护，并因而能够真正参与国家主权权力这个基础上，成员个体才能从中发现自己而感受到自己存在的尊严与价值，并因此也才会产生出对这个国家的认同感。而只有当成员个体在国家政治生活中产生出对国家的认同感，由这些个体组成的不同民族也才可能对这个国家有认同感。对一个现代的多民族主权国家的认同首先不是基于**个体民族**，而是基于民族个体。因此，**维护与保障所有成员个体的普遍自由权，是现代主权国家处理民族关系的首要原则**。

第二，在一个主权国家内，各个民族有权作为一个整体共同生活，维护与捍卫基于国家普遍法基础上的民族利益，但是，并不必然拥有从国家主权中分离出去的权利。因为正如前面的讨论表明，国家主权与其成员个体的民族属性无关，而只与成员个体让渡的普遍权利相关，因为国家主权本质上只来自于成员个体让渡的普遍权利。因此，人们并不能以民族性为依据在一个（多民族的）主权国家里提出主权分离的诉求。因为不是民族性，而是成员个体的普遍权利，才是国家主权正当性的唯一来源。虽然每个成员都具有某种民族身份，但是，他并不是因为其民族身份而拥有那些普遍权利，而是也只是因为他是作为自由的个体存在，或者说是作为个体的自由而存在。

所以，在一个多民族的主权国家里，不同民族之间的矛盾的解决需要遵循两条原则，一条是，**不轻易诉诸主权分离的**原则，否则任何一个主权国家的主权都可以不断被分离下去；另一条是，**尊重与维护文化多元**的原则。在一个（多民族的）主权国家里，每个民族首先应当争取与维护的是每个个体成员的那些基本而普遍的自由权，其次则是维护与捍卫每个民族的文化与传统。但是，每个民族在维护自己民族的文化传统的同时，有义务承认与尊重其他民族维护其文化传统的权利。这意味着，在一个多民族的主权国家里，个体成员与**个体民族**都应当遵循和维护文化传统多元化的原则。

从国家的角度看，通过维护成员个体的普遍自由权，来获得个体对国家的认同感；而通过维护各民族的文化与传统，来获得维护**个体民族**（也即各个民族）对国家的认同感。

第三，虽然尊重与维护文化多元化应成为现代主权国家里的各民族相处的原则（它同样也应成为主权国家间的不同民族相处的原则），但是，多元化原则并非没有限度，也即说，尊重与维护文化多元化也是有前提的。这个前提就是：**任何一种传统文化（特别是其中的宗教信仰、伦理习俗、政治制度等）要有理由成为多元文化中的一元，它必须以不反对与不否定人的自由存在为前提**。因为文化多元化之所以可能且之所以正当全在于人的自由：任何一种文化传统都是人类在自我理解与理解世界的过程中自由地创造出来的；设若人不是自由的，因而也就是说，人的存在是既定的、完成了的，他已没有了新的、其他的可能性，那么，人也就不会有历史，更不会有不同的文化。只是因为人是自由的，他才永远存在于可能性当中而成为永远的未完成者，并因而永远会展开出新的可能性。不同民族文化其实只不过是对人类因自由而拥有的不同可能性面相的展开而已。

在这个意义上，文化多元化原则以不能否定使这种多元化成为可能与正当的人的自由存在为限度。换个角度这等于说，文化多元化原则以不反对和不否定能相互宽容的文化为限度。根据这种有限度的多元化原则，一种宗教信仰要成为多元宗教中的一元，它必须尊重与宽容其他能相互宽容与相互尊重的宗教信仰；同样，一种政治制度要成为多元政治文化中正当的一元，它必须以尊重与维护人的自由为前提，否则它就失去成为一元的正当理由。

第四，在现代主权国家里，任何政治组织（政党）都必须承认与尊重主权在民的原则，而这种来自人民的主权由于与人民的宗教身份、民族身份没有任何关系，而只与人民作为普遍意志与普遍权利的主体身份相关，或者如前面所说，只与其成员个体的普遍权利与普遍意志相关，因此，任何试图参与国家主权并代表国家主权的个人或团体都不得以某种宗教信仰作为组党的意识形态，所有政党都应保持为一个世俗组织，否则将危及主权在民的原则与文化多元的原则；同时，任何个人或团体也不得以某一民族为名义组建政党，因为这将使政党在参与、代表、行使国家主权的过程中，有把主权内的其他民族排除在外的高度危险，从而极有可能引发民族纷争，最后瓦解国家主权本身。**因此，脱宗教性与去民族性，应当是现代主权国家里组建政治组织应遵循的一条原则。**这可以被视为处理主权国家内民族关系的一条消极性原则。不过，这条原则不管是对已民主化的国家，还是对有待民主化的国家来说，都至关重要，因为它是避免国家陷入混乱与主权瓦解的一条原则。[①]

① 埃及在后穆巴拉克时代出现的乱局给世人提供的一个重要教训就是，任何政党都不应当以宗教信仰作为自己的意识形态，否则，必然导致以宗教法取代或牺牲普遍人权法，而这将不可避免地瓦解凝聚社会共识的世俗基础。尊重与维护人类成员个体的一系列普遍自由权，是现代主权国家达成社会共识的底线基础。否定这个基础，将不可能建立起真正的民主社会。有人以为埃及的乱局是民主化带来的可怕后果。此乃愚人之见。埃及局势真正表明的是，一个中、大型国家走向民主的艰难与复杂。民主需要以基于成熟理性的相互承认、相互妥协、宽容、和解、合作之精神品质为前提，而这些则需要通过启蒙文化与文化启蒙来培育。所以，大国民主化首要条件乃是启蒙。埃及民主化出现的问题向有待民主化和初步民主化的国家提供了几点教训：第一，不应允许以某种宗教信仰作为组党的意识形态，所有政党都应只是一个世俗组织；第二，不应以某一民族为名义组建政党；第三，允许并鼓励大学以及一切学术研究机构的自由思想，以理性精神与基础价值观凝聚社会共识；第四，培育社会自治组织，让民间学会自律、妥协、相互承认。

第五，上面讨论了在一个主权国家内民族共治的原则，这些原则也同样适合于国际间的民族关系。第一条原则，也即普遍权利原则，既是国内民族关系的首要原则，也是国际间民族关系的首要原则。因为所有现代国家的主权的唯一合法性理由都来自其成员个体一样的普遍权利，因此，一个国家对自己成员个体的普遍权利的维护也必定包含着对其他国家成员个体之同样的普遍权利的尊重与承认，而它对任何人类个体之普遍自由权的损害也必定意味着对所有人类个体的普遍自由权的损害。这一方面意味着，任何现代主权国家都不仅应当尊重与维护自己的国民的普遍权利，也应当同样地尊重与维护世界上一切民族个体的普遍权利；另一方面则意味着，任何现代主权国家不仅损害他国人民之普遍权利应受谴责与干涉，而且如果它损害本国人民之普遍权利也同样要受到谴责与干涉。而这在根本上意味着，**现代国家的主权是独立的，却是有限度的，这个限度就是它不能凌驾于个体成员的普遍权利之上**。因为这种普遍权利是现代国家主权的唯一来源。

第六，不管是在国内，还是在国际上，虽然不同的民族文化都应当得到尊重与维护，但是，带着各自文化传统的各种民族要能友好相处，有必要相互开放各自的文化传统，既不排斥其他民族对自己文化传统的了解学习，也不拒绝对其他民族文化传统的了解学习。简单说，每个民族都有义务保持与其他民族文化传统进行对话的可能性。没有一种文化传统能包揽对真理的发现。所以，**每个文化民族都应当把真诚的开放与虚心的对话作为对待一切文化传统的原则**。每一种文化传统在深入其他文化的深处时，都必定会把自己带到一个新的深处，所以，每一种民族文化都可以且应当通过深入其他文化来提升自己和成就自己。因此，从这一原则出发，人们看到地球上的各种文化与民族将不只是不同、差异与冲突，而是新奇、丰富与融会之可能性。

这些原则既是处理民族关系的原则，也是维护、保障人人共治和民族共治的原则。它们在根本上都是基于普遍的权利原则之上。

第三章　全球化处境下多元原则的正当性根据及其界限

我们今天所处的时代被称为全球化时代，因此，不管是个体，还是共同体，都生活在全球化处境下。那么，何谓“全球化处境”？

我们可以来设想一下这样的遭遇：我们不期而遇地来到了一个既熟悉又陌生的星球上，在我们和对方眼里，相互之间都是服饰奇异、行为滑稽、言语莫名、习俗古怪的同类。这就是全球化处境。

如何与这些怪异的同类相处？如何与这些既令人好奇也很有些令人讨厌的陌生他者建立一个有序的共同体？这是全球化语境下，哲学与人文科学真正要面对的问题。这里，不同的服饰、不同的语言、不同的风俗、不同的行为方式所呈现的，实际上就是迥异的民族身份、宗教身份、历史身份与文化身份。也就是说，在全球化这个平台上，我们真正遇到的是一个个带着这些多重身份的个体及其组成的地域共同体。在全球化过程中，给人们带来困扰的首先就是如何与带着这些身份的古怪同类友好相处。而所有这些身份实际上都与人文传统、人文思想密切想关。所以，在全球化处境下政治哲学如果要有所突破、有所创新、有所贡献，那么首先需要面对这一困扰。

第一节　多元原则本身的正当根据何在?

这一困扰实际上向哲学摆出了一个问题，那就是，由于相遇的人们在民族、历史、文化、宗教等方面的身份千差万别，因此，根据这些身份来寻求达成共识与友好相处的道路显然是最为遥远的，甚至是很不切实际的。但是，除了这些身份之外，我们，人们，是否还有其他什么身份比这些身份更重要、更内在？如果有，那么，所有被卷入了全球化的陌生相遇者，就没有必要也不应当过分在意自己的民族身份、宗教身份与其他文化身份，同样也不必要、不应当过分关注他人的这些身份。相反，所有相遇者应当在意与关注那更重要、更内在的身份，并根据这一身份来确立相互间的相处之道。

简单说，在全球化语境下，哲学与人文领域需要加以追问的一个根本问题是：人类个体是否有超越民族、历史与宗教的普遍身份？与此相应，作为个体组成的共同体是否承担有超越民族与宗教的普遍使命？ 如果有，这一身份是什么？这个使命又是什么？不管这个身份是什么，它虽然超越了民族、历史与宗教，但又必须构成这些身份的前提，或者说，它必须使人拥有这些身份成为可能。

这个问题是哲学与人文领域在全球化过程中需要加以回应的最基础的问题。

不过，最基础的并不就是最迫切的。因为全球化已经把人类抛入随时都需要面对以不同宗教身份、不同民族身份、不同文化身份来相遇的他者的处境中。人们不可能等到哲学弄清楚超越这些身份的身份是什么，才来处理与陌生相遇者的关系。所以，多元原则也就成了应对全球化带来的燃眉之急的权宜原则。那么，多元原则真正说的是什么？虽然多元原则到处被作为旗号来标举，但很少有人探究它的真实内涵，更未对它的前提与界限有过深入追问。

在全球化语境下被标举与奉行的多元原则，实际上包含三方面内容：第一，既然我们不得不与不同国家、各种文化、各种宗教打交道，那么，就应当倡导与尊重文化、思想、宗教的多样性。因此，第二，不应追求与维护文化、思想、宗教乃至民族的单一性。第三，对于自己不喜欢、不熟悉、不赞同的思想、宗教与文化，应当给予忍耐，也即给予最低限度的接受。

从这三方面内容看，多元原则包含着宽容原则。对于哲学来说，现在迫切要追问的是：多元原则本身是否是有前提的？或者说，上面的三方面诉求或要求是否是有前提的？因而，多元原则本身是否是有界限的？首先要追问的是，多元原则本身的正当性何在？正当性显然不能基于眼前的事实。也就是说，全球化把人类抛入了多元文化处境这一事实，不能成为多元原则本身的正当性理由。因此，如果我们不能给出多元原则的正当性理由，那么，在全球化过程中被奉行的这一原则本身就仍缺乏正当性。

正因为我们未能澄清多元原则本身的正当性理由，并因此未能明确它的界限，这一原则在应对全球化过程中正出现被滥用的危险，以致反对普遍原则、反对普遍价值，包括反对多元原则本身的一系列传统思想、传统文化以及极端宗教、极端政治也打着尊重多元的旗号，要求成为多元中的一元，要求成为特例。这正如历史上一系列不宽容的思想、不宽容的政治、不宽容的宗教一再标举着宽容原则要求被允许、被接受、被承认、被宽容一样。而正是这些反普遍性、反多元原则本身，反宽容的文化传统、政治制度与宗教组织构成了全球化过程中各种冲突的重要源头，甚至对近代成长起来并维护着开放而多元的现代社会的启蒙文化构成了腐蚀与威胁。

这意味着，如果多元原则要把全球化引向有序，那么它就是有界限的。正如宽容原则本身不宽容一切不宽容的思想、政治以及宗教一样，多元原则并不使反对多元原则本身的一切思想、一切政治和一切宗教有理由成为多元之一元。换个角度说，多元原则并无理由要求人们尊重和忍耐反多元原则本身的任何思想或任何政治与宗教。相反，多元原则倒使人们有理由拒绝与否定反多元原则本身的一切思想、一切政治与一切信仰。

这实际上等于说，如果多元原则是正当的，那么，在全球化过程中，所有文化、思想、宗教信仰都需要接受多元原则的洗礼，都需要接受宽容原则的过滤。在这个意义上，我们也可以说，在全球化处境下，哲学人文领域面临着一次重估一切传统的任务，正如苏格拉底—柏拉图面临重新审定、叙述传统神话的任务，也如孔子面临着对诗书礼乐等等一切传统文献进行重新删定、损益的任务。

那么，多元原则何以是正当的？这个问题实际上与上面有关人的超越性身份之问相关。

从根本上说，文化、思想、宗教信仰的多样性之所以应当得到尊重与维护，不是因为这些文化、思想、信仰本身或别的什么原因，而只是因为人这种能创造出文化、思想、宗教的存在者向来都是基于自己的自由存在才创造出这些东西。如果说文化、思想以及宗教构成了历史的基本内容，历史的不同就展现为这些基本内容的不同，因而如果没有文化、思想以及宗教，那么也就意味着没有历史，而这在根本上意味着，如果没自由也就没历史。因为我们只是在自由的存在中才创造了这些东西。为什么如此？这需要对自由问题进行第一哲学的讨论，我们会在另外的地方来完成这个工作，这里我们暂且把这一点当作前提来接受。

但是，如果说是自由使我们的历史与文化及其多元性成为可能，那么，维护与尊重文化、思想、宗教的多样性就是尊重与维护人的自由本性，也即维护文化多元性的前提。

因此，维护文化、思想、宗教多元性的多元原则不能成为反对或否定使多元原则本身成立的那个前提的理由。也就是说，否定自由或不认同、不维护、不尊重自由的所有文化、思想与宗教信仰，都没有理由成为多元文化中的一元。这正如宽容原则本身并不成为宽容一切反宽容原则本身的行为、主张、信仰的理由，也即说，宽容原则本身不宽容一切不宽容的行为、思想与文化。宽容原则要求容许各种差异，要求容忍各种不同，但是，宽容原则不容忍一切不容许差异或试图消灭差异的行为、思想与文化，否则，宽容原则就陷入矛盾而失去意义。在这个意义上，宽容原则是有界限的。[①] 同样，多元原则是有界限的，这个界限就是尊重与维护人的普遍自由。因此，自由理应成为我们理解与反思全球化的一个基点。

第二节　古今之别与世界经典

上面主要讨论了在全球化处境下，多元原则及其正当性根据。根据这一以自由为其根据的原则，所有不违背或不反对自由本身的各种文化传统、价值原则都应当得到承认、尊重、包容。这意味着，在全球化的时代，人类面临着在各种传统、诸多文化经典面前做出某种选择的任务，至少需要对自己所属的传统之外的其他传统进行必要的选择。那么，在世界各种文化、各种经典面前，我们首先需要面对什么人文经典呢？不管是对于个人，还是对于哲学人文学科来说，这都是一个迫切的问题。

与自然科学不同，哲学和人文科学永远需要回顾，需要不断重新面对历史上的经典。否则，人文科学就会失去其纵深视野，失去历史维度。而一种没有纵深视野与历史维度的人文科学（如果有的话）不可能真正去面对当前与未来的问题。

那么，我们首先要问：何谓经典？所有文化经典，不管是思想经典还是宗教经典，都是由历史确定下来的，而不是由某

① 这里有必要提示一点，就是宽容原则与宽恕原则是不一样的原则。前者是只涉及此世的秩序原则，而后者则是可能关涉彼世的德行原则。

个人或某个集团确定下来的。所有经典实际上都是历史借学者们的客观性活动确定下来的。这些经典之所以会成为经典，乃因为它们标志着各自时代的人类在思想、信仰上所能达到的高度与广度。因此，它们都是划时代的，也才是划时代的。正因为如此，它们真正构成了不同历史时代之间的连接点。历史就是由这些经典内在地串连起来的。在这个意义上，进入了这些经典，才真正进入了历史，才真正生活在历史之中。在经典之外，也就意味着生活在历史之外；对于在经典之外的人来说，历史是白过了的，就像不舍昼夜地奔流着的长江，对于不畅游长江的人来说是在白白地流逝着一样。

人文科学的一个重要意义，也是它的一个重要任务，就是通过不断重新解释经典来把人类带入历史，使人类能够真正穿越历史，能够真正从历史获得存在的信心与力量。

在全球化之前，每个地域共同体有各自的经典，特别是诸大规模的文化共同体都有各自的文化经典，而在全球化的今天，我们该首先面对哪些经典？

毫无疑问，一方面，正如并非所有文化、思想或宗教都可以成为多元中的一元一样，也并非所有地域文化共同体的经典都能够或都必要成为人文科学迫切需要加以面对的经典；但是，另一方面，今天任何一个共同体都不可能只面对自己已有的经典，而可以不面对其他异域文化的经典，特别是其他“本原文化”的经典。这一点对于东方国家，包括中国在内，显得尤其重要。

有一个事实应该得到承认，那就是全球化是由经济与科技推动下展开的。这样的全球化实际是“现代化”的延续性事件。也就是说，全球化实际上是“现代化”事件的展开。而就历史事实而言，这个事件开始于西方文化世界，并由西方文化世界持续带动。

对“何为现代化”这个问题可以有各种不同的回答，对现代化的评判也可以有不同立场，但是，如果我们承认我们是通过“现代化”来告别古代的，那么，至少在表面上看，我们可以发现，现代化带来的社会与古代社会有三个根本性区别。

首先是最表面的区别，那就是，在古代社会，宗教生活、伦理生活与政治生活构成了社会生活的中心，经济问题虽然被重视，但经济生活并未成为被关注的中心。但是，现代社会的一个显著特征恰恰就在于经济生活成了整个社会的中心。不管是在事实上还是观念上，经济生活都占据着整个社会的中心位置。我们甚至可以用“社会中心经济化，经济中心金融化”来形容现代社会。所以，今天，哪里成了金融中心，那里也就是经济中心；而哪里成为经济中心，那里也就是国家重地，甚至就是全球中心而是世界重地，比如伦敦、纽约、法兰克福与香港等。相比于古代社会，宗教生活、伦理生活乃至政治生活在现代社会里都退居到经济生活之后。我们知道，现代化过程也被称为世俗化过程，这个世俗化的一个最重要体现就是社会生活的“经济中心化”。这也是为什么在古代社会几乎是微不足道的经济学在近代以来却越来越成为显学的原因。

如果说伦理生活更关注的是过去，宗教生活更关注的是未来的话，那么，经济生活关注的则是现在或当前。作为人类生活世俗化的核心方面，社会生活的经济中心化，实际上意味着人类走上了更关注、更在意当前的存在轨道。在这个意义上，现代化就是当前化：尽可能把一切可能事物现场化，尽可能让所有可能事物出场。这意味着一方面抓住现在，盯住当前；另一方面则要不断改变现在——通过把更多可能事物带入现场来更新现在，刷新当前。

在前面第一节的讨论中已经暗示，人的自由存在使人成为时间性的存在，也只有人才是时间性存在。只是作为自由存在者，我们才能够在自己的生活中打开并不在现场的过去与未来，因此，才不仅能够通过理解现在去理解自己的生活，而且能够通过理解过去与未来来打开或筹划自己的存在。我们说“我们有过去”，并不是因为我们有失去的岁月；我们说“我们有未来”，也不是因为我们还有时光没有到来。不管是失去的岁月，还是没有到来的时光，都不是“有”，因为其实它们都不现有，都不是在手头可被操持的东西。实际上，是因为我们的过去总是通过我们的理解而进入我们的生活中，我们才有过去；是因为我们总是能够打开希望而能够筹划自己的可能生活，我们才有未来。

人的这种时间性存在既可以以过去的模式到来，也可以以现在或未来的模式到来。也就是说，人可以从过去理解现在与将来，也可以从将来去理解过去与现在。简单说，我们可以从任何一个时间样式去理解自己的整个时间性存在。

因此，如果从时间性存在角度看，那么，人类社会的现代化实质就是以“现在”或“在场”的模式来展开自己的存在。

而在人类的存在活动中，科学活动是最重要的一种在场活动。科学活动都是基于在场活动，并且它自身就是一种把事物带入现场的现场化活动。因为一切科学都是基于概念且它自身就是概念活动。而概念的本质就是定住事物而使之当场化或现场化。

所以，现代社会与古代社会的第二个重要区别就是，现代社会完全是建立在科学与技术之上，并且越来越陷于对科技的依赖。古代社会虽然也使用技术，但是古代社会所利用的技术是一种直接来自于生活经验的自然技术，它靠日常生活经验的积累。而现代社会所依靠的现代技术则是基于科学知识。科学研究的突破，将带来新的技术，进而给人类生产与社会生活带来改变。今天，从国家到个人之所以对科技活动与经济生活都给予了最高度的重视，就在于它们就像是两套马车一样不断把世界带向现场化而共同牵引着现代社会。

现代社会与古代社会的第三个根本区别则是人与人之间、人与共同体之间的关系发生了根本性的变化。在现代社会里，不再是共同体或国家先于、高于个人，相反，个人先于且高于共同体（国家）。一切共同体的合法性都来自于其成员个体的让渡，一切共同体的正当性都基于对成员个体之不可让渡的那些绝对性（比如绝对尊严、绝对权利）的承认、尊重与维护。简单说，基于对个体之普遍自由的尊重与维护。

实际上，现代化带来的现代社会不仅建立在现代科技之上，也是建立在由启蒙思想确立起来的一套基本原则上。如果离开了这些原则，现代社会就不可能运行下去。在这个意义上，近代启蒙思想与科技共同构成了现代社会最根本的基础。而启蒙思想最核心的基点就是对自由的全面自觉。

这意味着什么？意味着今天的人们要真正面对与理解现代化带来的全球化，必须首先面对产生科学的人文传统与标志着对自由的全面自觉的启蒙思想本身。所以，无论哪个国家，哪个民族，在全球化的今天，希腊的文化经典与近代的启蒙经典，是人们无法不面对的，否则就无法自觉、自主地参与和引领全球化，也无法真正有深度地去理解、反思现代化及其带来的全球化的问题与困境。只有自觉、自主地进入现代化，才能真正承担与经受现代化，而不只是被动、外在地卷入现代化。通过内在地经受现代化，对现代化的复杂性及其深层问题的思考与透视，才可能具有内在的改造意义。简单说，要走出现代化，克服全球化带来的可能问题，必须首先进入现代化。但是，不管是要自觉进入现代化，还是要走出现代化，都不可能不面对造就现代化的文化经典。

这意味着，在全球化处境下，对于所有非西方文化传统的民族来说，在面对自己的文化经典的同时，都有必要首先面对古希腊思想经典与近代的启蒙思想经典。就现代性社会是由启蒙思想经典开辟的而言，如果不首先面对这些思想经典并借以自觉人类的普遍自由，那么非西方民族甚至难以自觉地进入现代性社会。这进一步意味着，如果不首先面对近代启蒙思想经典，那么，不管是过现代性生活，还是对现代性世界的反思、批评，都是外在性的，都无法具有引导与改造的力量。

因此，在多元文化、多元传统并存的全球化时代，虽然每一种能包容其他文化传统的文化传统都有理由成为多元中的一元，因而有理由得到承认与尊重，而属于这一传统的人们（民族）当然也有充分的理由对之加以维护和弘扬，但是，这并不意味着所有文化传统、文化经典都具有同等的时代地位。也就是说，对理解我们被抛入的时代而言，并非所有文化传统、文化经典都具有同样的重要性。这里显而易见的是，开辟或引导着我们被抛入其中的这个时代的那些文化经典是所有人都首先需要面对的。因为不面对、不理解这些经典，就无法真正理解自己所处的时代以及所面临的处境性问题。因此，在文化多元化与价值多元化的今天，一方面，不管是对西方民族，还是非西方民族来说，都没理由只固守自己的文化经典而无视乃至拒斥其他文化经典；另一方面，对于非西方民族来说，则没有理由不首先面对源于西方的近代启蒙思想经典。在这个意义上，首先是它们才是具有全球性意义的世界经典，至少在我们这个时代，也即“权利的时代”，是如此。

第四章　人类此世的一个希望或出路：永久和平

人能够希望什么？这是任何时代的人都要面对的问题。而这个问题实际上就是问：人能打开什么样的希望？在实际生存中，每个人都打开着各种希望；只要活着，每个人都存在于希望之中，哪怕他已日薄西山，甚或奄奄一息。因为每个人不仅有此世的希望，也能打开彼世的希望。我们甚至要说，正因为人类能打开彼世的希望，我们才能更多维地理解今生的希望，更从容地承当此生的失望乃至绝望，并因而使人的生存拉开了一个更大的、跨越生与死的帷幕，而不仅仅局限于生养我们也埋葬我们的地方。

不过，这里我们将把希望暂时局限在此世，而把彼世的希望留待其他地方再讨论。显而易见，人们在今生今世的希望也各不相同、千差万别。不过，如果加以归类，那么我们可以把所有这些希望归为两类：一种是作为个体之人在此世的希望，另一种则是作为类存在者在此世的希望。我们每个人都既作为个体存在者存在，同时也是作为类存在者存在。我们作为个体在此世打开的种种希望总是与我们作为类存在者所能打开的希望密切相关，这正如我们作为个体存在者在理解、确认自己的身份时，总是与对我们所属的那个族类的历史的理解密切相关一样。这里，我们要借助康德哲学来讨论一个问题：作为类存在者，我们在此世最终能够有什么样的希望？这最终的希望也就是最终的出路。

第一节　何谓类存在者的希望?

首先要问：何谓“类存在者”？所谓类存在者也就是自己能够把自己当作普遍的存在者来理解与筹划的存在者；所有只是能够被描述或被规定为普遍的存在者的东西，都不是真正的类存在者，而只是被归类的普遍存在者。

因此，这种类存在者一方面意味着把自己当作与某种他者一样的东西，另一方面则意味着承认某种他者是与自己一样的东西；或者更确切地说，承认有他者为另一个自己，一个与我自己一样却又独立于我自己的另一个自己——而这在根本上意味着承认这个他者是自由的，否则他就不会是另一个独立的自己。

实际上，也只有自由者才可能承认他者为另一个自己。因为如果它不是自由的，也就是说它不能突破必然性或本能，因而只是必然性或本能中的存在者，那么，它不是他者的因，就是他者的果，换言之，他者为因，它则为果，因此，它不可能承认他者为与它一样的另一个自己。在必然性世界里，所有事物都处在必然性的不同位置上而不可能成为相同的自己。从根本上说，只有自由者，也就是能开启因果关系系列的自由存在者，才处在一个共同的位置上，那就是作为第一因的自由因位置上。因此，只有自由者才能真正承认与自己一样的他者为另一个自己，从而把自己当作普遍的存在者来理解。在这个意义上，只有自由者才能够成为类的存在者。

作为这样一种自由者，一方面，每个自由者都能够把其他自由者当作与自己一样的另一个自己，且必须把其他自由者当作另一个自己，因为不然的话，他也无法被当作自由者来对待；另一方面，当一个自由者把其他自由者当作与自己一样的另一个自己时，也就承认其他自由者有与自己一样的自由，因而自己的自由与所有其他自由者的自由都是一样的，而这意味着，每个自由者的自由都是有限度的，即每个自由者的自由必须以承认其他自由者的自由为限度。换言之，每个自由者的自由以不损害其他自由者之自由为界限。因此，当作为自由者的我们把自己当作类存在者来理解时，在根本上也就是把自己当作能与他者共在的存在来筹划。真正的共在既是一种普遍的存在——都作为“普遍的自由者”而存在，同时也是一种相互承认与相互维护为自由者的自身存在——真正的个体存在，在这里，每个自由者在展开自己的自由存在的同时，尊重并维护所有其他自由者展开其自由存在。简单说，每个自由者在自己的自由存在中让他者自由存在。所以，自由者的共在是一种协调的自由存在，一种不自相矛盾的自由存在。

这种协调而不相互矛盾的自由存在是人类最本原的共在。只是在这种本原共在基础上，人类诸如伦理共同体与国家共同体才可能建立起来。如果说伦理共同体是基于这种本原共在而生长起来的伦常共同体，那么，国家共同体则是在这种本原共在与伦理共同体的基础上通过契约而形成的法律共同体。在这个意义上，国家共同体是人这种类存在者的产物，或者说，只有能够作为类存在的存在者，才会有国家。

那么，我们能够拥有什么样的国家？这样的国家将把人类带向什么样的未来？这也就是作为类存在者的人在此世的一个普遍的希望问题。

第二节 一种最好的政体：共和制

在历史与现实中，我们人类拥有的国家各种各样。国家表面上看是一种客观化了的管理制度与生活方式，但实际上，国家首先是一种观念文化，或者说国家首先是基于某种思想观念而组建起来的；而当它一旦被确立起来，国家会反过来塑造生活于其中的成员的思想观念，在成员心灵中造就某种思维方式与情感反应方式。虽然国家的变迁有多种现实的原因，但是，导致国家制度真正改变的是思想观念的变化。在思想观念没有突破的地方，国家的变化通常只体现为国家权力的掌握者也即统治者的更替，而不是国家制度本身的改善。

虽然在历史与现实中存在着不同制度的国家，但是，正如并非所有思想观念都具同等的真理性一样，也并非所有现存的国家制度都是同等地合理的与正当的。那么，什么样的国家才是更合理更正当的呢？这个问题也就是，什么样的政治制度才是最好的制度呢？如果不能有最好的，那么至少可以问，什么样的政治制度才是最不坏的制度呢？为了回答这样的问题，首先要讨论国家的起源问题。

就近代政治理论看来，国家就产生于一定范围内的人们走出了自然状态而形成的共同体。而人们之所以要走出自然状态，就是为了安全起见和免于自我毁灭。与卢梭和洛克不同，在关于人类原初的自然状态问题上，康德接受了霍布斯的观点，主张自然状态并非一种和平与自由的状态，相反，是一种残酷而无序的战争状态。[①]在这种自然状态下，每个人的安全，首先是每个人的自由权利的安全得不到保障。这促使有理性的人类不得不放弃战争并相互提供和平的保证，由此进入一种契约的文明状态。在这个契约过程中，人们自觉或不自觉地把捍卫自己的自由权利之安全的那种“强制的权力”让渡给了一个由大家信赖的人组成的机构，由这个机构来执行这种“强制的权力”，以维护每个人的自由权利。由于每个人从自由那里获得的“强制权力”是绝对的并且是一样的，因而是普遍的，因此，人们委托出去的是一种公共的权力，实质上也就是一种公共的意志。承担起这个公共意志的机构就是一个公共机构，也就是人们通常所谓的国家。从自然状态走向契约的文明状态也就是由无政府状态走向国家。

显然，在人类的这种最初的契约行为中隐含着这样的契约

---

① 参见 Immanuel Kant, *Zum ewigen Frieden*, *Kants Werke*, Band VI, Herausgegeben von Ernst Cassirer, Berlin, 1916, S. 433。中译文参见康德：《历史理性批判文集》，何兆武编译，北京：商务印书馆，1991 年，第 104 页。

理念：首先是确认组成共同体的每个成员都是自由的，因而都有上面所说的那种作为“自由空间”的权利——这种权利在近现代政治中被表达为这样一些基本权利：言论自由、出版自由、结社自由、信仰自由、迁徙自由等不可剥夺的权利；其次，就共同体每个成员享有“自由空间”的权利是绝对而普遍的来说，共同体的所有成员都是平等的，任何人都不能声称自己拥有更多这类绝对权利，也没有任何人需要认可自己拥有较少这类权利（如果他的确拥有较少这类权利，那么表明他受到了不公正待遇，他有权要求造成这种不公正的人立即纠正）；第三，服从一个共同的立法，因为当人们在订立契约时相互作出对和平的担保也就意味着愿意服从一个能够保障每个立约者之和平与安全的立法，否则就意味着背弃对相互和平的担保。如果把第一方面的内容称为自由权利原则，那么，后两方面则可以被分别称为平等原则与服从原则。这三个方面的内容作为三大原则，构成了原始契约的理念。

在康德看来，“一个民族的一切公正的立法都必须以原始契约的理念为根据，而从原始契约的理念得出的唯一体制就是共和制”[①]。这一方面是说，共和体制作为一种制度安排是建立在原始契约的理念之上，另一方面是说，共和体制这种制度安排的合法性与必然性来自于它所根据的三大原则。

如果说国家就是通过契约而产生的，那么，这种产生国家

① Immanuel Kant, *Zum ewigen Frieden*, *Kants Werke*, Band VI, Herausgegeben von Ernst Cassirer, Berlin, 1916, S. 434. 中译文参见康德：《历史理性批判文集》，何兆武编译，北京：商务印书馆，1991 年，第 105 页。

的契约就必定包含着三大原则，而其中最基础的则是自由原则。因为正是人的自由使立约成为可能的；如果人不是自由的，那么，他们之间也就不可能有任何契约，即使有约也毫无意义。自由不仅使人获得“被允许按自己的意志行一切不妨碍他人符合普遍法则之自由的行动”这种“自由空间”的权利，并且因而使人在绝对权利上是平等的；而正是这种普遍的绝对权利使人们具有相互强制对方确认并维护自己的这种绝对权利的权力，这意味着，当人们把这种强制权力让渡给一个共同体时，也就表明他们愿意服从这个共同体的立法。在这个意义上，平等原则和服从原则都来自于自由权利原则。因此，真正构成立国原则的是自由权利原则。也就是说，人类立国本是以自由权利原则为基础的；自由权利原则是一切国家的制度安排之合法性的唯一源泉。

因此，一个国家制度是否是合法的，其唯一的标准就是看它是否建立在自由权利原则上。具体说，一个国家制度的合法性可从两个方面来考察。一方面是看它的宪法是否确认公民诸如言论自由、出版自由、结社自由、信仰自由、迁徙自由等这些直接来自自由的基本权利；另一方面是看它的权力系统是否真正能够维护和捍卫公民的这些基本权利。如果一个国家虽然宪法上确认了公民的那些来自自由的基本权利，但是，它的权力系统或权力体制却不能维护和捍卫公民的这些权利，那么，这样的国家同样是不合法的，它没有继续存在下去的合法性，因为它的权力系统已经背离了它获得这些权力的宪法，当然也就背弃了自由权利原则。这种国家的一个典型特征就是宪法被虚置于无形之中。

虽然国家产生于原始的契约行为，而原始的契约行为实际上隐含着三大原则；从这三大原则理应得出的唯一体制就是共和制，因而共和制也是唯一合法的体制。这是康德的一个基本看法。但是，显然，人类在最初订立契约时，并不一定自觉到这种契约行为实际上以三大原则为前提。因此，即使最初建立起来的国家就是共和制，公民也同样不会自觉地维护它的共和性质，使之保持为共和制。相反，在三大原则没有成为公民普遍自觉的理念的情况下，来自于公民让渡出去了的“强制权”的国家权力也就不会被自觉地要求加以限制，而且国家权力由于没限制而损害了公民的基本权利，也很有可能不会被要求加以纠正，反而可能被认可。于是，对公民权利的损害甚至成了国家权力的一部分内容。换句话说，国家背弃了构成其合法性根据的原则使国家的权力发生了变化：不再是保障和捍卫每个公民的基本权利，而只是维护和捍卫一部分人的权利。这样的国家当然也不再是一个共和体制的国家。所以，在三大原则没有成为人类普遍自觉的理念的情况下，即便最初的国家是共和体制，也很难避免演化为其他体制。

当然，历史上最初的国家是否为共和制，或者是否出现过共和制，并不重要，在康德看来，重要的是这种体制是从原始契约理念能推出的唯一合法的政治制度，因而是我们要努力去建立的一种制度——即便从没有过，我们也要去建立它。也就是说，从原始契约能推出的唯一体制是共和制，但是，人类是否在现实中建立起共和制是另一回事。人们不能从现实中从未出现过共和制而否定共和制的现实性，它只是表明，人类没有走他本应走的道路。启蒙的任务就在于使人类普遍自觉到自己的自由，从而自觉到原始契约所隐含的三大原则，以便让人类自觉走上共和之路，使建立一种真正能维护和捍卫公民那些来自其自由的一切权利的政治制度成为人类不可阻挡的追求。那么，这种能真正维护与捍卫公民普遍权利的共和制是一种什么样的制度呢？

康德认为，共国制之所以是所有政治制度中最好的制度[①]，首先是因为它在起源上的纯粹性，也即上面所说的，它是原始契约理念所隐含的唯一制度；而这一理念使共和制获得了两个相互联系的基本规定，即它是代议制的（präsentativ）和分权制的。原始契约理念的服从原则规定了一个契约国家是由一些公民信赖并推举出来的代表组成的公共机构来代行公民让渡和委托出来的普遍的相互强制的权力，以维护和捍卫每个公民的自由权利。因此，真正遵循契约理念的国家必定是代议制的。同时，这个代议制的国家的行政权与立法权必须是分离的，否则，公民委托出去的公共权力就可能被代理者置于他们的私人意志之下而被滥用，从而导致公民让渡出去的权力反过来损害了他们自己不可让渡的绝对权利，而这完全违背了立约建国的三大

---

① 也许应当说是最不坏的制度，因为即使一个制度的确优于所有其他制度，它也不可能是一个完善的制度。在现实中，我们能做到的只能是尽可能向理性所能设定出来的关于完善的制度的理念接近，在这个意义上，只能更恰当地说，我们在现实中能建立起来的永远只是最不坏的制度，以避免人类因忘却仍需改善自己的现实制度的努力而陷于自高自大和自我封闭。

原则。这意味着，如果说忠于原始契约理念的国家制度一定是共和制，那么我可以进一步说，共和制一定是分权制。分权与否是共和体制与专制体制的一个根本区别。康德明确说：

> 共和主义（Republikanism）是把行政权与立法权分离开来的国家原则；而专制主义则是国家独断地实施它自己所制定的法律的那种国家原则，因而也就是公众意志被统治者当作他的私人意志来处理的那种国家原则。①

代议制虽然是出自契约理念，但单凭代议制并不能担保国家制度保持忠于契约理念，从而保持为共和体制。必须把行政权与立法权分离开来，才能够保证代议制国家保持为共和体制，也即保持为唯一具有合法性的国家。一个国家不管是否为代议制，只要它的行政权与立法权不加分离，它就一定是专制的。在这种情况下，康德认为，根据掌握最高国家权力的人数的不同，国家在形式上可以分为君主独裁政体（Autokratie）——一人掌握统治权，贵族政体（Aristokratie）——一些人联合在一起掌握统治权，民主政体（Demokratie）——构成共同体的所有公民一起掌握统治权。从分权角度看，它们都是专制政体，而其中最坏的专制政体不是别的，恰恰是民主政体，因为它离共和制最远，比其他专制政体都更难以转变为共和政体。

---

① Immanuel Kant, *Zum ewigen Frieden*, *Kants Werke*, Band VI, Herausgegeben von Ernst Cassirer, Berlin, 1916, S. 437. 中译文参见康德：《历史理性批判文集》，何兆武编译，北京：商务印书馆，1991 年，第 108 页。

这里首先要问，为什么民主政体是一种专制体制？“民主政体就这个词的真正意义来说必定是一种专制主义（Despotism）。因为它确立了这样一种行政权：在这里，所有人可以对一个人作出决定，有时甚至是决定反对一个人（所以，这个人是不会同意的），因而也就是并非所有人的所有人作出决定。这是公共意志与其自身相矛盾，也与自由相矛盾。”①

与共和主义相反，专制主义是这样一种设计国家权力的原则，即把行政权与立法权合为一体的原则。君主独裁政体与贵族政体虽然有代议制形式——独裁君主与掌权贵族也总是声称自己代表全体人民，但是，由于它们遵循的是行政权与立法权合一的原则，所以，它们必定是一种专制。在国家最高权力不加分离的情况下，将不可避免地鼓励掌权者把国家权力置于私人意志之下来处理和运用，使任何形式的代议制都失去了原来的意义和功能，完全成了掌权者欺骗、愚弄公民的方便道具。如果说人类在政治领域里有什么最大的谎言的话，那么，这个最大的谎言就是拒绝对国家最高权力进行分离的那种所谓代议制。在这个意义上，我们可以说，在国家最高权力没有分离的情况下，也就不存在真正的代议制，而只有真正的专制。这一点对于全体公民都被视为国家最高权力的直接主人的民主体制同样有效。我们可以把康德所讨论的这种所谓全民主人的民主

① Immanuel Kant, *Zum ewigen Frieden*, *Kants Werke*, Band VI, Herausgegeben von Ernst Cassirer, Berlin, 1916, S. 437. 中译文参见康德：《历史理性批判文集》，何兆武编译，北京：商务印书馆，1991 年，第 108 页。“共和主义”与“专制主义”在康德原文中用的都是英文词。

制称为“直接民主制”。

如果说没有分权的代议制是政治领域里的最大谎言，那么，那种直接民主制则是政治领域里的最大悖谬。在这种民主体制里，没有代议成员与代议机构，全体公民都是国家最高权力的直接主人。因此，没有必要也不允许对国家最高权力进行分离，因为既然全体公民都是国家权力的直接主人，那么，他们每个人就既应直接拥有行政权，又应直接拥有立法权与司法权；而一旦对国家最高权力进行分离（不管是分为三权还是分为两权），也就意味着削减了国家权力的直接主人的权力——不是削减其行政权，就是削减其立法权与司法权，从而表明他们不再是国家权力的直接主人。这显然与民主体制关于“每个公民都是国家最高权力的直接主人”这一原则相违背。

因此，那种全体公民都被视为国家最高权力的直接主人的民主体制必定是一种对国家最高权力不加分离的政治制度，因而它必定是一种专制制度。在这种民主体制下，所有公民既然是国家最高权力的直接主人，他们的共同意志直接就是法律，并且他们可以据此直接采取行政措施。但是，这种权力在实际运行中只有遵循少数服从多数的原则才能落实，否则这种民主制将寸步难行。而这实际上等于说，所有人可以对一个人或一些人作出决定，而不管后者同意不同意。这意味着，允许并非所有人的“所有人”对所有人作出决定，也就是说，允许把并非所有人的共同意志当作所有人的共同意志。于是，以所有人的公共意志为原则的民主体制在运行中却不可避免地背离了所有人的公共意志。这也就是康德所说的在民主体制下公共意志与自身相矛盾。不仅如此，当民主体制允许并非所有人的所有人对一个人或一些人作出决定时，也就等于它无视后者自己的意志而剥夺了后者的自由。这显然是与自由本身相矛盾的。所以，民主体制虽然把自由与公共意志作为自己的原则，但是，它在实践中却不可避免地违背了自由与公共意志。就此而言，直接民主制甚至是最具欺骗性的一种政治制度。

与君主制和贵族制相比，直接民主制甚至是最难以改良的一种专制制度。在康德看来，君主制和贵族制虽然不是分权下的代议制，因而不是真正的代议制，但是，它们却为代议制留有余地，因而通过改良还有可能采取符合代议制精神的政权形式。“相反，民主政体则使这一点都成为不可能的，因为这里所有人都要成为主人。”所以，甚至要通过暴力革命才可能转变为共和政体。①

这里要特别强调的是，康德这里所说的民主制是一种狭义的民主制，也即直接民主。它在法国大革命期间的实践体现出来的专制与血腥给康德提供了反思这种政治体制的现实材料。人们今天所说的“民主”，特别是中国人在“五四”启蒙运动中所倡导的“民主”，恰恰是符合康德所说的那种共和主义的民主，即共和式的民主。它的组建权力的基本原则就是代议原则与分权原则。所以，康德反对的民主不是今天人们通常所说的民主政体，相反，他所倡导的共和主义恰恰构成了今天主流民

① 参见 Immanuel Kant, *Zum ewigen Frieden*, *Kants Werke*, Band VI, Herausgegeben von Ernst Cassirer, Berlin, 1916, S. 437-438。中译本参见康德：《历史理性批判文集》，何兆武编译，北京：商务印书馆，1991 年，第 109 页。

主政体的原则。

上面我们只是从起源上讨论了共和制的合法性与优越性，即它是能从原始契约理念得出的唯一合法的国家制度。但康德认为，共和制的合法性与优越性不仅在于它的起源上，还在于它拥有人类的愿景，即永久和平。[①] 也就是说，只有借助共和制，人类才能通向永久和平，打开一个真实、可靠的未来。这并非说，只要是共和体制，人类就不会发生战争，而只是说，进入共和体制是人类走向永久和平的一个必要条件。

与其他政治制度相比，共和体制是最不容易发动战争的一种政治制度。康德分析说："如果国家公民要求对是否进行战争作出决定（在共和体制下不可能是别样的），那么，最自然的事莫过于他们必须对事关自己的战争的全部艰难作出决定（其中包括自己直接参战、从自己财富中支付战争费用，艰苦地改善战后的荒芜，最后，除了各种灾难外，还得担负起战争带来的永难清偿而致使和平都变得痛苦的沉重债务），他们必须深思熟虑地开始一场如此糟糕的游戏。相反，在那种其臣民并不是国家公民的体制下，因而也即在非共和制的那种国家体制下，战争则是世界中最不假思索的事情，因为领袖并不是国家同胞（Staatsgenosse），而是国家所有者（Staatseigentümer），他的筵席、狩猎、行宫别馆诸如此类一点也不受战争的影响。因此，他也就可以像决定一次游宴那样出于微不足道的原因决定

① 参见 Immanuel Kant, *Zum ewigen Frieden*, *Kants Werke*, Band VI, Herausgegeben von Ernst Cassirer, Berlin, 1916, S. 436。中译文参见康德《历史理性批判文集》，何兆武编译，北京：商务印书馆，1991 年，第 106 页。

战争。”[①]

在非共和体制下，由于国家的领袖就是国家的所有者，对于是否进行战争无须征得国民的同意，而完全取决于统治者的意志。因此，只要战争并不影响统治者的生活与幸福，甚至反而可能给他带来荣耀和财富，那么，对统治者来说，发动战争就会像举行一次游宴那样随便，甚至只出于兴之所致。[②]而在共和体制下，国家的领袖只是全体国民的共同意志的受托者和代理者，因而，对于涉及全体公民福祉的重大事情，特别是战争这样的事情，必须征得公民的同意。而战争的残酷性与对战后生活的严重影响使战争成为公民在最迫不得已的情况下才会作出的选择。这意味着，共和体制将使人类把战争的可能性降到最小。因此，如果人类普遍进入共和体制，那么，这将使人类最远离战争。换句话说，共和体制最有可能把人类带向和平。所以，康德试图建立起来的那种永久和平的第一正式条款就是：“每个国家的公民体制都应当是共和制。”[③]

---

① Immanuel Kant, *Zum ewigen Frieden*, *Kants Werke*, Band VI, Herausgegeben von Ernst Cassirer, Berlin, 1916, S. 436. 中译文参见康德：《历史理性批判文集》，何兆武编译，北京：商务印书馆，1991 年，第 107 页。

② 这也是为什么一个专制国家（特别是专制大国）的崛起总是比一个民主国家的崛起会引起世界更多恐惧和更多防范的原因。而这又使专制国家感到自己在国际关系中受到了不公平待遇，并由此可能滑向与其他国家的对抗。如果这种对抗的另一阵营是共和式民主国家，那么，其结果通常都是专制国家的崛起被中断。因此，一个专制国家要在共和式民主政体已成为世界主流的国际环境中完成自己的崛起，它要解决的最根本任务就是走向自己的反面，即走向共和式的民主政体。

③ Immanuel Kant, *Zum ewigen Frieden*, *Kants Werke*, Band VI, Herausgegeben von Ernst Cassirer, Berlin, 1916, S. 434. 中译文参见康德：《历史理性批判文集》，何兆武编译，北京：商务印书馆，1991 年，第 105 页。

因此，如果说永久和平是人类一个合理而必然的未来，那么这也就是说，共和体制是人类必定要选择的一种政治制度。所以，不仅从起源上说，共和体制是从原始契约理念中能得出的唯一合法的体制，而且从人类未来的维度来说，共和体制也是合理的和必然的。

第三节　一个哲学千年王国：永久和平

但是，为什么永久和平（der ewige Frieden）是合理的与必然的？如果说它是合理的，那么也就是说，永久和平是人类的自由理性所要求的；如果说它是必然的，那么也就是说，作为人类的未来，永久和平是人类历史的必然归宿，因而是人类在此世必然能打开的一个绝对希望。

所谓“永久和平”也就是终结国际间的自然状态，即终结国际间无序的战争状态，而进入法治的国际联盟。这种永久和平在《世界公民观点下的普遍历史理念》（Idee zu einer allgemeinen Geschichte in weltbürgerlicher Absicht）一文中也被称为“普遍法治的公民社会”（eine allgemein das Recht verwaltende bürgerliche Gesellschaft）或“普遍的世界公民状态”（ein allgemeier weltbürgerlicher Zustand）。[①] 在这种“普遍法治的公民社会”里，每个国家不论大小，都不必靠自己的力量和法令，

---

① 参见 Immanuel Kant, *Was ist Aufklärung? Aufsätze zur Geschichte und Philosophie*, Hrsg. von Jürgen Zehbe, Göttingen Vandenhoeck und Ruprecht, 1994, S. 45, 51。中译文参见康德：《历史理性批判文集》，何兆武编译，北京：商务印书馆，1991 年，第 8、18 页。

而只需靠已进入普遍法治状态的国际共同体的权力与意志，就可以获得自己的安全与权利。也就是说，在这里，每一个国家不仅国内实现了完全的法治状态，而且对外也建立起了完全法治的国际关系，使一切分歧与争执都可以且必须通过公正的法律契约来加以解决。而不管是国内的法治状态，还是国际的法治状态，按康德的看法，都是大自然通过人的本性来推动和实现的。

在康德看来，人身上有一种相反的本性："人类有一种要把自己社会化的倾向，因为他在社会状态中感受到了比人更多的东西，也就是说，他感觉到了自己的自然禀赋得到了发展。但他同时也有一种要把自己单一化（vereinzeln）或孤立化（isolieren）的强大爱好；因为他同时在自己身上发觉有一种非社会性的本性，即只按他自己的意愿来摆布一切，并因而处处会遇到反抗（阻力），就如他从自己身上那里就能知道，在他那方面来说，他也倾向于成为别人的阻力。"[①] 简单说，人既有社会化倾向，又有非社会化倾向。通过社会化，也即通过与他人相处和交往，个人才能突破自己现有的局限而展开自己、发展自己，并在这种自我展开中感受和展现自己的存在对自己与他人的意义。因此，每个人都有与他人交往和相处的需要。但是，另一方面，每个人又强烈倾向于只按自己的意愿安排一切，而不顾及他人的意愿。而当人们都只按自己的欲望而不顾及他人

---

① Immanuel Kant, *Was ist Aufklärung? Aufsätze zur Geschichte und Philosophie*, Hrsg. von Jürgen Zehbe, Göttingen Vandenhoeck und Ruprecht, 1994, S. 44. 中译文参见康德：《历史理性批判文集》，何兆武编译，商务印书馆，1991 年，第 6 页。

意愿地行事时，每个人都会遭到以同样方式行事的他人的反抗和阻碍。因为不受任何法则规范的意愿必定陷于相互冲突当中。

正是人的这种非社会性的本性使人类的自然状态成为一种混乱无法（序）的战争状态。因为他们只按自己的欲望行事而不顾自己的行为是否危害他人，以致他人为了不受危害，为了保卫自己的安全，也只能奋起反抗，或者以同样的行为还治其身。这种战争状态使每个人的生活与安全随时都受到威胁，并且因而使每个人与他人相处和交往的需要无法得到满足。我们前面曾讨论过，正是这种战争状态促使有理性的人类意识到，必须终止战争状态，并且缔结妥协性的契约，才能相互提供安全与安宁。由此便产生了一个依照契约（法则）组建起来的共同体，即国家。

在这个意义上，人们可以说，正是人身上那种非社会性的本性推动了在个人与个人之间确立起了作为有法则秩序的共同体的国家。但是，就如个人之外有其他个人一样，一个国家之外还有其他国家。因此，单凭个人之间通过契约组成一个有法则的国家并不能完全保障个人的安全和安宁。因为，在一个国家内虽然人们达成了和平而免于相互残杀，但是，如果国家间仍处在我行我素的无契约法则状态，那么，整个人类实际上就仍处在战争状态。只不过这种战争更多的是体现为不同民族或不同国家的人们之间的战争。在康德看来，正如个人之间的战争促使了有法则的国家共同体的产生一样，国家之间的战争也必定会促使作为理性存在者的我们建立一个有法则的国际联盟，像国家共同体向全体公民提供权利与生命安全保障那样，为所有国家的公民也即全人类个体的生命与普遍权利提供保障。由此达成人类的永久和平。在这个意义上，人们同样也可以说，是人的非社会性本性推动了人类向永久和平的接近。康德自己是这样说明的：

人身上“那迫使人们进入有法则的公民宪法社会的同一种非社会性也是使每个共同体在对外关系上，也就是作为一个国家在对其他国家的关系上，处于不受约束的自由状态中的原因。因此，每个国家从其他国家那里也必定遭遇到那种压迫个人并迫使他们进入有法则的公民宪法状态的同样灾难。所以，大自然再度利用人们乃至大社会和国家这类被造物的不合群性（Unvertragsamkeit）作为手段，以便从不可避免的对抗中求得一种安宁和安全的状态。这也就是说，大自然是通过战争、通过极度紧张而决不松弛的备战活动、通过每个国家即使在和平时期最终也必定会内在地感受到的那种匮乏，来推动人们进行起初并不完美的种种尝试，而在经过了许多次的破坏、倾覆甚至于其内部彻底的精疲力竭之后，最终达到理性即使没有那么多痛苦经历也会告诉他们的东西，那就是：摆脱野蛮人的那种无法则的状态而进入一种各民族的联盟。在这种联盟里，每个国家，哪怕是最小的国家，都不必靠自己的力量或自己的法令，而只需靠这个伟大的民族联盟，只需靠联合的力量和联合意志的合法决议，就可以指望自己的安全和权利了”①。

① Immanuel Kant, *Was ist Aufklärung? Aufsätze zur Geschichte und Philosophie*, Hrsg. von Jürgen Zehbe, Göttingen Vandenhoeck und Ruprecht, 1994, S. 47. 中译文参见康德：《历史理性批判文集》，何兆武编译，北京：商务印书馆，1991 年，第 11—12 页。

被大自然所利用的那种“不合群性”也就是“非社会性”。在康德看来，每个人身上的那种非社会性并没有因为他们进入了有法则的国家而消失，相反，他们在创立国家的同时把自己的非社会性国家化，使国家具有了非社会性，即每个国家只按自己的意愿行事，而不顾及其他国家的意愿。其不可避免的结局就是各国陷入混战之中。

不过，上面的论述只是表明，人的非社会性是国家和国家联合体这两级共同体的建立的动力因，而不是它们的充分条件。实际上，上面的讨论同时表明，不管是国家的建立还是国家联合体的形成，都离不开一个更为重要的条件，那就是人的自由理性。如果人类没有理性，那么他们就不可能从混乱无序的战争状态认识到通过立约通达和平的出路；而如果人类的理性不是自由的，也就是说理性没有能力决定人的意志和行动，那么，即使他们认识到可以通过立约来达到和平，这种立约也是毫无意义的。因为既然人没有自由理性，因而人不是自由的，那么人根本就没有能力决定自己是否遵循契约，因而也就没有理由加给他遵守约定的责任。于是，如果人不是自由理性存在者，那么，任何契约都是不可能的，当然也就不会有任何共同体产生。

因此，一方面，人的非社会性存在不可避免地使人类陷于战争状态，另一方面，人的自由理性又必然要求人类自己走出战争状态，进入有法则的共同体。正如是人的非社会性既使个人之间陷于战争状态，也使国家间陷于战争状态一样，是人类的自由理性要求个人之间摆脱战争状态而进入相互提供安全保障的国家共同体，也是自由理性要求各民族国家之间结束纷争不已的自然状态而走向完全法治的国际联合体。也就是说，国家间的永久和平是人这种存在者的自由理性的必然要求，因而是合理的——合乎自由理性的法则。实际上，正如个人间据以创建国家的原始契约包含着自由权利原则、平等原则和服从原则一样，国家间创建全人类范围内的国际联合体也一样是以自由理性的这三大原则为前提。因为既然每个合法的国家都是建立在三大原则（首先是自由权利原则）之上，因而也就是说，它的全部权力是来自它的所有公民转让出去的公共意志，那么每个合法国家自然也就获得这样一种人格权（Personsrecht），即它必须被允许按它所接受和承担的公共意志行事，只要它不妨碍其他具有同样人格权的国家行同样的事。

国家的这种自由的人格权也就是它的主权，它是独立的和不可侵犯的，就如国家的每个公民的自由权利是独立的和不可侵犯的一样。侵犯一个国家的主权也就意味着侵犯了这个国家的所有公民的自由权利，也即普遍人权。因为一个合法国家的主权直接来源于它的所有公民让渡出来的那部分自由权利。不管是可让渡出去的还是不可让渡出去的，个人的自由权利都具有绝对性。正是个人的自由权利的绝对性使国家的主权不可侵犯。在这个意义上，人的普遍的自由权利高于国家的主权。[1]就

① 如果一个国家的主权竟被置于国民的自由权之上，那么这表明这个国家没有合法的主权。换言之，这样的国家实际上没有合法国家那样的人格权，因为它的权力并不受全体公民的公共意志的规定，而是被置于权力集团的私人意志之下。因此，与这样的国家缔约是不可靠的。因为这样的缔约实际上不是与一个国家缔约，而是与这个国家一个人或少数几个人缔约。这也是为什么康德主张只有在合法体制下的国家即共和制国家之间才能缔约通向永久和平的原因。

每个合法国家的人格权是独立的和不可侵犯的而言，每个国家都是平等的。任何国际联合体都必须以自由权利原则与平等原则为前提才能确保自己的合法性，并且必须服从以这两大原则为根据的立法才能够维持下去。

因此，作为一种普遍法治的公民社会，永久和平必定是建立在上面的三大原则上，因而也就是建立在人的普遍权利上。人的普遍权利原则是永久和平的最基本的前提。当康德主张永久和平是合理的和必然的时，也就意味着他在声明，人的普遍权利在任何时候都是高于国家主权的。

实际上，康德在《世界公民观点下的普遍历史理念》一文中还从历史的合目的性与合规律性角度讨论了永久和平的必然性。不过永久和平的这种必然性并非受人身外的某种规律支配、与人的意志无关的那种必然性，而是自由理性通过哲学思考而必然给出的一个理念，是自由意志必然打开的一个希望与未来。在这个意义上，康德也把永久和平看作哲学上的千年王国。“但是，却是这样一种千年王国学说，即仅凭它的理念本身（尽管它还非常遥远）就可以促使它的来临，因而也就绝不只是虚幻的。”①

不管人们同意不同意康德的思想，人们都必须面对他的思想。因为他不是站在一国一族的立场上，而是站在全人类立场上，更确切地说，是站在普遍主义立场上思想。他为知识奠基

---

① Immanuel Kant, *Was ist Aufklärung? Aufsätze zur Geschichte und Philosophie,* Hrsg. von Jürgen Zehbe, Göttingen Vandenhoeck und Ruprecht, 1994, S. 50. 中译文参见康德：《历史理性批判文集》，何兆武编译，北京：商务印书馆，1991 年，第 16 页。

的工作既为科学确立了根据，也揭示了科学的内在有限性，迄今警醒着人类既要尊重科学，又要避免陷入科学至上的盲目与狂妄。而他为自由的辩护，不仅为一切公正法则奠定了基础，确立了每个人类个体不可让渡的基本权利，而且为人类在世打开了一个绝对的希望，从而一直召唤并仍将召唤人类不断去改善自己的共同体。

主要参考文献

西文参考文献

Hobbes, Thomas, *The Collected Works of Thomas Hobbes*, collected and ed. by Sir William Molesworth, with new introduction by G.A. J. Rogers, London: Routledge Thoemmes Press, 1992.

Kant, Immanuel, *Zum ewigen Frieden*, *Kants Werke*, Band VI, Herausgegeben von Ernst Cassirer, Berlin, 1916.

Kant, Immanuel, *Die Metaphysik der Sitten*, *Kants Werke*, Band VII, Herausgegeben von Ernst Cassirer, Berlin, 1916.

Kant, Immanuel, *Kritik der praktischen Vernunft*, *Werkausgabe*, Band VII. Herausgegeben von Wilhelm Weischedel, Frankfurt am Main, 1974.

Kant, Immanuel, *Was ist Aufklärung? Aufsätze zur Geschichte und Philosophie*, Hrsg. von Jürgen Zehbe, Göttingen Vandenhoeck und Ruprecht, 1994.

Locke, John, *Two Treaties of Government*, London: Cambridge University Press, 1979.

中文参考文献

爱德蒙·柏克：《法国革命论》，何兆武、许振洲、彭刚译，北京：商务印书馆，1998年。

奥古斯丁：《论三位一体》，周伟驰译，上海：上海人民出版社，2005年。

威廉·冯·洪堡：《论国家的作用》，林荣远、冯兴元译，北京：中国社会科学出版社，1998年。

霍布斯：《利维坦》，黎思复、黎延弼译，北京：商务印书馆，1995年。

康德：《历史理性批判文集》，何兆武编译，北京：商务印书馆，1991年。

康德：《法的形而上学原理》，沈叔平译，北京：商务印书馆，1997年。

康德：《实践理性批判》，邓晓芒译，北京：人民出版社，2003年。

康德：《道德形而上学》（注释本），张荣、李秋零译，北京：中国人民大学出版社，2013年。

卢梭：《社会契约论》，何兆武译，北京：商务印书馆，2010年。

卢梭：《论人类不平等的起源与基础》，李平沤译，《卢梭全集》第4卷，北京：商务印书馆，2012年。

约翰·洛克：《政府论》下篇，叶启芳、瞿菊农译，北京：商务印书馆，1995年。

约翰·洛克：《论宗教宽容——致友人的一封信》，吴云贵译，北京：商务印书馆，1996年。

约翰·洛克：《自然法论文集》，李季璇译，北京：商务印书馆，2014年。

列奥·施特劳斯：《自然权利与历史》，彭刚译，北京：生活·读书·新知三联书店，2006年。

西塞罗：《国家篇 法律篇》，沈叔平、苏力译，北京：商务印书馆，2004年。

西塞罗：《论共和国》（拉-汉对照本），第三卷，王焕生译，上海：上海人民出版社，2006年。

西耶斯：《论特权，第三等级是什么？》，冯棠译，北京：商务印书馆，1997年。

后　记

本书大部分内容曾先后以专论的形式刊发在不同杂志上，正如在序言里交代的那样，这些讨论始终都围绕着一些基本主题，并贯穿着我的一系列基本观点与主张。所以，在把它们汇集在一起时，它们似乎自己就呈现出主题性与内在关联性。这让我决定把它们修订成一部政治哲学专著，而不是文集。为此，我除了根据讨论的逻辑顺序把它们纳入了相应的篇章次序外，对原来的专论进行了增删，对一些论述进行了相应的处理，以使它们在讨论的理路上成为全书自然而不可或缺的一部分。

这些内容大部分是我于 2009 年 6 月到清华大学哲学系任教之后完成的，所以有中国社科院同仁曾询问："你到清华之后在研究领域是否有一个转向？"其实没有。虽然在中国社会科学院哲学研究所工作期间，我的主要兴趣是纯粹哲学领域，到清华之后也仍然以第一哲学为主，但是，政治哲学始终也是我关注与思考的领域。甚至在我心目中，这两个被人们视为分离或相关度不大的领域实际上是密切相关的：一种彻底的第一哲学必定要延伸到政治哲学，而一种有头脑的政治哲学则必定要寻求第一哲学以为依靠。不过，到清华之后，有关政治哲学的作品在我发表的作品中的比例的确上升了，这属外在机缘造成的——因为需要讲授近代哲学。这一机缘促使了我提前去分析那些最重要的政治哲学文本，并把有关政治哲学的思考与讨论整理出来。这里，我要感谢从2009年秋季学期开始的每一届选修这门课的清华学生，是他们的需要敦促了我把这方面的讨论提供出来。他们在课堂上提出的那些有质量的追问也促使了我完善自己的思考与讨论。

清华大学哲学系汇集了一批精干的学者，他们以富有思想性与专业性的学术工作造就了一个良好的学术生态，这对我是一个激励，所以，这里我要向他们表示感谢！感谢他们在我到清华之后给予我的友善与帮助，让我能够在一个良好的学术氛围里坚守思想事业。在政治哲学方面的思考，我这里要特别感谢我的同事唐文明教授，不管是在工作坊里的现场讨论，还是书面上的思考，他的独特质疑与新颖观点经常会刺激我反思而推动了我更深入的思考。我还要特别感谢中国社会科学院哲学研究所原来的同事马寅卯教授，我几乎每写完一篇政治哲学作品都会首先发给他，并总能从他那里得到真诚的意见与深切的共鸣。

在本书的编辑与修订过程中，郭东辉博士帮我做了不可替代的工作，沈鸿慎、翟婷在前期编辑过程中也帮我做了不少事情，在此一并表示衷心感谢！

本书的研究工作受到清华大学自主科研计划的资助。

黄裕生

2018 年 2 月 5 日于学清苑

权利的普遍性与现实性

——《权利的形而上学》重印后记

从去年开始，陆续收到读者反馈：这部出版于2019年的作品已经很难买到，偶尔在一些网店上能看到，但价格都比原书高出很多。近日，商务印书馆决定重印这部作品。借此机会，我做几点说明。

这部作品试图对权利进行这样一种超验论证：从不可置疑的事实出发，通过返溯分析与推论，确立使这类不可置疑的事实得以可能的条件要素，再从这种至少逻辑上先于事实的条件要素出发论证出那些基本权利。这样的论证实际上也就是要为那些基本权利寻找到超越经验、超越传统、超越时代、超越历史的基础，以此表明，人类成员个体的那些基本权利是有根据的，且是普遍的。权利的这种普遍性体现在三个方面：

1. 这些被论证的基本权利存在于每个人类成员个体，而不管其所属的种族、性别与阶层。总之，不管其出身与来源，每个人类成员个体都拥有这些不可贬损、不可让渡、不可剥夺的基本权利。

2. 这些基本权利不因一个人所属的文化与传统的差异而改变——不更多也不减少。如果一个文化传统世界使其成员个体的权利减少了，那么这个文化世界就需要接受重估，进行损益，以便提高其普遍性，直至认识、承认、尊重并维护那些基本权利。否则，这个文化传统世界就失去合理性，人们有理由批评乃至拒绝、告别或离弃它。

3. 不管是在现实的经验世界里，还是在某个历史时代里，人们都有理由主张享有这些权利，任何理论及个人与组织不得以任何理由拒绝、否定人们对这些权利本身的诉求。人们甚至有理由根据人们在其中享有这些权利的程度来衡量一个现实世界或一个历史时代的文明程度。

本书出版之后，收到来自不同领域的读者的反馈，包括法学界年轻学者的积极回应。尤其有幸的是得到了北京大学历史学系罗新教授的推荐。同时也收到一些质疑，其中提得最多的一个质疑是：所论证的这种权利是抽象的权利，不具有现实性，因而不是真实的。这是“眼前现实主义思维”最容易提出的一个质疑。在这种思维看来，在眼下的现实里，或者在当前的时代里不在场或者尚未存在的东西都只存在于理论里，并不具有现实性，因而是不真实的。依这种思维，几何学也是不真实的。因为在“眼前的现实里”根本不存在直线及其构成的任何几何学图形。但是，理性向人表明，几何学图形及其相关属性比人们在“眼前的现实里”看到的图形更真实，它们甚至构成现实事物的图形的标准。对于哲学来说，它能做的与应做的，首先就是依据理性所洞见到的事实，听从理性的引导，在尽可能大的逻辑想象空间里展开思想实验，探究问题，反思人性，以确立使人类文明世界的秩序得以可能的那些底线原则。这些原则一旦被论证出来，它们就因具有合理性而具有现实性。因为其合理性本身就有足够的理由与力量促使人类自身把这些原则现实化，使它们现场化。这部作品所论证的这些权利原则就是这样的底线原则。它们不是指向什么高标的乌托邦，也不是出于个人的奇思妙想，而是衡量现实与时代的合理性程度的坐标，是使现实世界与历史时代保持其文明与理性的底线规范。如果它们在现实里缺席，在时代里被悬空，那么，不是它们不具有现实性，而是现实偏离了合理性，是时代失去了方向。因此，现实需要校正，时代需要校准。

在重印前，我对个别地方的表达进行了精确化处理。我的博士研究生李健康帮我校对了全书。本书的责任编辑在初版与重印过程中做了很多工作。在此，一并致谢！

2024 年 6 月 9 日于学清苑